榜样的力量

奋斗精神代代传

《环球人物》杂志社

·主编·

人民东方出版传媒

东方出版社

图书在版编目（CIP）数据

榜样的力量：奋斗精神代代传／《环球人物》杂志社主编.
—北京：东方出版社，2021.4
  ISBN 978-7-5207-1959-9

  Ⅰ.①榜… Ⅱ.①环… Ⅲ.①人物－访问记－中国－现代
Ⅳ.①K820.7

  中国版本图书馆CIP数据核字（2021）第045879号

榜样的力量：奋斗精神代代传
（BANGYANG DE LILIANG: FENDOU JINGSHEN DAI DAI CHUAN）

主　　编：《环球人物》杂志社
责任编辑：张洪雪　杭　超
出　　版：东方出版社
发　　行：人民东方出版传媒有限公司
地　　址：北京市西城区北三环中路6号
邮政编码：100120
印　　刷：北京市大兴县新魏印刷厂
版　　次：2021年4月第1版
印　　次：2021年4月北京第1次印刷
开　　本：710毫米×1000毫米 1/16
印　　张：18.75
字　　数：253千字
书　　号：ISBN 978-7-5207-1959-9
定　　价：59.80元
发行电话：（010）85924663 85924644 85924641

砥砺奋进，我们始终在路上！

2019年9月29日，中华人民共和国国家勋章和国家荣誉称号颁授仪式在北京人民大会堂正式举行。中共中央总书记、国家主席、中央军委主席习近平分别为国家勋章、国家荣誉称号获得者们颁授勋章、奖章。

这是中华人民共和国在成立70周年之际，以国之名义，首次集中将国家最高荣誉授予那些建立卓越功勋、作出重大贡献的杰出人士。这显示出强烈的国家意识和鲜明的价值取向——他们既是国家的光荣，也是照亮中国梦想前行的力量。在这场"最高规格"的仪式背后，有"三个首次"：首次整体全面实施国家勋章和国家荣誉称号制度；首次以中华人民共和国的名义授予国家勋章和国家荣誉称号；首次以国家主席令的方式授予国家勋章和国家荣誉称号。

于敏、申纪兰、孙家栋、李延年、张富清、袁隆平、黄旭华、屠呦呦……习近平总书记在颁授仪式讲话中指出，崇尚英雄才会产生英雄，争做英雄才能英雄辈出。党和国家历来高度重视对英雄模范的表彰。今天我们以最高规格褒奖英雄模范，就是要弘扬他们身上展现的忠诚、执着、朴实的鲜明品格。

伟大出自平凡，英雄来自人民。历经数十年披荆斩棘，数十年砥砺奋进，如今新中国的辉煌，是无数革命先烈用鲜血换来的，是无数建设者用血汗奋斗出来的。除上述获奖者，在新中国成立和前进的道路上，更是有无数的楷模、英雄拼搏着，他们是这个时代的最美奋斗者，他们始终坚守初心、不为功名、默默无闻地为守护国家和人民拼搏奋斗着。

这些最美的奋斗者中有很多出生在艰苦的年代，成长在新中国最困难的时期，他们见证了新中国 70 年的全部历程，他们始终与国家同患难、共命运；他们如同一面面鲜艳的旗帜，激励着人们奋勇前进；他们无不心怀理想、奋发图强，用自己的实际行动，为国为民，奉献一生。如今新中国发展一日千里，社会主义事业蒸蒸日上，国家也屹立在世界民族之林。新中国之所以能走向世界大舞台中央，背后离不开他们的身影。

本书由人民日报社旗下《环球人物》杂志社主编，旨在歌颂这个时代的英雄楷模、最美的奋斗者。本书由《环球人物》杂志记者团队采访、深度挖掘，力求为读者呈现最真实、全面的英雄人物事迹。本书在介绍共和国勋章、国家荣誉称号获得者外，还介绍了 2018 年改革先锋、2019 年"最美奋斗者"等。由于本书篇幅有限，所有获奖者未能全部收录，将分批刊载。

这些名字值得被我们铭记！新中国有他们，何其有幸，70 年峥嵘岁月，始终有这样一群人，他们坚守爱国心、心怀报国志，将个人梦想与国家命运紧密相连。为了中国的强盛，他们情愿燃烧自己的一生。这些闪亮的名字，终将为我们照亮前路，人民不会忘记，历史不会忘记。

编者

2020 年 12 月

目　录

第一章
这些闪亮的名字，共和国不会忘记

第二章
牢记光荣使命，传承爱国奉献精神

第三章
众志成城实现中国梦，共同创造美好未来

这些闪亮的名字，
共和国不会忘记

在中华人民共和国成立 70 周年即将到来之际，一批为国家建设和发展作出杰出贡献的功勋模范人物，被授予国家勋章和国家荣誉称号，这是以中华人民共和国的名义给予的国家最高荣誉。2019 年 9 月 29 日，中华人民共和国国家勋章和国家荣誉称号颁授仪式在人民大会堂隆重举行。中共中央总书记、国家主席、中央军委主席习近平向国家勋章和国家荣誉称号获得者分别授予"共和国勋章""友谊勋章"和国家荣誉称号奖章并发表重要讲话。

"中国氢弹之父"于敏：
国家需要我，我一定全力以赴

于敏，男，汉族，中共党员，1926年8月生，2019年1月去世，天津宁河人，中国工程物理研究院高级科学顾问、研究员，中国科学院院士。

他是我国著名核物理学家，长期领导并参加核武器的理论研究和设计，填补了我国原子核理论的空白，为氢弹突破作出卓越贡献。荣获"两弹一星"功勋奖章、国家最高科学技术奖和"全国劳动模范"、"改革先锋"等称号。2019年9月17日，被授予"共和国勋章"。

> 搞氢弹是很难的事情，不太符合我的兴趣，但是爱国主义压过兴趣。
>
> ——于敏

"我们国家没有自己的核力量，就不能有真正的独立。面对这样庞大的题目，我不能有另一种选择。"正是如此的家国情怀与初心使然，他半个世纪与核共舞，隐姓埋名28载，填补了中国原子核理论的空白，为氢弹突破作出卓越贡献。他便是"中国氢弹之父"——核物理学家、我国核武器事业重要奠基人于敏。

2019年9月17日，这一天的人民大会堂，十三届全国人大常委会第十三次会议如期举行，一份象征国家最高荣誉的国家勋章和国家荣誉称号获得者名单经表决通过，于敏的名字赫然在列。

让人惋惜的是，他是八位"共和国勋章"获得者中唯一一位离世的。在他离开我们八个月后，于敏的荣誉簿上又添上重要一笔——"共和国勋章"获得者。

1999年，73岁的于敏被授予"两弹一星"功勋奖章，且作为代表发言；2014年，于敏被评为"感动中国2014年度人物"；2015年1月9日，89岁高龄的于敏从习近平总书记手中，接过2014年度唯一的国家最高科学技术奖获奖证书，这是他最后一次出现在大众视野。

"离乱中寻觅一张安静的书桌，未曾向洋已经砺就了锋锷……一句嘱托，许下了一生；一声巨响，惊诧了世界；一个名字，荡涤了人心。"道出他为国奉献的一生。2019年1月16日，于敏走了，但他的情怀和精神却永远留了下来。

少年立志，终成"国产专家一号"

1926年8月，于敏出生于天津一个普通家庭，成长于20世纪前半叶那个战乱纷飞的年代。面对满目疮痍的国土、贫穷挨打的同胞，于敏有着自己的思考，他热爱科学、擅长静思。在祖国荡寇平虏、重振河山的1949年，他以物理系第一名的成绩成为新中国成立时北京大学第一届毕业生并考取研究生，老师张宗燧先生曾评价他："没见过物理像于敏这么好的。"

于敏后来评价自己："我不笨，我自己认为我也不聪明。但是，我是很勤奋的。"每年暑假没有路费，回不了家，他就常常跑到景山顶上去，乘着景山的凉风，专注于手里的课本习题。

于敏1951年研究生毕业，受到了我国核物理学家彭桓武和钱三强的器重，进入中国科学院近代物理所从事原子核理论研究。钱三强曾评价："于敏填补了我国原子核理论的空白。"何出此言？因为当时的研究条件是：没有名师，完全靠自己。经过多年不辞万难的钻研，1959年，于敏和北京大学的杨立铭教授举办了一期原子核理论培训班，其讲稿便成为我国第一部原子核理论专著《原子核理论讲义》，这也是其后20多年里唯一出版的一部原子核理论教材。

不像其他有出国留学或进修经历的科学家，于敏不曾踏出过国门。但他却成为世界一流的理论物理学家，被大家亲切地称呼为"国产专家一号"。

正当于敏沉浸在原子核理论研究中，并可能取得重大研究成果时，1961年1月的一次谈话，使他的一生发生了重大转变。当时任二机部部长、原子能研究所所长的钱三强在办公室一见到于敏，便对他说："经所里研究，报请上级批准，决定让你参加热核武器原理的预先研究，你看怎样？"虽感突然，也有几分不解，但面对如此坚毅的眼神，于敏立刻明白国家正在研究第一颗原子弹，氢弹理论的预先研究也迫在眉睫。

当下他便决定：服从分配，转行！

于敏从此开始了长达28年的隐姓埋名之路。

百日会战，"打猎打到一只松鼠"

"中华民族不欺负旁人，也不能受旁人欺负，核武器是一种保障手段，这种民族情感是我的精神动力。"正如于敏所言，他毫不犹豫地放弃了一个刚刚崭露头角的科学家将要获得的掌声和荣誉，选择集体性强、常年奔波劳苦的秘密工作，作出巨大牺牲的动力皆源于此。

作为副组长，于敏带领30多位青年科研人员开始了氢弹理论的预先研究工作。20世纪60年代，中国处于百废待兴、积极奋进的时期，贫穷、落后，在这样的内外环境下，做氢弹原理研究的难度可想而知。于敏回忆起最初制造氢弹的艰辛历程，"虽然此时世界上已有氢弹，但对我们国家而言却是一穷二白"。甚至当时最好的物理学家都不清楚氢弹的原理。好长一段时间，他们无法找到研究的突破口。

与此同时，中美关系紧张。美国第33任总统杜鲁门和第34任总统艾森豪威尔都扬言禁止中国研究氢弹，并且派载有核武器的军舰来到我国近海。这一举动不仅没有打击到于敏的积极性，反而激励了他必胜的斗志与决心。重任在肩，于敏带着一批年轻人去了上海华东计算技术研究所。

1964年9月，热核材料自持燃烧的关键被发现，解决了氢弹原理方案的重要课题。于敏高兴地说："我们到底牵住了'牛鼻子'！"他当即给北京的邓稼先打了一个耐人寻味的电话。为了保密，于敏使用了只有他们才能听懂的隐语，用来暗指氢弹理论研究的突破。"我们几个人去打了一次猎……打上了一只松鼠。"邓稼先听出了暗含的信息，并回应："你们美美地吃了一餐野味？""不，现在还不能把它煮熟……要留做标本……但我们有新奇的发现，它身体结构特别，需要做进一步的解剖研究，可是……我们人手不够。""好，我立即赶到你那里去。"

1965年11月1日晚，一个振奋人心的消息从上海华东计算技术研究所J501机房传出。按照于敏的设想进行的计算得出了完美结果，令人惊喜的数据一个个出现，这意味着：只要能驾驭原子弹的能量，就能设计出百万吨级的氢弹了！听完于敏的报告，群情激奋，高呼"老于请客"！

后来，在上海华东计算技术研究所连续奋战的 100 个昼夜，被称为"上海突破氢弹原理一百天"，又称"百日会战"。

世界上最快的速度：2 年 7 个月

面对严峻的国际形势和紧迫的时间竞争，在缺少任何国际援助的情况下，于敏一行科学家在制造氢弹的过程中自力更生，完全依靠自己的力量逐步探索。

"于敏有一个特点，不论做什么事情，要么不做，要做，就绝不敷衍了事，一定要全力以赴，做得最好。"这是于敏留给一起在上海参加这次研究的蔡少辉的深刻印象。据他说，在上海的日日夜夜，于敏总是亲自深入计算机房，埋头分析计算结果。为了提高年轻人的水平，他把过去四年的知识和实践经验给大家做了系列报告。

虽然于敏在计算上一丝不苟、精益求精，但是在与小组成员的日常相处中，他却平易近人、主张学术民主。在整个小组内，无人以年龄或职位居功自傲，反而惯于称呼彼此的昵称。"邓稼先叫'老邓'，周光召叫'老周'，于敏叫'老于'，"中国科学院院士贺贤士回忆道，"没人喊'什么长'或是'主任'。"在小组里，任何奇思妙想都会得到展示的机会。贺贤士说，"老于"的高水平就在于他善于归纳、提炼和总结，他有能力综合大家的数据并逐渐形成一个明确的图像。

于敏带领着小组成员争分夺秒，攻坚克难。大家伙儿穿着有补丁的衣服走在街上，丝毫不顾忌行人的异样眼光；每日伏于宿舍里四张东拼西凑的桌面上，却要算出最精确的数字。

原理基础有了，还需要经过核试验的检验，于敏又带着人转战到大西北，与茫茫戈壁的飞沙走石相伴，以夹着沙子的馒头、带着碱的苦水为食，还要面对刀削一般的大风和零下三四十度的刺骨严寒。然而，这些丝毫没有影响团队的斗志，经过反复试验，1966年12月28日，氢弹原理试验取得成功。

"我国自己设计、自己制造的第一颗氢弹爆炸成功了！" 1967年6月17日8时20分，随着雷鸣般的响声，大漠上空同时升起两个太阳，蘑菇云随之拔地而起，中国自此成为世界上第四个掌握氢弹技术的国家。从原子弹到氢弹，按照突破原理试验的时间比较，美国整体耗时7年3个月，苏联耗时6年3个月，英国耗时4年6个月。而在中国之后研发出氢弹的法国则足足用了8年6个月。中国仅仅历时2年7个月，成为世界上最快研制出氢弹的国家。

那一刻，在2500多千米外的北京，于敏一直守在电话机旁。当他得知爆炸的威力和自己计算的结果完全一致时，长长地舒了口气。那晚，他睡得很踏实。

一生奉献，一生淡泊

在于敏身上，家国情怀与奉献精神一以贯之。为了研制第一代核武器，他八上高原，六到戈壁。在研制氢弹的过程中，曾三次与死神擦肩而过。然而，在第一颗氢弹爆炸成功后，他依然步履不停。20世纪80年代以后，于敏率领团队又在二代核武器研制中突破关键技术，使中国核武器技术发展迈上了新台阶。

由于工作的忙碌和特殊性，他很难照顾妻儿。妻子走后，对家人的亏欠成为他晚年最大的遗憾。于敏曾感慨道："惟将终夜长开眼，报答平生未展眉。"他终生践行着鞠躬尽瘁，死而后已的精神，也做到了淡泊名利。

于家客厅一直高挂着一幅字：淡泊以明志，宁静以致远。他说："所谓宁静，对于一个科学家，就是不为物欲所惑，不为权势所屈，不为利害所移，始终保持严格的科学精神。"在大家送来"中国氢弹之父"的称呼时，他总是婉拒，说："核武器的研制是集科学、技术、工程于一体的大科学系统，需要多种学科、多方面的力量才能取得现在的成绩，我只是起到了一定的作用，氢弹又不能有好几个'父亲'。"

与他共事了 60 余年的学生来探望他时，说道："我所有的知识都是从您那儿学来的，所有的思想也是来自您。"于敏连连摇手否认："我向你学习一些，你可能也向我学习一些。"他拒绝把自己放在举足轻重的位置，甚至还自嘲"动手是低能儿，动脑子还可以"。

"隐形"多年，已经两鬓斑白的于敏才渐渐清晰地出现在世人面前。面对纷至沓来的诸多极高荣誉，于敏说："一个人的名字，早晚是要没有的，能把微薄的力量融进祖国的强盛之中，便足以自慰了。"

文 / 陈丹

劳模申纪兰：

为中国农民"代言"超半个世纪

申纪兰，女，汉族，中共党员，1929年12月生，山西平顺人，山西省平顺县西沟村党总支副书记，第一届至第十三届全国人大代表。

她积极维护新中国妇女劳动权利，倡导并推动的"男女同工同酬"被写入宪法。改革开放以来，她勇于改革，大胆创新，为发展农业和农村集体经济，推动老区经济建设和老区人民脱贫攻坚作出巨大贡献。荣获"全国劳动模范""全国优秀共产党员""全国脱贫攻坚'奋进奖'""改革先锋"等称号。2019年9月17日，被授予"共和国勋章"。

> 今天，我获得的不仅是个人的荣誉，也是人民的荣誉，我将珍惜这份荣誉，继续与广大农民群众奋斗在一起。
>
> ——申纪兰

巍巍太行南端的一个小山村——山西省平顺县西沟村，有一位耄耋老妇，在这片曾经山高谷深、干旱瘠薄的土地上，年复一年，春种秋收，不知疲倦……

她可是这里的"大人物",在 2019 年 9 月 17 日，被授予国家最高荣誉"共和国勋章"，她就是唯一一位连任十三届的全国人大代表，与人民代表大会共同走过 60 多年光辉岁月的申纪兰。

坚守："要和乡亲们在一起，把根永远扎在农村大地上"

1929 年，申纪兰出生于山西省平顺县山南底村。18 岁的时候，她嫁到了西沟村。从此，她便深深扎根于西沟村，一生不曾离开这片土地，一生不曾离开劳动。

她是怎样从一个名不见经传的小山村妇女成为家喻户晓的劳模、人大代表的呢？这要从 20 世纪 50 年代的那段"斗争"故事说起。

1951 年西沟村成立初级农业合作社，她是副社长。那时候男人干一天活计 10 个工分，妇女就只能计 5 个工分，这在申纪兰心中始终是一道过不去的坎：为啥妇女的劳动报酬要少一半？为了让妇女重新燃起劳动积极性，提高女性地位，她积极向妇女宣传"劳动才能获得解放"，又做男社员的工作，争取男女同工同酬。

起初，男社员中有很多人不同意，她就带领着十几个姐妹和男人一样种树开荒，为了让男社员心服口服，她向公社争取专门划出一块地给女社员，并和男社员搞起了劳动竞赛。妇女们的斗志一旦被激发，她们超乎寻常的强悍和韧性便让男社员也刮目相看，一样多的人和地，男社员以为自己稳操胜券，该休息就休息了，妇女不休息，在田间争分夺秒，最后赢得了比赛。连最反对同工同酬的男社员也说："该提高妇女的底分了。"

1952 年，西沟村已经做到了"男女干一样的活，应记一样的工分"。申纪兰带领着妇女冲破"好女走到院，好男走到县"的枷锁，成为现代中国农村争取男女同工同酬的急先锋，她带领西沟村妇女取得的这场胜利，在新中国农村发展史上有着划时代的意义。这一年，申纪兰还被评为了"全国劳动模范"。《人民日报》以《劳动就是解放，斗争才有地位》为题报道了她们的事迹，申纪兰这个名字，飞出了西沟村，在全国叫响。

1954年9月的一天，申纪兰第一次出远门，骑上了乡里给她配的毛驴，因为她要赶在9月15日去北京参加第一届全国人民代表大会第一次会议。"1954年，我做梦都没想到自己被选上第一届全国人大代表。"申纪兰还回忆说，"听说我选上了，全村人都很激动。有些男同志还来问我：'女同志也能参加人民代表大会？'我说：'女同志咋就不能当人大代表了？'这说明新中国对我们广大农村妇女重视。"

那次的会议在北京中南海怀仁堂举行，申纪兰和1200多名代表一起，举手通过了中华人民共和国第一部宪法，她也真切感受到人民的政治地位提高了。她提交给大会"男女同工同酬"的倡议也被写入宪法。申纪兰清楚地记得这部宪法第九十六条规定："中华人民共和国妇女在政治的、经济的、文化的、社会的和家庭的生活各方面享有同男子平等的权利。"

申纪兰后来说，60多年前第一次参加全国人民代表大会是她一生中最难忘的珍贵记忆。她至今仍珍藏着一张第一届全国人民代表大会来自山西的四位女代表的合影。

忠诚："什么时候也不能忘记党的教导，不能脱离群众，要给群众干工作"

"能当一届全国人大代表就了不得了，没想到自己能接连当十三届，这是党和人民给我的最高荣誉。"申纪兰总是表达着对党、对人民的感激。她是唯一一位连任十三届的全国人大代表，见证了人民代表大会制度的诞生与成长。从最初的中南海怀仁堂，到如今的人民大会堂，她从骑着毛驴等交通工具辗转 4 天到如今可以坐上中国制造的高铁、动车，这条路她越走越明白；从第一届的 1200 多人到如今的近 3000 人，每次她都为农村发展建言献策，是人民的忠实代言人，也是全国人民代表大会上当之无愧的"常青树"；从"五四宪法"到"八二宪法"，再到如今对"八二宪法"的第五次修订，每一次修改宪法，申纪兰都曾慎重地举手表决，一一见证。

说到作为全国人大代表的职责，申纪兰说："在人代会上不是光代表西沟，人大代表提建议要代表国家的利益、人民的利益，不能光代表一个人、一件事，那不可以。"履职 60 多年，申纪兰时时处处想着农村发展，她提交过山区交通建设、保护耕地、新型农村合作医疗等诸多与农村发展和农民生活息息相关的建议，且都得到了积极回应。

"路越修越好，说明国家强大了。"关于农村交通建设，申纪兰提过许多建议。"修通路，迈大步，带领大家去致富。路修好了，才能实现更好的发展。"值得欣慰的是，申纪兰提过的修平顺的路、长治的路，城市的路、农村的路，都得到了落实。她还说，现在修了高速路，开通了高铁，快多了。

"建设新农村不能光占地，一味盖新房，太浪费。一句话，建设社会主义新农村，不能侵占耕地。"这是申纪兰在 2004 年的十届全国人大二次会议上的提议，当时的农村土地纠纷问题频繁发生，她率先提交了关于保护耕地的议案，她的那份坚持也让很多当事人记忆犹新，那份议案的影响深远，对于今天的新农村建设仍有借鉴意义。

"全国人大为推动建议办理开展的调研、座谈都不搞虚的，特别务实，找你了解情况也特别细，人民代表大会制度不断与时俱进，60 多年来，人大制度越来越完善了。"申纪兰由衷地认为人民代表大会的成长与人民生活的改善紧密相连，给人民带来了幸福、保障和发展。

"什么时候也不能忘记党的教导，不能脱离群众，要给群众干工作。"

申纪兰时刻不忘初心，忠于党、忠于人民，这就是申纪兰一生不曾改变的品格。

奋斗："奋斗就是胜利，奋斗就是幸福，奋斗就是小康"

山西省平顺县是一片神奇的土地，出了申纪兰、李顺达、郭玉恩等多个劳模，有"劳模之乡"的美誉。"劳动发家、自力更生、艰苦奋斗"一直是平顺县的光荣传统。

当年的李顺达是比申纪兰还要出名的人。1951 年 12 月 10 日，以李顺达互助组为依托的西沟初级农业生产合作社正式成立。李顺达当选为社长，申纪兰当选为副社长。从此，西沟村人民继续发扬太行精神，在李顺达、申纪兰的带领下，踏上了艰苦奋斗改造西沟的征程。李顺达、申纪兰因此被并称为"西沟双杰"，"西沟精神"也成为中国农业战线的一面旗帜。

60 多年前，西沟的山上是没有树的，他们开始种树其实是源于两个苹果。那年，李顺达出访苏联，回来时带了两个苹果，头一次看到圆不溜秋、又红又大的苹果，谁也不认得，但大家尝过之后都觉得好吃。李顺达告诉大家："这好吃的东西我们这地方也能种！"于是，第一代苹果树便这样在西沟扎根了。西沟人种树的热情被点燃，一发而不可收。在全是石头、光秃秃的山上种树岂是一件容易事？为了鼓舞大家的士气，申纪兰还创作了一首"植树歌"，这首歌一直飘荡在西沟村的山间。如今，西沟已是一年四季群山如黛的景象。说到西沟的生态环境，申纪兰总是很自豪："习近平总书记提出，绿水青山就是金山银山。以前的西沟是山连山，沟套沟，山是石头山，沟是乱石沟，没土光石头，谁干谁发愁。现在西沟生态环境好了，红色乡村休闲旅游也发展起来了，山东、东北等地的人都到我们这边来旅游了。"

西沟人坚信用自己的双手可以改变这个贫瘠乡村的面貌，他们从20世纪50年代起，就开始了修坝治水造地的浩大工程。当年，西沟村有南北4千米长的河滩，乱石滚滚，寸土无存。1952年，他们修建了一条顺水坝，又造地六七亩，第二年，修建大坝20座，成绩喜人。可谁知，1954年夏季的那场洪水，无情地冲走了全村人两年来的劳动成果。西沟人却并不屈服，他们总结经验教训，继续向荒沟、荒滩进军，采取先沟里后沟外、先支沟后主沟、先治沟后治滩的措施，效果理想。经过20多年的治理，70年代初，西沟人建起了3座大坝和1座水库。至此，西沟的水患被根治了，树木渐次成林，百里河滩也变成了千斤良田。

看着西沟村翻天覆地的变化，申纪兰说："太行精神就是党的精神、人民的精神。西沟就是这么过来的。李顺达是优秀的共产党员，带领西沟人民艰苦奋斗、劳动发家。西沟的吃粮问题、吃水问题、种树问题，都是在李顺达同志带领下解决的，大树底下乘凉的是我，他是创业啊！"

"在脱贫攻坚的路上，俺们不能掉队！"说到脱贫攻坚，申纪兰总是这样想。早在改革开放初期，申纪兰就率领村干部去发展较快的地区考察乡镇企业，学习经验。经过认真研究，他们下定决心办厂。1985年，西沟村开办了第一家铁合金厂；1986年，西沟村与县供销社联合办起罐头厂……到1996年，西沟村办企业已经取代林果业，成了西沟的支柱产业。西沟山大沟深，发展企业多有不便，申纪兰大胆尝试：跳出西沟发展西沟。于是，"西沟人家"这个以宣传西沟、展示西沟形象的产品连锁店在太原开了一家又一家。几十年来，西沟人在申纪兰的带领下，脱贫致富奔小康的路越走越宽。现如今，西沟村确立了四大产业发展方向：红色旅游开发、森林康养休闲、农副产品加工和服饰床品生产。2018年，西沟村集体可支配收入达到210万元，农民人均纯收入达到9800元，是平顺县农民人均纯收入比较高的村。

"一个共产党员，活着干，死了算。我年龄大了，办不了大事办小事，想办法和大家共同奔小康。在奔小康路上，像李顺达他们这些老劳模都看不见了，奋斗了一辈子没能看到小康社会，我就是代表他们看看小康社会。"申纪兰要成为已逝去的那些老劳模的"眼睛"。2019年是打赢脱贫攻坚战的关键之年，帮助平顺脱贫致富成为申纪兰心头的一份牵挂。她觉得现在任务还很重，还要跟群众战斗在一起。

她对物质生活看得很淡，多次将奖金捐给村集体。她坚持不领厅级干部工资，原来每月只拿村集体150元补贴，这两年才涨到300元。几十年来，她不改本色，不变初心，始终是那个一身深蓝色粗布衣服、一头刚盖住耳朵的短发的申纪兰，但她却让我们见识了不一样的西沟村。谈到未来，她说的最多的还是"奋斗"："要幸福就要奋斗，不奋斗就没有幸福，我们山上这些树，要不奋斗哪能长起来。奋斗就是胜利，奋斗就是幸福，奋斗就是小康。"

面对象征国家最高荣誉的"共和国勋章"，她说："我是一个农民，做的都是小事，但党和国家却给了我这么大的荣誉，这是党中央对我的莫大关心。我要感谢我们伟大的党、伟大的共和国、伟大的社会主义、伟大的人民。"

文/陈丹

"中国卫星之父"孙家栋：
急国家之所急，研国家之所需

    孙家栋，男，汉族，中共党员，1929年4月生，辽宁复县人。中国航天科技集团有限公司高级技术顾问，风云二号卫星工程总设计师，北斗二号卫星工程和中国第二代卫星导航系统重大专项高级顾问，原航空航天工业部副部长，中科院院士。

    他是我国人造卫星技术和深空探测技术的开拓者之一，从事航天工作60年来，主持研制了45颗卫星。2018年12月18日，党中央、国务院授予孙家栋同志"改革先锋"称号。他还获评中国航天科技事业创新发展的重要推动者。2019年9月17日，被授予"共和国勋章"。

>   只要国家需要，我就去做。这是一个航天人最基本也是最重要的素质。
>
>   ——孙家栋

    当年，钱学森向聂荣臻推荐38岁的他负责第一颗人造卫星；后来，他成为"北斗""嫦娥"的总设计师。

"喂，天宫二号吗？你的快递到了！"

2017年4月22日，在天上，中国首个货运飞船天舟一号和空间实验室天宫二号完成对接，离中国人"嫦娥奔月"的梦想又近了一步。在地上，中国网友集体化身段子手，管天舟一号叫"太空快递员"，语气又萌又傲娇。

这样的傲娇，在每一次大国重器问世时，都会出现。首艘国产航母下水，"蓝鲸一号"首次深海试采可燃冰，首个出口"华龙一号"核电机组亮相……光是2017年上半年，中国网友就涌上社交网络，"high"了好多次。

换作从前，人们为大国重器欢呼的方式，是涌向天安门广场。1970年4月25日，新华社向全世界发布了中国第一颗人造地球卫星升空的消息，"消息报出来没10分钟，天安门广场已是人山人海，等我要去天安门广场的时候，挤都挤不进去。"这个挤不进去的中年人，就是负责人造卫星总体设计工作的孙家栋。

弹指间，中年人已是满头华发，但换来了天上的星斗璀璨。"东方红""北斗""嫦娥"……在中国自主研发的前100个航天飞行器中，有34个由孙家栋担任技术负责人、总设计师或总工程师。可以毫不夸张地说，自从当年钱学森慧眼识珠，向聂荣臻推荐了孙家栋之后，孙家栋的名字就和中国航天血肉相连了。

要采访这样的科技泰斗，绝非易事。谦逊、不喜抛头露面、躲着聚光灯走，是他们的特点；忙、七八十岁还醉心科研、连轴转，也是他们的特点。然而一听说我们要写孙家栋，一个个科技大咖都立刻放下手头的工作："哎呀，孙老总啊，就应该多说说他！"于是，在起初的几个月里，我们寻不见孙家栋的人，却处处耳闻孙家栋的事。

探月"铁三角"

欧阳自远这个名字，随着"嫦娥工程"而妇孺皆知。可一见面，他就爽朗地说："我不喜欢别人称我'嫦娥之父'。我不懂航天，读书时学的是地质；我搞航天，是孙家栋领进门的。"

他们的故事，从 2000 年开始。欧阳自远想探月，但不知道中国在技术上有没有可行性。他找到时任国防科工委副主任的栾恩杰，讲了探月的构想。栾恩杰说："我给你介绍一个人，搞探月，你得把他拽进来。"

"谁啊？"

"孙家栋！你去跟他详详细细汇报。"

欧阳自远跑到了孙家栋的办公室，一谈就是两个上午。每一步构想、每一个目标，孙家栋都问得非常仔细。"谈完后，孙家栋说：'咱们这辈子怎么也得把这个事干成。'他有这么大的决心！"

这是科学家欧阳自远和工程师孙家栋的第一次相见，也是一种境界与另一种境界的相遇。"科学家的境界，是要做单枪匹马、潜心研究的英雄，就像陈景润那样。"认识了孙家栋，欧阳自远才发现工程师和科学家不一样，"工程师是投身一个团队，讲集体英雄主义"。

欧阳自远探月的那些科学构想，到了孙家栋手里，就分解成一个一个步骤、一个一个系统。"探月工程获得国家立项后，任命了三个人，栾恩杰是总指挥，孙家栋是总设计师，我是首席科学家，大家管我们叫探月'铁三角'。孙家栋一上来就说：'欧阳，我是给你打工的。'我说：'你胡说八道，我对航天一窍不通，我给你打工还差不多！'他就笑：'嫦娥一号能不能到达月亮，这是我的活儿，到不了，你唯我是问。但是到了月亮以后，该看什么、该拿什么，就轮到我一窍不通了。我把你的眼睛、你的手伸到月亮上去，后边一切事，归你。'他这番话，让我很感动。别看说起来简单，把嫦娥一号送到月球，需要哪些关键技术？如何攻关？哪些单位和个人牵头参与？阶段性目标和时间表怎么定？……事情千头万绪，他操心死了！"

欧阳自远很快发现，孙家栋不仅航天技术过硬，对各个部门和人的情况也了如指掌，大事小事到了他这儿，都能迅速决断。欧阳自远边听边学习，渐渐进入航天这个领域，也彻底走进了一个团队。"现在，我觉得一切成功，都是靠集体英雄主义，而不是哪一个人的功劳。"

最刻骨铭心的事，当然是 2007 年 11 月 5 日。"我们最操心的不是发射，而是嫦娥一号到了月亮附近后，得被月亮抓住。抓不住就飞跑了，要不就撞上月亮了，前功尽弃。以前美国和苏联失败最多的就是这一步。我们从来没有去过月球，心里真是一点底都没有。嫦娥一号发射出去，从地球到月球，走了 13 天 14 小时 19 分钟，终于到了这个时间节点，我和孙家栋坐立不安，一直在问测控数据。最后一下，汇报说：'抓住了！'我俩说，再验证一下，几点几分几秒在哪个位置抓住的。之后再校准一次，又校准一次，确认，真的抓住了！我俩抱起来痛哭。"

那一刻，孙家栋 78 岁，欧阳自远 72 岁。

"我始终是老同志的尾巴"

"为什么会哭呢？"几个月后，我们终于等到了孙家栋，坐在他面前，好奇地问。

孙家栋坐在沙发一角，一只手紧握身旁一个巨大月球仪的轴——这只月球仪是按照嫦娥一号采集的数据绘制的。他微笑："不知道媒体怎么就拍下来了。我是经历过旧社会的人，那时，无论什么东西前面都要带个'洋'字，'洋钉''洋火''洋油''洋盐'，因为我们自己生产不了。结果几十年时间，我们国家就能发射自己的航天飞行器到月球，实在太不容易了。

当时我就是想到了这些，那种成就感和激动的心情，让我一下子克制不住情绪。"

想当年，第一颗人造卫星上天的时候，年轻的孙家栋并没有哭。那是1970年4月24日的晚上，人造卫星在酒泉卫星发射中心升空，孙家栋则在北京临时卫星接收站内紧张等待，第一次感知这种发射时的巨大压力。"假设当时咱俩坐在一起，肯定能听到彼此的心跳声。火箭带着卫星升空后，我把眼珠子瞪圆了，盯着显示板上的曲线，看着那条线按照设计的弹道轨迹运行起来。我心里还在想：这到底是真起来了，还是假起来了？就像他们搞原子弹的，蘑菇云都炸在那儿了，还在想到底起爆没起爆啊？"

不敢置信，又不知深浅，因而满怀豪情。这是孙家栋他们年轻时的心境。"这玩意儿真能掉下来吗？我就不信它能掉下来！然而干了几十年的航天后，经历过几次失败，体会过沉痛的教训，就知道事情不那么简单了。"

这期间，无论成与败，都有个名字在引领着孙家栋，那就是钱学森。如今，一提到这个名字，孙家栋掷地有声地说道："恩师！绝对是我的恩师啊！"随着他的讲述，你会发现，他身上那种令欧阳自远难忘的气质——集体英雄主义，恰恰源自钱学森。

孙家栋在苏联学习了6年多，1958年一回国，就被分配到国防部五院一分院导弹总体设计部，院长正是钱学森。部里设了一个总体组，负责对接和贯彻总设计师的意图，孙家栋当组长。那时国内还不兴总设计师之名，但人人都明白，钱学森就是总设计师。

这是青年学生们和大科学家的相遇。青年学生很紧张，早就听说钱学森的大名，连 guided missile 这个词，一会被译作"飞弹"，一会被译作"带引导的弹"，最后还是钱学森准确译为"导弹"。可自己专业不对口，学飞机的，能干导弹吗？见了面，连话都不敢说。大科学家却很谦逊，对青年学生们说，你们在一线，比我强多了，你们先说说吧。这帮年轻人，有学力学的、数学的、化学的、文史的……五花八门，大科学家便当起先生，自己编教学大纲，自己讲《导弹概论》，还邀请庄逢甘、梁守槃、朱正等人来担任讲师。

吃苦、奋斗，这些都不在话下。最难得的是，钱学森示范了怎么面对失败。有一次导弹发射失败了，分析故障原因时，孙家栋和设计组的人懊恼自责，情绪极低。钱学森见状，当即停止了对故障原因的分析："如果说有考虑不周的原因，首先是我考虑不周，责任在我，不在你们。你们只管研究怎样改进结构和试验方法，大胆工作，你们所提的建议如果成功了，功劳是大家的；如果失败了，大家一起来总结教训，责任由我来承担。"

孙家栋跟着钱学森做了近10年导弹。1967年7月29日午后，正是一年中最热的光景，孙家栋趴在桌子上进行导弹设计。他担心汗水打湿设计图，特意围了毛巾在脖子上。门被敲响了，是国防科工委的一位同志，那位同志告诉他，钱学森已向聂荣臻推荐他负责中国第一颗人造卫星的总体设计工作。

那一年，他才38岁。距离现在已经50多年。

"那时候，在美苏的包围下，我们必须有大国重器，必须有人造卫星。第一颗上天后，第二步就得解决实在的、急用的问题。所以就做遥感卫星，得拍照、得传回，得把我们960多万平方千米的国土，连同附近海域，都拍得清清楚楚。"

但这颗遥感卫星发射失败了。1974年11月5日，由孙家栋担任技术负责人的中国第一颗返回式遥感卫星在升空后20秒爆炸。孙家栋待在发射场坪的地下室里，不用看测控数据，已经明显感觉到火箭爆炸的余震。"我跑出地下室，只看见沙漠里一片火海，整个脑子一片空白，痛哭起来。"11月的沙漠多冷啊，整整三天三夜，孙家栋和同事在滴水成冰的沙漠里，一寸一寸地找火箭的残骸，把所有的螺丝钉、小铜块、小线头一点点收集起来，查找事故原因。他们真找到了。那是一小段导线，属于火箭控制系统的，表皮完好，可里面的铜丝有裂痕，在火箭发射时受到剧烈震动断开了。"一个裂痕就牵扯到整个航天产品的成败，这个教训太深刻了！"就像恩师钱学森当初所做的那样，孙家栋承担了失败的责任。"从此我们就狠抓质量，逐步建立起一套完整严格的质量管理系统。"

1999年，在庆祝中华人民共和国成立50周年之际，国家为23位"两弹一星"元勋授予功勋奖章。孙家栋和恩师钱学森一同被授勋，但在他心中，"我始终是老同志的尾巴，是他们的学生"。

又过了10年，2009年3月，钱学森送了一封生日贺信给"我当年十分欣赏的一位年轻人"。工作人员按照要求拟好，钱学森签上了自己的名字，感慨道："在我眼里，他还是一位28岁的年轻人呢！"这封生日贺信的收件人，就是即将满80岁的孙家栋。7个月后，钱学森与世长辞。

"让年轻人放心地干"

听孙家栋讲述，很少听到他说"我"，总是说"我们"。

"国家授予'两弹一星'元勋奖章，激动吗？激动。但这个奖章不是个人的，是我们航天的。

"我们航天这片沃土很好，只要进来一个年轻人，就能受到我们队伍的感染，一步一个脚印发展得很好。

"我们航天啊，也有日子难过的时候。"

他说的是20世纪八九十年代，"造导弹的不如卖茶叶蛋的"，航天院收入很低，而外企纷纷涌入，做通信的、做测量的，都跑来航天院"挖角儿"。印象最深的是诺基亚公司的人开着大轿车，跑到航天院的对面，挂出招聘的大牌子，给的待遇相较于航天院的待遇真是天壤之别。"年轻人去了，临走跟我讲：我很热爱航天事业，搞了航天以后有很大的成就感，可是我实在寒酸，请女朋友吃几顿饭都请不起。"孙家栋听得心里难受。

也就是在那一时期，中国航天走出重要一步——进入国际商业卫星发射服务市场。1988年9月9日，美国国务院宣布，批准一项用中国火箭发射美国通信卫星的计划。这个消息是轰动性的，美国政府竟然同意一个社会主义国家发射美国卫星。当时，担任中国航天对外发射代表团团长的正是孙家栋。时任中国长城工业总公司副总经理、曾与孙家栋一同参与谈判的乌可力，至今记得孙家栋在谈判结束后对他说："不容易，我们这样的谈判不容易啊！"老帅聂荣臻更是高兴坏了："中国能为世界上科技最发达的美国发射卫星，是一件很了不起的事情，外国卫星发射成功既可以在政治上产生巨大影响，又可以在经济上得到好处。"

如今，航天人员的待遇大有好转。孙家栋再跟刚毕业的年轻人谈话，他们说："孙老总，我们航天现在收入可以了！中等收入，但我的荣誉感非常强，这是去外企的同学比不了的。"

1994年，北斗导航卫星工程启动，孙家栋担任工程总师。第二年，一位年轻的女工程师周建华加入"北斗"，与孙家栋初见的情形历历在目："第一次见面，是在工程总体协调会上。我非常小心翼翼，他可是航天泰斗啊！但多接触几次后，我就发现不用绷着神经了。他实在平易近人，既给年轻人压担子，又给年轻人解压。比如说，他要求'北斗'在实际应用时达到和美国GPS（全球定位系统）一样高的水平。'北斗'起步比GPS晚了很多年，中美两国的工业基础也有差距，这个要求的压力很大。但在攻关的过程中，我们遇到任何困难，孙老总都会帮我们想办法。他让我们放开干、大胆想，不要有后顾之忧，出了问题他负责。"

这样的场景何其熟悉，恍如当年钱学森与孙家栋的翻版。我们忍不住问周建华："您觉得这是传承吗？"周建华想了一下，笃定地回答："是传承！"如今，她已是北斗二号地面运控系统总师。

网友们精心描述过一个细节："2003 年杨利伟上天时，镜头扫过，满屏幕白发苍苍的老科学家。现在，每一次大国重器上天，镜头扫过，满屏幕年轻稚气的脸。神舟八号与天宫一号对接，认识了 25 岁的'天宫神八哥'杨彦波；天宫二号发射，认识了 29 岁的'飞控女神'申聪聪。"

这样的变化，孙家栋看在眼里。"以前，我们好几年才能发射一个型号的卫星；现在，一年就发射二三十颗，发射场都排不开，大家争着排队。每个型号的总设计师，也就四十来岁。他们二十七八岁博士毕业，进了航天院，第一个回合，跟着大家干，从立项到发射，最多五年就完成了。第二个回合，他们就能领着一支小队伍了。第三个回合，就可能当一个总设计师的副手了。最多 20 年，45 岁左右，就到了第四个回合，成了一个型号的总设计师，真是年富力强！和美俄比起来，我们的技术水平还有一段距离，但这样年轻而热情的队伍，他们是羡慕我们的！"

2014 年，孙家栋从待了 20 年的"北斗"总设计师位置上退下来。"让年轻人放心地干。"只要年轻人不找他，他就不再管"天上的事"。"你很长时间不在天上了，突然之间给年轻人提个问题，你又有个头衔，人家年轻人是同意你好，还是不同意你好？所以天上的事我不干预了，我去搞地面的事。我到南方，到西部，到东北，到处出差，和企业家谈，告诉他们'北斗'能提供时间和空间的坐标，能办成很多事。它就像一部手机一样，只要你会玩，里面的名堂就能越来越多。"

孙家栋随手举了个例子："就说共享单车吧。这些单车有一个重要的环节，要用天上的信号给它导航。地面信息传递的时候，我这辆车到哪儿了，用的是天上的信号。北京这几家，有的用美国 GPS，有的用我们'北斗'，这是企业的自主决定。但我每次出去，一定会告诉他们：你还是用'北斗'好！"孙家栋大笑起来："再进一步考虑，'北斗'的可用之处就多了。运危险品的汽车开到哪儿了？接送孩子的校车开到哪儿了？淘气的孩子跑到哪儿了？走失的老人走到哪儿了？如果车上装一个，老人孩子手上戴一个，'北斗'就都能帮到你了。"

另一种"我们"

白发苍苍的孙家栋还是为航天的年轻人犯愁，愁的是"脱不了单"。"他们太忙了，每天要工作近 20 个小时，根本没时间。好不容易有人给他们介绍对象，一次两次没时间约会，马上就黄喽！"

"您当初是怎么'脱单'的？"

孙家栋一愣，继而哈哈大笑："我从苏联回来后已是大龄青年了，也是工作忙，顾不上。有一次清明节，和同事们去郊外踏青，发现照相机忘带了。车子经过木樨地，我同学住在那儿，我就上他家借。结果借了相机，他不放我走，拿出一张照片给我看，上面是他夫人在哈尔滨医科大学的同学，叫魏素萍，也就是我现在的妻子了。"

魏素萍和孙家栋开玩笑："我们算不算'闪婚'？"孙家栋一点头："算！"那年"五一"，孙家栋利用假期跑去哈尔滨见了魏素萍。他在哈尔滨只待了 20 多个小时，两人一见如故，相见恨晚。这次见面后的 100 天，魏素萍穿着定做的镂花布拉吉裙和高跟皮鞋，只身来到北京找孙家栋，两人签下了一生的"契约"，从此成了孙家栋人生里的另一种"我们"。

婚后 3 年，魏素萍才调到北京航天总医院，大约猜到了孙家栋是干什么工作的。"那时我们的工作属于绝密，我给她留的通信地址是北京多少号信箱。邓稼先不也是这样？他朋友来家里找他，他夫人说：邓稼先去多少号信箱出差了。"

两人团聚后，依旧是聚少离多。孙家栋待在靶场，常常好几个月不着家。家中的大事小事都是妻子一肩挑。最"离谱"的事有两件。一件是，孙家栋有一回在外屋接电话，门开着，看见妻子在走廊，他想都没想，伸脚就把门关上。妻子难过得不行，打电话还避着我？另一件是，女儿的小名叫"小红"，难得有一次孙家栋回家吃饭，到院子里叫一声"小红"，结果好几个叫"小红"的小朋友跟他回了家。

所有"两弹一星"元勋家庭的牺牲都是相似的，但各有各的浪漫。孙家栋的浪漫是，每次离家时，都画一张妻子的鞋样带在身边，这样为她买鞋时，拿出来一比，就知道买多大的了。

"我们"的故事总是如此熟悉，这不是孙家栋一个人的故事，而是从钱学森到孙家栋，从孙家栋到周建华，从周建华到"天宫女神"……一代代人传承不绝的故事。把他们的命运连接在一起的，就是那四个字——大国重器。在采访的最后，孙家栋用沉思的口吻说道："当年，如果没有'两弹一星'这些大国重器，中国就生存不下去。现在也是这样的，生存和发展都重要，但国家安全是首要的。我们只是生活在一个和平的国度，而非一个和平的年代，国家始终需要拿出一定力量来建这些大国重器。"

文／郑心仪

老兵李延年：

居功不自傲，谱写英雄赞歌

李延年，男，汉族，中共党员，1928年11月生，河北昌黎人，原54251部队副政治委员。

1945年参加革命，先后参加解放战争、湘西剿匪、抗美援朝战争、对越自卫反击战等战役战斗20多次，是为建立新中国、保卫新中国作出重大贡献的战斗英雄。离休后，他初心不改、斗志不减、本色不变，积极弘扬革命优良传统，充分展现了一名老革命军人、老战斗英雄的光辉形象。荣立特等功一次，被志愿军总部授予"一级英雄"称号，荣获解放奖章和胜利功勋荣誉章。2019年9月17日，被授予"共和国勋章"。

> *荣誉不是我一个人的，是国家对所有英烈的褒奖。*
>
> ——李延年

秋高气爽，绿城南宁。李延年在广西军区南宁第三干休所的家中，细心地为仙人掌浇水。

当荣获"共和国勋章"的消息传来，这位91岁的战斗英雄，内心有欣慰，也有思念。

他说："荣誉不是我一个人的，是国家对所有英烈的褒奖。我们要永远铭记那些为了新中国牺牲的英雄们。"

每战争先多次立功受奖

1928 年 11 月，李延年出生在河北省昌黎县会君坨村一个贫穷的农民家庭。他的父亲为地主干活，弟弟和妹妹先后夭折。9 岁时，李延年成了一名小猪倌。

为了生计，父亲到东北干活，被日本人抓去当劳工。1940 年，母亲靠帮人做针线活供李延年读书，李延年边读书边给老师做饭，这样可以减免一点学费。两年后，因生活困难，李延年到长春一个粮油加工厂当学徒工。

1945 年，抗日战争结束，但内战的乌云又笼罩着中华大地。

当年 10 月，17 岁的李延年参军前往东北，成为一名光荣的解放军战士。两个月后，他参加了解放东北的战斗，在榆树县同国民党伪保安团作战。这虽然是他第一次参战，但他十分勇敢，被连队记小功一次。

初到东北，部队缺衣少食，李延年和战友们连一件抵寒的衣服都没有。群众主动送来物资，部队都会登记，打下欠条，承诺中华人民共和国成立后一定如数奉还。

辽沈战役打响后，李延年所在纵队负责坚守沈阳通往锦州的唯一通道——黑山、大虎山，堵住廖耀湘兵团。

李延年清晰地记得，在那场惨烈的阻击战中，一个战友牺牲了，另一个就主动补上去，许多战友为此献出了宝贵的生命。面对敌人数倍的兵力，他和战友们坚守阵地三天三夜，让敌人寸步难进，为友邻部队对敌人实施包围，争取了宝贵的时间。

辽沈战役后，接下来的一年多时间里，李延年又先后参加了平津战役、宜沙战役等。他每战争先，多次立功受奖。

打得千余土匪主动投降

1950 年初，李延年和战友们挺进湘西剿匪，驻扎在湖南省会同县。当时，会同县的土匪十分猖獗，仅"南三县支队"就有 1000 多名土匪。

1950 年 3 月，李延年得知，土匪计划围攻驻扎在连山的解放军部队。他以高度的军事敏感性，第一时间要求部队做好战斗准备，同时向营部汇报情况。正当营部研究对策时，土匪于拂晓发起攻势。驻连山部队依托工事，打退了土匪的多次进攻。但土匪仍无退意，双方对峙一天一夜。团领导决定调派四个连队增援连山，李延年带着驻会同县城的一个排随增援部队赶到连山，对土匪实施包围。土匪发现解放军的大部队来了，这才吓得撤退。

这次战斗消灭土匪 200 多人，抓获"南三县支队"参谋长等数十名俘虏。李延年任指导员的连队，仅一名战士负伤、自卫队牺牲一人，他也通过这场战斗打出了名声，受到上级通报表彰。

不久，李延年所在连队被调往通道县，每乡驻扎一个排，配合地方政府，发动群众清匪反霸。剿匪部队利用政治上瓦解、军事上打击等多种手段，基本肃清了通道县的土匪，缴获各种武器 1000 多件，以及大量鸦片和银圆等。上千名土匪慑于解放军的威势，主动投降，悔过自新。

血战收复朝鲜 346 高地

历史的洪流，再一次将李延年带上保家卫国的征途。

湘西剿匪后不久，抗美援朝战争爆发。入朝作战，成为李延年一生中最难忘的岁月。

1951年9月底，美军发动秋季攻势。身为指导员的李延年，带领七连参加收复346高地的战斗。回忆起这场激烈悲壮的战斗，李延年异常激动。

346高地有五个山头。七连奉命夺取前面的三个山头，与号称"美国王牌师"的骑兵第一师的一个营狭路相逢。

在我方炮火的配合下，李延年和战友们直扑美军阵地，先后夺下三个山头，并继续攻击后面两个山头。

战斗激烈、伤亡较大、通信中断，在不利情况下，李延年率七连战士转入防御战，等待时机消灭敌人。

敌人以密集队形向七连阵地发起疯狂反扑。此时，七连弹药严重不足，有的班手榴弹用完了，有的战士枪支出了故障。李延年果断下令，让战士们把六〇炮弹当手榴弹使用。

敌人距离工事越来越近了。这时，爆破班班长腾贵桥抓起爆破筒，高喊着"同志们，誓死守住阵地"并冲向敌群。20多个美国兵被炸死，腾贵桥也壮烈牺牲。七连的阵地保住了。

"腾贵桥，我们的爆破班长叫腾贵桥……"讲述战斗经历时，李延年反复念叨着这个名字。

在敌我兵力悬殊的情况下，七连战斗了一天两夜，打退敌人十余次反扑，取得战斗的胜利。由于伤亡很大，他们撤出阵地时，只剩下40多人。

李延年因此被志愿军总部授予"一级英雄"称号，记特等功一次，并获朝鲜民主主义人民共和国自由独立二级勋章。

他说荣誉属于所有英烈

2019年9月17日，李延年被授予"共和国勋章"。他告诉记者："荣誉不是我一个人的，是国家对所有英烈的褒奖。我们要永远铭记那些为了新中国牺牲的英雄们。"

回忆起各场战斗中生死与共的战友们，已经90多岁的李延年，不免有些感伤。他说，很多战友的生命，永远定格在了20岁左右的青春年华。

为了做好革命精神的传承和教育，李延年把个人获得的各类证章中的大部分捐给了博物馆、军史馆。他还经常为青少年讲述战斗故事，致力于关心下一代成长的教育活动。"现在的很多孩子，对历史的认识停留在书本上。作为战争亲历者讲述历史，更具说服力和感染力。"广西军区南宁第三离职干部休养所政委肖兮说。只要有学校邀请李延年做讲座，他都会欣然前往。

为了讲好历史，多年来，李延年戴着老花镜和助听器，坚持读书、看报、看电视、听广播，坚持学习党的理论。他卧室的书桌上，摆满了各类政治学习书籍，书和笔记本上密密麻麻地记满了理论要点和心得体会。

战场上的铁血英雄，也是生活中的柔情丈夫。李延年的老伴身患重病，他洗衣做饭，悉心照顾，在干休所有口皆碑。

他始终保持着一名老党员、老军人、老英雄的革命本色，唯恐辜负了当年在战场上并肩战斗的英烈们。

文／楚天都市报记者　张皓

战斗英雄张富清：

视死如归不畏险，功名利禄全放下

张富清，男，汉族，1924年12月出生于陕西省汉中市洋县，1948年3月参加中国人民解放军，1948年8月加入中国共产党。中国建设银行湖北省来凤支行原副行长。

张富清在解放战争的枪林弹雨中冲锋在前、浴血疆场、视死如归，多次荣立战功。1955年，他转业后主动要求到湖北最偏远的来凤县工作，为贫困山区奉献一生。60多年来，他深藏功名，埋头工作，连儿女对他的赫赫战功都不知情。荣立特等功一次、一等功三次、二等功一次、"战斗英雄"称号两次。2019年9月17日，被授予"共和国勋章"。

> 我入党时宣过誓，为党为人民我可以牺牲一切。
>
> ——张富清

他曾获彭德怀亲自签发的《报功书》，却深藏功名60多年，如今为宣传革命精神，把接受媒体采访当成新的战斗任务。

这是70年来第一次，为作出了巨大贡献、建立了卓越功勋的人颁发

"共和国勋章"。2019年9月29日，当中共中央总书记、国家主席、中央军委主席习近平亲手把勋章挂在申纪兰、孙家栋、李延年、张富清、袁隆平、黄旭华、屠呦呦的胸前时，我们热泪盈眶。2007年，青蒿素还不为大众所熟知时，我们就认识了屠呦呦，见过她在满屋子的资料里攀高爬低、检索材料；2017年，在黄旭华还没有因为总书记让座成为"红人"时，我们已经听他讲过核潜艇的故事；同年，在孙家栋还没有因"改革先锋"称号重回大众视野时，我们拜访了他，知道他在为北斗系统的应用东奔西走。我们见过他们未被鲜花荣誉簇拥的模样：勤奋、纯粹，七八十岁也只想着工作。这种人格的震撼久久留在我们心中。

2019年，在还没有公示"共和国勋章"建议人选时，我们也见到了两位老先生：张富清和袁隆平。在湖北省来凤县，我们见到的是张富清。那一天是8月2日，在当地建设银行屋宇简陋的宿舍楼里，95岁的张富清端坐在我们面前，一开口就说战友，但没几句话，就没有声音了，他嘴角颤动，眼泪一颗颗往下掉。午后炎热，蝉声阵阵，小屋里静得出奇。过了好一会儿，老英雄才平复情绪，说："和他们的牺牲相比，我做什么都是应该的！"尽管从2018年退役军人信息搜集中发现张富清的事迹到现在，他的故事已经家喻户晓，但记者团队在采访他、写他、剪辑他的视频时，仍然一次次涌出热泪，感动到不能自已。这就是共和国英雄的力量。

每次战斗都报名参加突击队

时间回到1948年11月，西北野战军猛攻蒲城永丰镇那天。张富清记得，部队从下午四五点开始发起进攻，但久攻不下，死伤无数。永丰战役，关系到能否彻底打败胡宗南，关系到能否解放大西北，进而支持淮海战役。战事胶着，必须上突击队！

24 岁的张富清虽然加入解放军只有半年多，却已是一名经验丰富的突击队员了。当年 6 月，他在壶提山战役中带领突击队炸毁敌人一座碉堡；7 月，在东马村，他带领突击队扫清外围，占领碉堡。战友们都知道，他专挑最危险、最艰巨的战斗任务。71 年后，他在悠长的午后回忆起年轻时的心境，只记得一个信念："我想入党，想向党靠拢，所以每次战斗前都报名参加突击队。"永丰城前，炸碉堡的突击任务又一次交到了他手上。

　　入夜，张富清带着两名战士向永丰城摸去。三人各背四五十斤重的装备到了城墙下，"必须往上爬，手指头全是血，抠着城墙爬出来的，也不觉得痛，只知道要爬上去才能完成任务"。71 年光阴没有抹去张富清的记忆，他还能想起那一夜的点点滴滴。"爬上城墙后，我四处观察了下，然后就跳进城了。"这话如今听来轻松，那时那里可是炮火连天的战场。在战场上，张富清右耳听力受损，牙齿几乎都被震掉。但当时，他顾不上种种危险，第一个跳进城。当他猫起身来想寻找战友时，却被敌军发现，几柄刺刀刷地围上来。张富清下意识地端起枪扫射，趁乱打死七八个敌人，突出了重围。

　　"我赶紧往前跑，其实是爬，趴得很低，爬到了碉堡跟前。"时间就是生命，张富清匍匐在地，试图挖开土层埋炸药。哪知碉堡前的土质相当硬，一双手根本挖不动。他急中生智，解下刺刀刨出一个坑，然后把 8 枚手榴弹捆在一起，码在坑里，压上炸药包，再把土压上增加重量。做完这些，张富清拔掉引线，赶紧跑开，只听轰的一声，碉堡被炸飞了。

　　"第一个碉堡被炸开给了我很大信心，我沿着城墙跑到第二个碉堡前，用同样的方法把这个也炸了。"来不及喘口气，张富清遭遇到敌人。几个回合下来，他的子弹打光了。"我就用敌人的枪打。"每一分钟，都是生死存亡的考验。张富清坚持下来了，等到部队攻进城找到他，已经天亮。"到这个时候我才觉得筋疲力尽，爬都爬不动了。"瘫倒在地上，张富清才发现自己浑身是血，头顶剧痛。他想起来，跳下城墙突围时，头顶"被人猛击过"。这时一摸脑袋，才知道是子弹擦过，头皮被削掉一大块，流到脸上的血已经干了。死神与他擦肩而过！

那一夜，连队换了8名连长。回忆起往事，张富清一度哽咽得说不出话，只是反复呢喃："我们牺牲得太多了！"这是他此后70多年行为准则的基础，因为"牺牲得太多""人命换来的国名"，所以要替埋骨战场的战友们继续报效祖国。

"和牺牲的战友相比，我已经很幸运了"

在硝烟弥漫的岁月里，张富清跟着部队从陕西一路打到新疆，先后荣立一等功三次、二等功一次，被西北野战军记"特等功""一等功"等，两次获得"战斗英雄"荣誉称号。

"彭德怀同志曾经拉着我的手说'你是个好同志'，王震同志亲自给我戴过军功章……"张富清从来没有向家人提及这些荣耀瞬间，他的《报功书》、他的"人民功臣"奖章、他的立功登记表，都被收入了一个破旧的暗红色皮箱中。大儿子张建国带记者去找这个箱子时，先小心地问父亲能不能看。"这是他的宝贝，我们从小就不让碰，也不知道箱子里到底有些什么，还是你们媒体报道了，我们才知道箱子里有军功章。"

箱子被打开，泛黄的《报功书》上满是岁月的褶皱，但"在陕西永丰城战斗中勇敢杀敌""特等功"等字迹依然清晰如昨。张富清不说话，眼里闪着光。过去的几十年，他选择深藏功与名，只做"自己该做的事"，以至儿子都不知道他是战斗英雄。

1955年，当国家需要军人学习新技能服务地方建设时，张富清收起军功章，含泪告别军营，申请了去最艰苦的地方。他从来不知道湖北来凤在哪里，不知道来凤的山有多高、路有多远，只听说这里很穷，就来了。

妻子孙玉兰还记得，因为路途太远、工作太忙，整个 20 世纪 50 年代，他们只回过一次老家，"路上要走四五天"。从地图上看，这里是湖北的"牛角尖"，与四川、湖南交界，是土家族的聚居地。张富清就带着妻子在这人生地不熟的"牛角尖"上扎下根来。他没想过条件好不好的问题，只是想着"建设需要"，就这么一直干了下来。

从粮油所到三胡区，再到卯洞公社、外贸局、建设银行，张富清经历过一些跨度很大的岗位。老同事董香彩至今都佩服他过人的精力和始终投入的工作状态，评价道："他的奉献精神，没有人能做到。"可是张富清认为自己只是"做了该做的"。他说这话时泪流满面："和牺牲的战友相比，我已经很幸运了。我还活着，还能有什么要求？"

张富清带着这样的心情默默奉献了 60 多年。每一次面临人生选择时，他都选择牺牲自己的利益，响应党和国家的号召。1975 年夏天，大儿子张建国高中毕业，恩施县城有国企招工，张建国符合要求。可是，张富清二话没说，给儿子打包了行李，要他去条件最艰苦的扎合溪林场当伐木工，响应"知识青年上山下乡"的号召。董香彩那时住在张富清家楼上，他回忆起张建国第一次从林场回家的情景："衣服都被树木划破了，回来话都说不出，光顾着吃饭，是饿的啊！"

20 世纪 70 年代，机构精简，张富清主动把妻子从供销社的岗位上精简下来。孙玉兰不服气："我又没有犯错误，你为什么要精简我？"张富清劝道："你不下来，我就不好做别人的工作了。"那时候，他们一家六口人，餐餐喝粥。孙玉兰只好去缝纫厂帮工，补贴家用。来凤县的干部悄悄告诉我们："孙奶奶没有职工身份了，就没有退休金，加上身体不好，看病吃药都报销不了，家里负担很重。"现在，孙玉兰心脏搭有 6 个支架。

满身伤痕无人知

军功章的故事，张富清藏了 60 多年，他从不以英雄自居。董香彩还记得 40 多年前和张富清在卯洞公社工作时，二人时常一起去山里的联系点。来凤的夏天闷热潮湿，太阳照着更是暑气难挡，张富清却每天戴着帽子。董香彩好奇过："夏天戴帽子干什么？不热吗？"张富清笑一笑："还是戴着好，不然一吹风就头疼。"他没说原因，那是永丰城一役中子弹擦过头顶留下的后遗症。

张富清在战场上留下的伤，满身都是，但除了孙玉兰没人知道。就连张建国也说不出："只知道父亲是当过兵、打过仗的，但他没告诉过我们有哪些伤。"孙玉兰也一句话带过："头上身上都有伤，耳朵也是，他不让说。"经过反复打听才知道，张富清年轻时没了牙齿，右耳听力受损，一到变天就头疼得厉害，腋下腿上都有枪伤及刀伤。

60 多年来，张富清把战伤连同军功章一起藏在心底。如今，他却要向蜂拥而至的媒体一次次讲述，因为这是"新的战斗任务"。2018 年，当媒体记者第一次找到张富清时，他一口拒绝了采访要求。在他心里，战斗经历和工作经历"只是一名共产党员、一名革命军人该做的事"。面对媒体的一再要求，二儿子张健全只好去"哄"老人："这是组织上来人了解情况，是公事公办。"张富清的故事这才首次被湖北当地的媒体报道出来。

在报纸上看到自己名字的张富清一下怒了，问儿子："不说是省里来人吗？怎么还见报了！"最后，还是媒体人支了招："告诉老爷子，您今天把自己的事迹讲出来，让媒体宣传出去，就是和平年代给党和人民做的新贡献。"这个理由劝服了张富清。从此，他把接受媒体采访当成晚年"新的战斗任务"，无论多累，也没有半个不字了。这次也一样，三伏天里，95 岁的老人端坐在老旧的沙发上和记者讲述过往，没有显出丝毫疲态。只有在我们收起采访设备，即将离开时，才看到老人一闪而过的疲惫。

大音希声，唯有最坚定的信仰、最质朴的情怀才能书写张富清的名字。他如此稀有、如此珍贵，用行动捧出了一颗赤子之心。

文／张丹丹

"杂交水稻之父"袁隆平：

90岁高龄仍奋斗在科研第一线

    袁隆平，1930年生于北京，中国工程院院士，一生致力于杂交水稻技术的研究、应用与推广，发明"三系法"籼型杂交水稻，成功研究出"两系法"杂交水稻，被誉为"杂交水稻之父"。

    先后荣获国家发明特等奖、首届国家最高科学技术奖、"世界粮食奖"等20多项国际国内大奖，并当选为美国科学院外籍院士。2018年12月18日，党中央、国务院授予袁隆平同志"改革先锋"称号，颁授改革先锋奖章，他还获评杂交水稻研究的开创者。2019年9月17日，被授予"共和国勋章"。

> 追求高产更高产，是我们永恒的主题。
>
> ——袁隆平

    袁隆平的家是一座带围墙的小院，里面有座二层小楼。整个小院被裹在一片绿色里，这里种满了冬青和树木，廊子里还挂了两排红灯笼。袁隆平的秘书杨耀松给记者指了指，袁老的卧室就在小楼的二层。住在二层，对袁老有一个很大的好处，"来到窗户旁边就能看到心爱的试验田，甚至躺在床上侧个身子就能看到"。是的，袁隆平的试验田跟他的家之间，连围墙都没有，只有一道矮矮的铁栅栏。

每天清晨就会有这样一幕，还没吃早饭的袁隆平出门来到田边，看一看、望一望、查一查……只在田边上看，不能再下到田里，因为他现在的身体不如从前，水稻田是软的，"一脚踩下去，起不来的"。

得知获得"共和国勋章"时，他正在试验田里

2019 年 8 月，袁隆平过了 90 岁生日。他现在走路有些缓慢，家距离办公室有几百米，以前常常走路上下班，但是现在需要车把他接过去。他的听力也不像以前，"年纪大了，耳朵不灵了"，但他不愿戴助听器，"不管用，主要是分辨率不高，（我）声音听得到"。他凑近了仔细听别人的提问，回答时不由得放大音量。因为呼吸系统有些问题，他戒掉抽了六七十年的烟……但身体的一切变化，都不能改变一点，他要继续上班。

袁隆平的办公室里有张巨大的办公桌，上面摆着整整九摞书，这些都是他平常要用的。桌上放着眼镜、放大镜，"眼镜不行就用放大镜"，光放大镜就有 3 个不同型号的。他的办公室里有来自世界各国的纪念品：美国科学院院士的证书、"世界粮食奖"颁奖现场的照片……其中巴基斯坦送的画像上还注了一行英文——The man who puts an end to hungry，即"饥饿终结者"。

长沙的夏季气温高、水汽大，水稻田里蒸腾出热气，让人感到憋闷。即使是这样的天气，袁隆平也会在中午去试验田转转。得知自己获得"共和国勋章"时，袁隆平正在试验田里查看第三代杂交水稻生长情况，12 亩试验田正处于对花时期，这是关键阶段。

采访期间，记者见他穿着黑鞋、黑裤、条纹衫来到田边，略有些蹒跚，

但精神尚好。他认认真真地听田间技术人员的反馈，不时点头，不时询问。一会儿，他的家人朋友也都跟了出来，有人拍了一只落在他身上的蚊子。等跟工作人员交流完工作，袁隆平转过头，故意提高嗓门，喊了一句："是谁打了我？"大家都被他逗笑了。

袁隆平的学生邓启云对记者回忆道："他永远保持着年轻心态，现在很多事情，他还是很想要身体力行地参加。其实到了这个年龄，做一些指导，口头上说说就可以，但他不是。"

2004 年，很多科学家到海南岛去参加一个国家高技术研究发展计划相关会议。74 岁的袁隆平也在其中。会上，科技部有位处长说，以后像袁院士这样的老科学家慢慢地退出一线了，可以主要培养年轻人，为他们做一些顾问和指导。"袁老当时就站起来说：'我不是裁判员，我是运动员！'"邓启云回忆，在场的人都吓了一跳，但随即哈哈笑了起来。现在又过去了十几年，袁隆平还是这样的心态，要做"运动员"。

因为他，长沙是杂交水稻的"麦加圣地"

袁隆平是很多个第一的获得者。1973 年，他和团队研究成功三系杂交稻。此前，国际水稻研究所的专家也搞过同类研究，但搞了两年就放弃了。当时国际上给出了这样的评论：中国杂交水稻是在脱离了西方这个所谓农业科学源头的情况下，自己创造出来的一项成果。1981 年，他的籼型水稻研制成功，获得国家技术发明特等奖。这是我国第一项特等发明奖授予农业方面的发明。

《湖南日报》原科教部主任谭毅挺曾多次采访袁隆平，两人因此也成了朋友。他觉得袁隆平非常"低调"，"我第一次见他，他不摆架子，很热情、很坦然，动不动就哈哈哈笑起来"。

1982 年秋，袁隆平参加第二次国际马尼拉水稻研究所的会议。会议期间，他跟谭毅挺通过一个电话，谭毅挺写了一则短消息报道此事。后来，谭毅挺应大自然杂志社的邀请，要写一篇有关袁隆平的文章。谭毅挺记得那是快过年了，两人聊着聊着，袁隆平用重庆话讲了这样一句："我们在国际水稻所就有位儿了，他们说我是'杂交水稻之父'。"谭毅挺赶忙问："怎么回事？怎么回事？"袁隆平讲了那次会议的状况，国际水稻研究所所长斯瓦米纳森称他是"the father of Hybird Rice"。紧接着，他又谦虚道："不不不，哪有这样的事咯！"

凭着职业敏感，谭毅挺认真地说："袁老师，这不是你个人的事，我的文章虽然写的是你，但这是中华民族的光荣，'杂交水稻之父'不是中国人封的，是国际水稻所的专家公认的，是不是？""'啪'，我就把这个消息给捅出去了！"谭毅挺对记者笑着说。

1986 年 9 月，杂交水稻国际学术讨论会在长沙召开，谭毅挺参与报道此事。他记得联合国粮农组织总干事爱德华·萨乌马博士致辞时说："中国有一句话叫'上有天堂下有苏杭'，但对我们搞杂交水稻的人来说，'上有天堂下有长沙'，为什么？这里是我们杂交水稻的'麦加圣地'。"萨乌马博士接着说，"搞杂交水稻的科技人员，如果你没有见过袁隆平博士，那你的杂交水稻研究还没有起步。"

湖南杂交水稻研究中心研究员辛业芸觉得袁隆平的特点是"没有休止"。辛业芸记得，超级杂交水稻第一期攻关时，记者来采访袁隆平："袁院士，什么时候是个头啊？"他答："超级杂交稻实现了，我就心满意足了。"2000 年第一期攻关目标实现，亩产达 700 公斤，记者再问，他答："实现了超级杂交稻第二期目标，我就心满意足了。"没想到，2004 年就实现了第二期目标，亩产达到 800 公斤，比国家计划提早了一年。后来，袁隆平也不好意思再这样回答记者了。

"就像跳高一样，到后面每升高一点点都很难。我们到第三期的时候实际上花了 7 年时间，亩产 900 公斤的目标 2011 年才达到。但之后，他似乎又摸清了规律，找到了技巧，后面的进度好像又快了，第四期、第五期……"辛业芸说。现在，超级杂交稻已经达到了每公顷 18 吨（相当于每亩 1200 公斤），袁隆平又把目标提高到了每公顷 20 吨（相当于每亩 1300 多公斤）。看来，超级水稻的亩产数字像是一场没有终点的马拉松里程数，袁隆平"是不会停止的"。

让世界共享杂交水稻技术

少年时的袁隆平曾跟随老师参观一个资本家的园艺场。硕大粉红的桃子吊在树上，葡萄一串串地挂着，园艺场里还有一栋别墅，景色甚是好看。那时候，卓别林的无声电影《摩登时代》正在上映，电影中有这样一个场景：卓别林打开窗子，伸手就够得着葡萄；打开门，奶牛走过来，新鲜的牛奶挤了出来。这样富足的田园生活是身处战争年代的孩子无法想象的。

成年后的袁隆平做过这样一个梦，梦里杂交水稻的茎秆长得像高粱一样，穗子像扫帚一样，籽粒像花生一样，他和助手们一块在稻田里散步，在稻穗下乘凉……后来他把这个梦称为"禾下乘凉梦"。

他毕生都在努力把电影中的场景、梦中的场景变为现实。现在，他的梦想又扩大了。从 20 世纪 80 年代至今，袁隆平和他的团队通过开办杂交水稻技术培训国际班，已经为 80 多个发展中国家培育了 1.4 万名技术人才。全球有 40 多个国家和地区实现了杂交水稻的大面积种植。每年种植面积达到了 700 万公顷，普遍比当地水稻增产 20% 以上。"您让这种杂交水稻的技术世界共享，为什么呢？"曾有人这样问袁隆平。"为什么不让世界共享呢？为什么不呢？这是个好事情啊！"没想到袁隆平以一个反问句作答。

"全球有 1.6 亿公顷稻田，如果有一半种植杂交水稻，每公顷增产 2 吨，可以多养活 5 亿人口。"这是袁隆平现在的梦想。

很多人觉得，现在中国粮食够吃了。袁隆平说，中国粮食是不够吃的，还要进口一部分。比如中国人爱吃豆腐，大豆每年进口七八千万吨。"现在国家有钱买粮食，如果人家一卡你，不卖粮，那就麻烦了。这个是问题，是个大问题。"他若有所思地说。"关键时刻，一粒小小的粮食能救一个大国，也能绊倒一个大国。"不少人都知道袁老的这句话。

现在，如何提高农民的种田积极性，也是袁隆平思考的问题。用工需求等原因，青壮年农民很少在家务农，多是老年人和妇女在家务农，这被称为"妇老农业"。"现在最需要的是好政策，来调动他们的种粮积极性。"袁隆平觉得现在的惠农政策很好，但担心有些人不执行，就变成了空口号，"光有好种子没有好政策不行，光有好政策没有好种子也不行""我总是很担忧的"。袁隆平说这句话时，黑黑的额头上深深的皱纹格外明显。

在湖南杂交水稻研究中心的杂交水稻展览馆，记者看到一张图谱，介绍杂交水稻育种专家代表。"这是朱英国院士、谢华安院士、张慧廉院士，他们都不在了。袁老的师姐李成荃是 2017 年走的……"博物馆的工作人员说，"他们曾同袁老一起走过科研道路，他们都为共和国的农业献出毕生精力。"袁隆平还在继续，以他不再强壮有力的身体，以他马拉松运动员式的毅力，一天一天，一步一步，走在田间。

文 / 王媛媛

"中国核潜艇之父"黄旭华：

一辈子只为干好一件事情

　　黄旭华，1926年3月生，广东揭阳人，"中国核潜艇之父"。中国第一代攻击型核潜艇和战略导弹核潜艇总设计师。开拓了中国核潜艇的研制领域，1994年当选为中国工程院院士。2014年1月，黄旭华当选为"感动中国2013年度人物"。

　　黄旭华为中国核潜艇事业的发展作出了重要贡献，在核潜艇水下发射运载火箭的多次海上试验任务中，作为核潜艇工程总设计师、副指挥，开拓了中国核潜艇的研制领域，被誉为"中国核潜艇之父"。

　　2019年9月17日，被授予"共和国勋章"。2019年9月25日，被授予"最美奋斗者"荣誉称号。

　　　从一开始参与研制核潜艇，我就知道这将是一辈子的事业。

　　　　　　　　　　　　　　　　　　　　　　　　　　——黄旭华

　　91岁的黄旭华每天早上准点走进办公室。他教我们辨认办公室里一胖一瘦两个核潜艇模型："胖一些长一些的是中国第一代'夏'级弹道导弹核潜艇，瘦一些短一些的是中国第一代'汉'级攻击型核潜艇。我们都把核潜艇叫作'三驾马车'——水下航海技术、水下机动核电技术、导弹装备，缺一不可。核就是'三驾马车'之一。"

"我们"，是近60年前和黄旭华一起被选中的中国第一代核潜艇人，29个人，平均年龄不到30岁。一个甲子的风云变幻、人生沧桑，从头到尾、由始至今还在研究所"服役"的就剩黄旭华一个。"我们那批人都没有联系了，退休的退休，离散的离散，只剩下我一个人成了'活字典'。"

"我不是不贪生怕死，但我必须一起深潜"

这句话听来伤感。然而庆幸的是，"活字典"黄旭华和1988年共同进行核潜艇深潜试验的100多人还有联系。那是中国核潜艇发展历程上的"史诗级时刻"——由于北方的水浅，中国核潜艇在问世18年中，一直没能进行极限深度的深潜试验，1988年才到南海开始这项试验。有了这第一次深潜，中国核潜艇才算走完它研制的全过程。

这个试验有多危险呢？"艇上一块扑克牌大小的钢板，潜入水下数百米后，承受的水的压力是1吨多。100多米长的艇体，任何一块钢板不合格，一条焊缝有问题，一个阀门封闭不足，都可能导致艇毁人亡。"黄旭华当时已是总设计师，知道许多人对深潜试验提心吊胆，"美国王牌核潜艇'长尾鲨号'，比我们的好得多，设计的深度是水下300米。结果1963年进行深潜试验，不到190米就沉掉了，什么原因也找不出来，艇上129个人全找不到。而我们的核潜艇没一样东西进口，全部是自己做出来的，一旦下潜到极限深度，是不是像美国的一样回不来？大家的思想负担很重"。

有一天，艇上的艇长和政委找到黄旭华，他们做了三个月的思想工作，但还是没有把握，有人写好了遗书，有人哼唱《血染的风采》，"也许我告别，将不再回来"。黄旭华第二天就带着几个技术骨干跟艇上的人座谈："这样吧，我跟你们一起下去。"

一句话点炸了整个会议室。"总师怎么能下去？""您冒这个险没有意义！""您都60多岁了，身体怎么受得了？""这不行，绝对不行！"

面对激动的人群，黄旭华拿出了科技人员的范儿："第一，我们这次去，不是去光荣的，是去把数据拿回来的。第二，所有的设计都留了足够的安全系数。第三，我们复查了三个月，很有信心。"

其实，他心里比谁都绷得紧。面对这样的生死选择，没想到妻子李世英成了他的支持者。他和妻子是同事，在工作中相知相爱。她当然知道试验的危险性，嘴上说的却是："你是总师，必须下去，不然队伍都带不好，没人听你的话。再说，你要为艇上人的生命负责到底。"黄旭华明白，妻子比他更紧张，她的平静，只是为了不动摇他的决心。

深潜试验当天，南海浪高1米多。艇慢慢下潜，先是10米一停，再是5米一停，接近极限深度时1米一停。钢板承受着巨大的水压，发出"咔嗒""咔嗒"的响声。在极度紧张的气氛中，黄旭华依然全神贯注地记录和测量各种数据。核潜艇到达了极限深度，然后上升，等上升到安全深度，艇上顿时沸腾了。人们握手、拥抱、哭泣，有人奔向黄旭华："总师，写句诗吧！"黄旭华心想，我又不是诗人，怎么会写？然而激动难抑，"我就写了四句打油诗：'花甲痴翁，志探龙宫。惊涛骇浪，乐在其中。'一个'痴'字，一个'乐'字，我痴迷核潜艇工作一生，乐在其中，这两个字就是我一生的写照"。

"您当时不怕死吗？"

"怎么不怕！我不是不贪生怕死，我也贪生怕死的，但当时只有这一个选择，顾不得了。"

"那么多人哭了，您没哭吗？"

"没有，没哭，就是松了一口气：太好了，没出事！眼睛里有点湿润。"千里之外，终于等来人艇平安消息的妻子李世英，泪如雨下。

玩具、算盘和磅秤

对于大国而言，核潜艇是至关重要的国防利器之一。有一个说法是：一个高尔夫球大小的铀块燃料，就可以让潜艇巡航 6 万海里；假设换成柴油作燃料，则需要近百节火车皮的体量。

黄旭华用了个好玩的比喻："常规潜艇是憋了一口气，一个猛子扎下去，用电瓶全速巡航 1 小时就要浮上来喘口气，就像鲸鱼定时上浮。核潜艇才可以真正潜下去几个月，在水下环行全球。如果再配上洲际导弹，配上核弹头，不仅是第一次核打击力量，而且有第二次核报复力量。有了它，敌人就不大敢向你发动核战争，除非敌人愿意和你同归于尽。因此，《潜艇发展史》的作者霍顿认为，导弹核潜艇是'世界和平的保卫者'。"

正因为如此，1958 年，在启动"两弹一星"的同时，主管国防科技工作的军委副主席聂荣臻向中央建议，启动研制核潜艇。中国曾寄希望于苏联的技术援助，然而 1959 年苏联领导人赫鲁晓夫访华时傲慢地拒绝了："核潜艇技术复杂，要求高，花钱多，你们没有水平也没有能力来研制。"毛泽东闻言，愤怒地站了起来。赫鲁晓夫后来回忆："他挥舞着巨大的手掌，说：'你们不援助算了，我们自己干！'"此后，毛泽东在与周恩来、聂荣臻等人谈话时发誓道："核潜艇 1 万年也要搞出来！"

就是这句话，坚定了黄旭华的人生走向。中央组建了一个 29 人的造船技术研究室，大部分是海军方面的代表，黄旭华则作为技术骨干入选。苏联专家撤走了，全国没人懂核潜艇是什么，黄旭华也只接触过苏联的常规潜艇。"没办法，只能骑驴找马。我们想了个笨办法，从国外的报刊上搜罗核潜艇的信息。我们仔细甄别这些信息的真伪，拼凑出一个核潜艇的轮廓。"

但准不准确，谁也不知道。恰好，有人从国外带回了两个美国"华盛顿号"核潜艇儿童玩具。黄旭华如获至宝，把玩具打开、拆解，发现玩具里排列着复杂的设备，和他们构思的图纸基本一样。"我当时就想，核潜艇也没什么大不了的嘛！不需要神话尖端技术，再尖端的东西，都是在常规技术的基础上综合创新出来的，并不神秘。"

黄旭华至今保留着一把前进牌算盘。当年还没有计算机，他们就分成两三组，分别拿着算盘计算核潜艇的各项数据，若有一组的结果不一样，就从头再算，直到各组数据完全一致才行。

还有一个"土工具"，就是磅秤。造船最基本的需求是：不能沉、不能翻、开得动。核潜艇发射导弹，要从水下把导弹推出去，这一瞬间发射的动力、水的压力与浮力，都会挑战潜艇的稳定性，就需要船的重心准。黄旭华便在船台上放了一个磅秤，每个设备进艇时，都得过秤，记录在册。施工完成后，拿出来的管道、电缆、边角余料，也要过磅，登记准确。黄旭华称之为"斤斤计较"。靠着磅秤，数千吨的核潜艇下水后的试潜、定重测试值和设计值竟完全吻合。

1970年，我国第一艘核潜艇下水。1974年"八一"建军节，交付海军使用。作为祖国挑选出来的1/29，黄旭华从32岁走到了知天命之年，他把最好的年华铭刻在大海利器上。

如今回想那段岁月，黄旭华别有一份达观。他会笑着说，最"舒服"的是养猪的那两年，白天与猪同食，晚上与猪同眠，但常有"访客"趁着月色来猪圈找他求教技术问题。他把图纸铺在泥地上，借着月光悄声讲解。告别时，"访客"会偷偷说一句："明天要斗你，不要紧张，是我们几个来斗。"黄旭华很感动，忙说："谢谢！"

"那是我人生中唯一轻松的时候，没什么责任，也没有负担，把猪养好就行了。"

"也没有牵挂吗？"

"有，我放心不下核潜艇。一万年太久，只争朝夕。造不出核潜艇，我死不瞑目。"

"为什么我连读书的地方都没有"

准确地说，黄旭华是把最好的年华隐姓埋名地刻在核潜艇上。

"别的科技人员，是有一点成就就抢时间发表；你去搞秘密课题，是越有成就越得把自己埋得更深，你能承受吗？"老同学曾这样问过他。

"你不能泄露自己的单位、自己的任务，一辈子都在这个领域，一辈子都当无名英雄，你若评了劳模都不能发照片，你若犯了错误都只能留在这里扫厕所。你能做到吗？"这是刚参加核潜艇工作时，领导跟他的谈话。

91岁的黄旭华回忆起这些，总是笑："有什么不能的？比起我们经历过的，隐姓埋名算什么？"

他所经历的那些——一个广东海丰行医之家的三儿子，上初中的年龄却遇到日寇入侵，附近的学校关闭了，14岁的他在大年初四辞别父母兄妹，走了整整四天崎岖的山路，找到聿怀中学。但日本飞机的轰炸越来越密集，这所躲在甘蔗林旁边、用竹竿和草席搭起来的学校也坚持不下去了。他不得不继续寻找学校，慢慢越走越远，梅县、韶关、坪石、桂林……1941年，黄旭华辗转来到桂林中学，他的英语老师是当过宋庆龄秘书的柳无垢，数学老师是代数极好的许绍衡。

1944年，豫湘桂会战打响，中国守军节节败退，战火烧到桂林。黄旭华问了老师三个问题："为什么日本人那么疯狂，想登陆就登陆，想轰炸就轰炸，想屠杀就屠杀？为什么我们中国人不能好好生活，而是到处流浪、妻离子散、家破人亡？为什么中国这么大，我却连一个安静读书的地方都找不到？"老师沉重地告诉他："因为我们中国太弱了，弱国就要受人欺凌。"黄旭华下了决心："我不能做医生了，我要学科学，科学才能救国，我要学航空学造船，不让日本人再轰炸、再登陆。"

1945年抗战胜利后，他收到了航空系和造船系的录取通知书。他想了想："我是海边长大的，对海有感情，那就学造船吧！"

在大学里，黄旭华遇到了辛一心、王公衡等一大批从英美学成归国的船舶学家。辛一心比黄旭华大一轮，他留英时，在家书中写道："人离开祖国，如螺旋桨之离水。以儿之思念祖国，知祖国必念念于儿也。"在战火中，他赶回祖国，一面在招商局做船舶实业，一面在大学教课。正是辛一心教给了黄旭华那三条造船的规矩："船不能翻，不能沉，要开得起来。"在黄旭华入选建造核潜艇的1/29时，辛一心却因积劳成疾，45岁英年早逝了。

王公衡授课则是另一种风格。当时，上海的学生运动如火如荼，黄旭华加入了"山茶社"。课间，他走到王公衡讲台边，恭敬地说："王教授，我们'山茶社'下午有活动，我向您请个假。"王公衡一听，故意拍桌训斥道："班上的同学都让你带坏了！"吼罢，睁只眼闭只眼，默许了黄旭华的"胡闹"。新中国成立后，师生二人重逢，王公衡笑呵呵地说："要不是解放了，你毕业考试都通不过我这关。"黄旭华连连向他道谢。

一代名师荟萃，成就了黄旭华这日后的火种。而"山茶社"的经历，则在他心中开出了另一条道路。在这个学生社团里，他口琴吹得极好，指挥也很在行，登台演进步话剧更是不在话下。但这些都比不上其他事情精彩：去南京请愿的"护校"运动中有他，掩护进步同学厉良辅逃跑的是他，躲过宪兵抓捕的还是他……终于有一天，"山茶社"一名成员找到他，问：

"你对共产党有什么看法？"

黄旭华又惊又喜："共产党在哪里？"

同学笑了笑："我就是。"

多年后，黄旭华丝毫不以隐姓埋名为苦时，总会回忆起秘密入党的这段往事："有人同我开玩笑，你做核潜艇，以后整个人生就是'不可告人'的人生了！是的，我很适应，我在大学上学时就开始'不可告人'的地下党人生了！"

时至今日，我辈年轻人在面对黄旭华时，很容易以为，像他这样天赋过人、聪明勤奋的佼佼者，是国家和时代选择了他。然而走近他后才会懂得，是他选择了这样的人生。1945年"弃医从船"的选择，与1958年隐姓埋名的选择、1988年一起深潜的选择，是一条连续的链条。

他一生都选择与时代相向而行。

是母亲的信箱，是妻子的"客家人"

人生是一场"舍得"，有选择就有割舍。被尊称为"中国核潜艇之父"的黄旭华，他的割舍远远超出人们的想象。

从1940年离家求学，到1957年出差广东时回家，这17年的离别，母亲没有怨言，只是叮嘱他："你小时候，四处打仗，回不了家。现在社会安定了，交通方便了，母亲老了，希望你常回来看看。"

黄旭华满口答应，怎料这一别竟是30年。"我既然从事了这样一份工作，就只能淡化跟家人的联系。他们总会问我在做什么，我怎么回答呢？"于是，对母亲来说，他成了一个遥远的信箱号码。

直到1987年，广东海丰的老母亲收到了一本三儿子寄回来的《文汇月刊》。她仔细翻看，发现其中一篇报告文学《赫赫而无名的人生》，介绍了中国核潜艇黄总设计师的工作，虽然没说名字，但提到了"他的妻子李世英"。这不是三儿媳的名字吗？哎呀，黄总设计师就是30年不回家的三儿子呀！老母亲赶紧召集一家老小，郑重地告诉他们："三哥的事，大家要理解、要谅解！"

这句话传到黄旭华耳中，他哭了。

第二年，黄旭华去南海参加深潜试验，抽时间匆匆回了趟家，终于见到了阔别30年的母亲。父亲早已去世了，他只能在父亲的坟前，默默地说："爸爸，我来看您了。我相信您也会像妈妈一样谅解我。"

提及这30年的分离，黄旭华的眼眶红了。办公室里有深海般的寂静，我们轻声问："忠孝不能两全，您后悔吗？"他轻声但笃定地回答："对国家尽忠，是我对父母最大的孝。"

幸运的是，他和妻子李世英同在一个单位。他虽然什么也不能说，但妻子都明白。没有误解，但有心酸：从上海举家迁往北京，是妻子带着孩子千里迢迢搬过去的；从北京迁居气候条件恶劣的海岛，冬天几百斤煤球，妻子和女儿一点点往楼上扛；地震了，还是妻子一手抱一个孩子拼命跑。她管好了这个家，却不得不放弃原本同样出色的工作，事业归于平淡。妻子和女儿有时会跟他开玩笑："你呀，真是个客家人，回家做客的人！"

聚少离多中，也有甘甜的默契。"很早时，她在上海，我在北京。她来看我，见我没时间去理发店，头发都长到肩膀了，就借来推子，给我理发。直到现在，仍是她给我理。这两年，她说自己年纪大了，叫我'行行好，去理发店'。我呀，没答应，习惯了。"黄旭华笑着说。结果是，李世英一边嗔怪着他，一边细心地帮他理好每一缕白发。

"试问大海碧波，何谓以身许国。青丝化作白发，依旧铁马冰河。磊落平生无限爱，尽付无言高歌。"这是2014年，词作家阎肃为黄旭华写的词。黄旭华从不讳言爱。"我很爱我的妻子、母亲和女儿，我很爱她们。"他顿了顿，"但我更爱核潜艇，更爱国家。我此生没有虚度，无怨无悔。"

黄旭华的办公桌上有张照片，照片上的他着衬衣、领结、西裤，正在指挥一场大合唱。自从 2006 年开始，研究所每年文艺晚会的最后一个节目，都是他指挥全体职工合唱《歌唱祖国》。

"对您来说，祖国是什么？"

"列宁说过的，要他一次把血流光，他就一次把血流光；要他把血一滴一滴慢慢流，他愿意一滴一滴慢慢流。一次流光，很伟大的举动，多少英雄豪杰都是这样。更关键的是，要你一滴一滴慢慢流，你能承受下去吗？国家需要我一天一天慢慢流，那么好，我就一天一天慢慢流。"

"一天一天，流了九十多年，这血还是热的？"

"因为祖国需要，就应该这样热。"

文 / 许陈静　郑心仪　姜琨

"青蒿素之母"屠呦呦：

40 年挽救了数百万疟疾患者的生命

屠呦呦，女，汉族，中共党员，1930 年 12 月生，浙江宁波人。1951 年考入北京大学，在医学院药学系生药专业学习。现为中国中医科学院的首席科学家，中国中医研究院终身研究员兼首席研究员，青蒿素研究开发中心主任，博士生导师，药学家。

2015 年 10 月，屠呦呦获得诺贝尔生理学或医学奖，理由是她发现了青蒿素，这种药品可以有效降低疟疾患者的死亡率。她成为首获科学类诺贝尔奖的中国人。2017 年 1 月 9 日，屠呦呦获得 2016 年度国家最高科学技术奖。2018 年 12 月 18 日，党中央、国务院授予屠呦呦同志"改革先锋"称号，颁授改革先锋奖章。2019 年 9 月 17 日，被授予"共和国勋章"。

> 国家交给你任务，就努力工作，把任务完成。
>
> ——屠呦呦

诺贝尔奖像神话里的魔法杖，所指之处，冷板凳变成烫手热，小众的科学家转眼街知巷闻。

屠呦呦的生活被突如其来的诺贝尔生理学或医学奖改变了。2007 年，记者与她相识时，她的家是京城一隅平静的书斋，几无访客，偶尔登门的记者得从"什么是青蒿素"这种扫盲级问题开始采访。当时的屠呦呦有充裕的时间和耐心讲述，攀高俯低地打开一格格的抽屉，拿出一沓沓的资料进行佐证。

2015 年 10 月 5 日获得诺贝尔奖后，屠呦呦的家里日日贵客盈门。蜂拥而来的中外记者在楼梯口一边等候一边高谈阔论青蒿素的发现史。访客们个个喜气洋洋，年近 90 岁的屠呦呦反倒表情严肃，言简意赅。她的先生李廷钊代行话务员和接待员之责，不断向来客解释："实在太累了，实在没时间……抱歉，请回吧。"

这热闹来得太急太欢，以至于大家都没留意到一个细节——诺贝尔奖评委会还找不到屠呦呦。当屠呦呦从电视上知道自己得奖时，在瑞典斯德哥尔摩，评委会的新闻官见到记者，立即拜托道："你能帮我们找到屠教授的联系电话吗？"第二天上午，评委会常务秘书终于打通了屠家的电话，亲口告诉她授奖决定，并邀请她 12 月赴瑞典参加颁奖仪式。

从往日的寂静到今日的喜庆，中国人的诺贝尔科学奖情结终于找到了宣泄的出口。然而科学本身应是寂静的，一场场"寂静的革命"推动了人类社会的持续进步。更何况屠呦呦走的是一条比其他科学家更寂静的路。40 多年前，她埋首实验室；40 多年来，"出国热""博士热""院士热""SCI（美国《科学引文索引》的缩写，是科技文献检索系统，其收入量是中国科学界重要的评定依据）热"里都没有她。青蒿素是一份来自特殊年代的礼物，循着特殊的路径，把屠呦呦带入诺贝尔奖的殿堂。

军工项目中的年轻人

1965 年，在发动针对越共的"特种战争"四年后，美国终于坐不住了，开始直接派美军前往越南参战。在越南的热带丛林中，交战双方饱受疟疾折磨，装备落后的越共军队更是苦不堪言。北京大学医学部医学史专家张大庆告诉记者："当时越南共产党向中国求援，希望中国帮助他们研制抗疟药物。为了支援越南，也为了消除中国南方存在的疟疾疫情，毛泽东和周恩来亲自指示，以军工项目的名义紧急启动抗疟新药的研发。这意味着，研制新型抗疟药不再是单纯的科研工作，更是一项政治任务。"1967年5月23日，国家科委和解放军总后勤部等部门召开了"疟疾防治药物研究工作协作会议"，制订了研究计划。"为了保密，就以'523'作为任务的代名词。"

一年多过去了，"523"任务进展并不顺利。"医学研究作为高端的科学研究，需要专业的精英人才。但是在'文化大革命'期间，许多医药领域的专家都被打倒了，正蹲在牛棚里。"张大庆说。在这种情况下，"523"任务四处寻找年轻的研究人员加入。

1969年初，"523"任务的负责人来到中医研究院（现中医科学院），希望能得到科研支持，39岁的屠呦呦也参加了会谈。中医研究院在接受任务后，很快成立了课题组。"屠呦呦当时很年轻，在单位属于第二代科研人员，但科研能力受到广泛认可。"与屠呦呦共事多年的中医科学院首席研究员姜廷良告诉记者。

但正式进入军工项目"523"任务之前，屠呦呦遇到了些许波折。政审时，有人提出屠呦呦亲戚中有海外关系，不能参与机密项目。好在屠呦呦大学毕业后不久就在防治血吸虫病的研究上取得成果，还曾被评为"社会主义建设积极分子"，于是负责的领导以此为证，批准屠呦呦加入该项目，并任命其担任课题组组长。"有人叫屠先生'三无科学家'，调侃她没有国外留学经历。在那个时代，她要真留过学的话，也就进不了这个项目了。"张大庆说。

20世纪60年代，引起疟疾的疟原虫已经对原有的药物产生了抗药性，导致原有药物效果不佳。因此，屠呦呦的主要任务是寻找新药。姜廷良对记者说："接受任务后，屠呦呦整理历代医药书籍，请教老中医专家，还仔细查阅了各地群众的献方。在此基础上她精编了包含640个方药的《抗疟方药集》。"后来，屠呦呦被派往海南疟区工作了一段时间。在疟区的临床试验中，她发现研究人员之前关注的胡椒并不能根治疟疾。

古籍中的灵感

这时，屠呦呦开始整理先前的研究思路：历代医学典籍中经常提到青蒿能有效治疗疟疾，为什么在试验中效果不佳？"从1969年1月开始，我们的研发工作经历了380多次试验、190多个样品。其实我们很早就注意到了青蒿提取物的作用，但后续的实验结果显示，青蒿提取物对鼠疟原虫的抑制率只有12%到40%。我们分析，抑制率上不去的原因可能是提取物中的有效成分浓度太低。"屠呦呦对记者说。

屠呦呦沉下心来，重新翻看一本本中医古籍。当她读到东晋医药学家葛洪所著的《肘后备急方》时，其中的一句话引起了她的注意——青蒿一握，水一升渍，绞取汁，尽服之。屠呦呦回忆道："当时我就想，这书里说的为什么和中药常用的煎熬法不同？原来里面用的是青蒿汁。后来顺着这个思路，改在较低温度下提取。"

早先，屠呦呦用过乙醇等物质做试验，没有成功。后来，改用乙醚冷浸法进行试验，效果有了明显提升，这证明低温提取是保证青蒿提取物效果的关键所在。1971年10月，在第191次试验中，屠呦呦发现提取物对疟原虫实现了100%的抑制。

在外行人看来，改用乙醚提取这微小的一步就是关键，似乎青蒿素的发现也没有想象中难。但事实远非如此。当换了一批青蒿时，实验效果又出现了反复。屠呦呦回忆："不同品种的青蒿效果并不相同，而且只有青蒿叶子里才有青蒿素。因此，只有找对了青蒿品种，选准了采收季节，才能从叶子里提取出青蒿素。取得这些进展，也是经历了很长的研究过程。"当时的科研条件非常艰苦，很多药厂都停产了，提纯熬制设备紧缺，屠呦呦等人只有采用土办法，把大量青蒿叶收集起来，用乙醚泡，再回收乙醚。屠呦呦的先生李廷钊至今记得，她当时回家总是一身酒精味。

1972年，屠呦呦在抗疟药研究内部会议上报告了她的研究成果。后来，屠呦呦和她的同事们将其命名为青蒿素。著名医学家、诺贝尔奖得主戈尔斯坦曾说："发现和发明是生物医学进步的两条不同路径。"青蒿素诞生，屠呦呦完成了发现，下一步便要着手发明，也就是将青蒿素用于临床试验，转化为治疗疟疾的有效药物。

临床试验首先要制备大量的青蒿素。屠呦呦买来盛水大缸当提取锅使用，所有工作人员都要三班倒，周末也不休息。中医科学院中药研究所副所长朱晓新向记者讲述了当时的情形："由于每天要接触大量乙醚，乙醚又会对身体多个系统产生损伤。当时的实验室防护很差，再加上通风条件不好，屠老师一天工作下来时常头晕眼花，还因此得了中毒性肝炎。"

新的问题又出现了。在个别动物的病理切片中，提取物出现了疑似的毒副作用。有人认为还必须对提取物进行反复试验，确保无毒后才能上临床。屠呦呦于是要求自己试药，并且后果自负。朱晓新说："当时任务紧急，屠老师希望快速验证青蒿素是否有效。再加上疟疾是季节性疾病，错过发病季节，研究就得耽误一年。这么做虽然也是无奈的选择，但她的科学献身精神是毋庸置疑的。"

获得领导同意后，屠呦呦和课题组的另外两位同事一同在自己身上做起了试验，最终三人都无大碍。今天提及此事，屠呦呦的先生李廷钊很平静："人家抗美援朝还志愿牺牲呢，吃药算什么！"

"青蒿素临床试验的第一种药剂是片剂，病人服用后出现了不适反应，这让屠呦呦有些失望。后来他们发现失败原因是片剂分解有问题，影响了药物的吸收，就转而采用青蒿素原粉直接装胶囊的形式，最终取得了满意的效果。"姜廷良说。1973 年，屠呦呦在评估青蒿素的衍生化合物时，发现了更加稳定、有效的双氢青蒿素。

1977 年，我国首次以"青蒿素结构研究协作小组"的名义在学术性刊物《科学通报》上发表了青蒿素的化学结构。第二年，"523"任务的科研成果鉴定会最终认定：青蒿素的研制成功，"是我国科技工作者集体的荣誉，六家发明单位各有各的发明创造……"在这个长达数页的结论中，只字未提发现者是谁。

在那个特殊的年代，一项科研成果很少会署个人的名字，科学家个人的努力被淹没在巨大的集体之下。这给日后的青蒿素之争埋下了隐患。

从故纸堆里打捞起这个名字

疟疾被称为"穷人的疾病"，青蒿素被发现后，拯救了越南及非洲大陆数百万疟疾患者的生命。然而在长达几十年的时间里，他们并不知道自己的救星是谁，屠呦呦的名字湮没无闻。从历史的故纸堆里打捞起这个名字的功臣之一，是北京大学生命科学学院终身讲席教授饶毅。

2011 年 8 月 22 日，饶毅发表了一篇博文——《今日中国谁最该做院士》。开篇，他就为"标题是为了吸引眼球"而抱歉，真正的标题是《中药的科学研究丰碑》。他介绍了两位中国科学家，并说这两位都不是院士，但他们的贡献都值得获诺贝尔医学奖。其中一人，就是屠呦呦。"这篇文章的主旨就是希望中国重视一些在国内做了工作，而未获得适当承认的科学家。"饶毅说。

早在 2004 年，饶毅就开始关注青蒿素了。他对记者说："那时，我让中国科学院自然科学史研究所的一个研究生做青蒿素的历史，但他后来改行当记者去了。2007 年我全职回国后，与北大医学部的张大庆老师联合指导研究生黎润红，我再次建议她研究青蒿素的历史。"饶毅还提醒黎润红，国内研究经常把科学史变成宣传，所以一开始就要做到只重事实，不重任何个人，要以事实厘清中国科学的一个经典。

当时，多家曾经参与"523"任务的科研机构都自觉对青蒿素的发现、提取起到了重要作用，事实也确实如此。但青蒿素的发现究竟有没有代表人物？谁是代表人物？这才是饶毅等人所关心的。

黎润红对记者说："在梳理过往文献时，我发现多篇文献都提到了屠呦呦的名字。"

2009 年 4 月 21 日，黎润红第一次敲开屠呦呦办公室的门。长谈中，屠呦呦详细回顾了青蒿素的发现过程，还提到一件事："1981 年 WHO（世界卫生组织）来中国开会，安排我做青蒿素化学研究的报告。会议高度认可青蒿素的贡献。一位法国记者问，当时是为了战争，现在世界都用青蒿素救命，你有什么感想？我说，我很高兴，作为一个医药科技人员，工作就是要为人类健康服务。"

黎润红十分直接地向屠呦呦提到了有关国家发明奖的争议——1979 年，抗疟新药青蒿素获国家二等发明奖，当时对外公布了包括中医研究院在内的六家主要研究单位，此后对获奖单位和发明人的排名问题一直存有争议。屠呦呦回应道："出现不同认识也不奇怪，但客观事实不会是多版本的。首先要认定事实，不然只能浪费时间和精力做无谓的争论。我们需要向前看，国家需要大力促进科学发展，实现科教兴国。科技工作者要有责任感，要努力创新。"

同时，黎润红走访了北京、上海、云南、四川等地多位"523"任务的参与者，并从他们手中获得了不少内部资料。这些讲述和资料完整地串起了青蒿素的研发历史。2011 年，黎润红发表了论文。"我们就是把青蒿素发现过程中谁做了什么，做对了什么都罗列出来，至于其中谁最重要，就由大家来评判吧。"黎润红对记者说。

在黎润红前期调研的基础上，饶毅进行了再次梳理、提炼。"黎润红接触了很多'523'任务的参与者，都有笔录，我看过笔录，看过材料，还有他们的来信。"饶毅对记者说，他据此和黎润红、张大庆合作写就了《中药的科学研究丰碑》一文。由于饶毅一向敢言，是科学界的明星人物，此文又发表于他宣布不再参加院士评选之际，于是当即被广泛传播，屠呦呦的名字得到了一次社会化的普及。

屠呦呦获得诺贝尔奖的第二天，饶毅来到屠呦呦家，向她表示祝贺。屠呦呦对他笑道："别人都以为我们应该很熟啊，其实我们没有说过话，也没见过面。"饶毅大笑着补充说："好在通过电话。"这是他们第一次见面。饶毅向记者强调："我没有直接接触个人，我不希望变成个人关系，这是历史研究。我们是科学史的研究者，是根据事实、进行分析而得出结论，不是对个人进行宣传或者推举，不是推手。"

饶毅认为，把屠呦呦视作"发现青蒿素的代表性人物"，依据有三："一、屠呦呦提出用乙醚提取，对于发现青蒿的抗疟作用和进一步研究青蒿都很关键；二、具体分离纯化青蒿素的钟裕容，是屠呦呦研究小组的成员；三、其他提取到青蒿素的小组是在会议上得知屠呦呦小组发现青蒿粗提物高效抗疟作用以后进行的，获得纯化分子也晚于钟裕容。"

美国疟疾专家年年推荐她

几乎在《中药的科学研究丰碑》发表的同一时间，另一篇介绍青蒿素及屠呦呦贡献的文章——《青蒿素：源自中草药园的发现》发表在大洋彼岸的《细胞》杂志上。《细胞》是生物领域的顶级期刊，这篇文章的影响力可想而知。文章的作者是美国国家科学院院士路易斯·米勒和美国国家卫生研究院资深研究员苏新专。也正是这两位，将屠呦呦推向了荣誉的巅峰。

诺贝尔奖评选的第一步是推荐候选人，推荐者包括诺贝尔奖得主、诺贝尔奖评委会委员和一些有资格的教授等。"如果没有被推荐，自然不可能获奖。"苏新专对记者说，"米勒就是推荐人之一，从2010年起，他所推荐的候选人年年都是屠呦呦。"米勒由于身在欧洲，所有接受采访的事宜都交给了苏新专处理。

"米勒对疟疾的研究是全心全意的，几乎对所有与疟疾相关的东西都感兴趣。21世纪初，青蒿素类药物开始在国际市场上大量投放。米勒认为，青蒿素的发现非常重要，救了很多人的命。"苏新专说，"一次，我们在吃饭时聊天，说青蒿素的发现可以得诺贝尔奖，但又不知道该推荐谁。米勒对我说，你懂中文，帮我查一查、问一问。"

苏新专与"523"任务参与者之一、广州中医药大学教授李国桥相识多年。"我直接和李国桥联系，他寄给我一些资料，我也进行了一些搜索。我看到1996年香港的'求是奖'奖励了屠呦呦等10位为青蒿素的发现作出贡献的科学家，另外还有包括牛津大学学者在内的一些人也在文章中提到了她。知道了屠呦呦这个人后，我就直接打电话给她单位，联系上了她的助手。助手寄来了一些材料，包括屠呦呦的简历、'523'任务的会议记录、屠呦呦的发言稿以及相关证书等。"

2011年，苏新专在北京见到了屠呦呦和其他几位"523"任务的参与者。"那次屠呦呦给我的感觉是一个蛮好的老太太，蛮热情，对疟疾研究也很有兴趣。她那几年在关注抗药性问题，她一直说，青蒿素是好药，但不能滥用，有一些商家希望把青蒿素做成预防药，她对此并不支持。"谈到自己的贡献时，屠呦呦说得并不多，她给了苏新专一本书——《青蒿及青蒿素类药物》。"她说，我要说的东西都在那本书上。那本书的开篇部分简要提到了她的研发经历，内容和我收集到的资料差不多。李国桥也和我说过好几次，要论'523'任务里谁贡献最大，屠呦呦应该是第一个。"

在推荐屠呦呦参评诺贝尔奖的同时，米勒也推荐屠呦呦参评了拉斯克奖，这是美国最具声望的生物医学奖项。"拉斯克奖方面要求米勒等推荐人写一篇介绍被推荐人的文章，米勒就和我一起写了《青蒿素：源自中草药园的发现》。"苏新专说。这篇文章的发表与屠呦呦获得 2011 年拉斯克奖几乎同步。"那次颁奖典礼，我也在现场。自那之后，我和屠呦呦就没有联系了。"

"2015 年的诺贝尔奖，可能也有别人提名屠呦呦，可能也有人推荐了其他参加'523'任务的科学家。重要的是，诺贝尔奖评委会最终选择了屠呦呦和青蒿素。"苏新专说，"米勒曾经告诉我一个例子。人乳头状瘤病毒的研究成果曾经获得诺贝尔奖，但奖颁给了发现病毒的人，而不是研发疫苗的人。这说明诺贝尔奖更看重原始的发现。如果不是屠呦呦 1972 年在会议上提出有关青蒿素作用的报告，其他人可能就研究别的药去了。当然，不可否认的是，这个项目是很多人共同做出来的，全靠中医研究院一家单位也不能走到今天。"

当年，屠呦呦和她的同事们所能做的，只是一心扑在自己的实验上。在苏新专看来，这恰是屠呦呦乃至所有科学家成功的根本："你真的得白天也干，黑夜也干。在科研领域，想每天只工作 8 小时是不可能成功的。如果能做到在 8 小时外也在想你的研究，那就说明你是真心喜欢正在做的这件事，那才有可能获得真正的成功。"

文 / 李静涛　朱东君　曹磊　刘仲华

呼吸病学领军人物钟南山：

生命至上，勇于担当

钟南山，男，汉族，中共党员，1936年10月生，福建厦门人，中国工程院院士，著名呼吸病学专家，中国抗击非典型肺炎的领军人物。2020年，作为抗击新冠肺炎疫情斗争中作出杰出贡献的功勋模范人物，始终在医疗最前线救死扶伤，积极奔赴各疫区指导开展医疗工作，倡导与国际卫生组织之间的密切合作。

2018年12月18日，钟南山获得"改革先锋"称号。2019年9月25日，获评"最美奋斗者"个人称号。2020年8月11日，被授予"共和国勋章"。

把病人都送到我这里来。

——钟南山

力排众议，找到"非典"病因

2010年初，记者采访钟南山时，想给他拍一张特写照片，化妆师拿起工具走到他跟前，凝视了几秒钟后说："他不需要化妆，这哪里像 74 岁的人！"大家全笑了。钟南山有一张雕塑般的脸，线条刚毅，目光坚定，看上去比实际年龄要小 20 岁。他思索时，会习惯性地用手向脑后梳理一下头发。2003 年非典时，他的头发白了许多，现在又慢慢变黑了。

作为抗击"非典"的领军人物，在那场最严重的公共卫生事件中，人们记住了钟南山。这不仅仅是因为他救了千万人的命，更重要的是他以医生的良知讲了真话。

2002 年 12 月 22 日，钟南山所在的广州医学院第一附属医院、广州市呼吸疾病研究所紧急转来一位肺病患者。钟南山发现此人病情特殊。随后，顺德、中山也出现了同样的病例。根据多年的经验，钟南山判断：这是一种人类史上未见过的肺病，毒性异常凶猛，且难以治疗。2003 年 1 月 21 日，钟南山连夜赶到中山，同省卫生厅派出的专家组一起，对那里的 28 例病人进行会诊和抢救。第二天，专家组起草了一份报告，将这种"怪病"命名为"非典型肺炎"，简称"非典"。

病名有了，病因还是谜。钟南山向省卫生厅提了一个要求："把最重的病人都送到我这里来。"在广州市呼吸疾病研究所里，他对重病患者进行了仔细检查。他不戴口罩，对病人示范道："你跟着我'啊——'，你要忍一忍，不要咳嗽，让我检查完，好不好？"病人的呼吸喷在他的脸上，他明知其中有未知的烈性病毒，随时会感染他，却毫不在意。

2 月 18 日，国家疾病预防控制中心确认，在广东送去的两例死亡病例肺组织标本切片中，发现了典型衣原体（一种病毒），认为其是"非典"的病因。当天下午，广东省卫生厅召开紧急会议，对此进行讨论。轮到钟南山发言了，他沉默良久，摇摇头："我不同意典型衣原体是非典型肺炎病因的观点。"一语惊四座。

"我查看过每一个病人的口腔，'非典'病人的咽喉部没有出现（衣原体肺炎常有的）流感症状。从我们临床（治疗）来看，也很难用衣原体的肺炎来解释。第一，衣原体肺炎很少发病这么严重。第二，我们采取了足够剂量的治疗衣原体的药物，但是一点效果都没有。"

在事实面前，会议最终否认了国家疾病预防控制中心的结论，接受了钟南山的倡议，由广州市呼吸疾病研究所等 7 家医疗单位进行联合攻关。4 月 12 日，"非典"的病因——一种新型冠状病毒找到了。病因的确定，为挽救无数病人的生命争取了时间，钟南山当之无愧地成为"抗击'非典'第一功臣"。4 月 16 日，这一结论也得到世界卫生组织的确认，并给予他高度评价，称"他在世界上最严重的'非典'疫区找到了病原"。

"非典"之后，钟南山继续讲真话。2006 年全国"两会"上，钟南山作为全国政协委员，一句"药监局的领导来了没有"震惊众人。"'非典'期间，我接触到很多药物，发现一药多名现象很严重。我正好和（药监局原局长）郑筱萸一个组，我就直接向他提问，一年批 1 万多（种）新药，怎么批的？"在钟南山看来，他的质询是查处郑筱萸的导火索（2007 年郑筱萸以受贿罪被判处死刑）。2009 年，工作在抗击 H1N1 甲型流感第一线的钟南山再次"开炮"："有个别地区为说明甲流防控做得好，对甲流死亡病例隐瞒不报。现在全国报告的甲流死亡病例数，我根本不信！"

钟南山刚直不阿的风骨，来源于他的家庭。他出生于一个医学世家。父亲钟世藩是著名儿科专家，母亲廖月琴是护士。钟世藩是孤儿，后来通过努力考入协和医学院，之后又留学美国。回国后，曾担任广东省人民医院院长。在改革开放初期，当看到很多基层医院没有先进仪器，只能靠简单的症状来诊断时，钟世藩靠着几近失明的眼睛，趴在桌子上写下了 50 多万字、凝聚了他 40 多年从医经验的《儿科诊断鉴别》。父亲的言传身教，赋予了钟南山强烈的知识分子秉性——尊重科学，坚守良心。

2009 年，在中组部、中宣部联合评选的"100 位新中国成立以来感动中国人物"中，钟南山的获奖评语是："他能置自身荣辱得失于度外，力排众议，坚守科学家的良知。"

"这辈子我始终有追求"

2020 年 10 月 31 日，2020 年第二届中国医师公益大会在北京召开。在这次会议上，中国工程院院士、著名呼吸病学专家钟南山说："我们经历了一次大考。9 个多月来，近 10 个月，我们中国的医生，以生命至上为指导思想，不计酬劳，无论生死，救死扶伤。让所有人看见医生的良心，（让所有人）看到我们广大的医生是好样的！"

钟南山提醒医务工作者："通过这 9 个月的抗疫，我们只能说第一阶段取得阶段性胜利。因为，大家也知道，现在在一些国家，特别是欧洲，疫情还在发展，所以我们还有很多工作要做。"

大会结束，在合影留念环节，全体与会者以一种独特的方式表达对他的敬意。有人高喊了一句："钟老帅不帅？"除了整齐划一地回应"帅"，他们还集体伸出大拇指，说："给钟老点赞！"

前段时间，有人在网上发文质疑钟南山在疫情防控期间有何作为。几乎是一瞬间，万千网友表达愤慨，很多人都用同一句话谴责此人——"无知者无畏"。因为，疫情暴发后，钟南山做过什么，几乎是无人不知的。3 月份，有人就写过钟南山院士"战疫记录"，人们对他的感情，有敬佩，有感激，有心疼。

2020 年 1 月 20 日，离除夕只有 4 天了，越来越多的人踏上归途。1 月 18 日、19 日两天，武汉市新增病例 136 例，北京、广州也出现了病例。面对突然增加的患者和外扩的疫情，很多人措手不及，疑虑不安，各种各样的消息满天飞。

20 日当晚，白岩松在央视的新闻直播中连线钟南山。两鬓染霜、目光坚定的钟南山说"肯定人传人"。采访瞬间传遍各大媒体和社交网络，人们对疫情的重视程度立即变得不一样了。前一天，各大机场、火车站等人流密集区还看不到几个人戴口罩，第二天再出行，很多人已经用口罩把自己捂严实了。对于阻断病毒传播，这一举措无疑发挥了至关重要的作用。

接下来，我们回想起那张熟悉的照片——钟南山第一时间逆行至疫情风暴中心武汉，因为过度劳累，他在动车餐车区闭目休息。

1月18日是个星期六，还在广东省卫健委开会的钟南山接到通知，得马上赶往武汉。第二天上午，他开完会就马不停蹄地来到武汉金银潭医院和武汉疾控中心了解情况，中午来不及休息，下午开会到5点，又从武汉登上飞往北京的航班。到达北京后，他马上赶往国家卫健委开会，回到酒店已经是凌晨2点。早晨6点，钟南山就起床了，看文件准备材料，参加全国电视电话会议、新闻发布会，晚上和媒体直播连线。

从那时开始，武汉牵动着全国人民的心。钟南山在接受采访时谈及武汉时，一度红了眼眶，声音沙哑："全国帮忙，武汉是能够过关的。武汉本来就是一个英雄的城市。"连日奔走，他给人们传递的是士气和信心。

他一次次以专业和权威的信息指引疫情中的人们。

1月29日，作为广东省新冠肺炎重症临床救治专家组顾问，钟南山与专家组一道对危重症、重症病例开展第一次远程集体会诊。这次会诊持续了3小时25分钟，他们对病人的临床救治方案进行了细致研究，给当时新冠肺炎的诊疗树立了信心。

此后，国家启动应急科技攻关项目，新冠肺炎疫情联防联控工作机制科研攻关专家组成立，钟南山担任组长。此项目着重在病毒溯源、传播途径、动物模型建立、感染与致病机理、快速免疫学检测方法、基因组变异与进化、重症病人优化治疗方案、应急保护抗体研发、快速疫苗研发、中医药防治等10个方面进行部署。

钟南山就科研工作发表一系列观点。

他说："对大多数医院、大多数医生来说，当务之急是救治病人，尽量减少死亡病例，这是第一位的。科研是支撑，所以我们有很多科研工作要做，但是不能像过去那种严格地随机对照，而是要在医疗过程中观察一些新的治疗办法。

"我们也在考虑中医的作用，中医一开始就要介入，别到最后不行了才看。在广东就是这么做，在很多地方也这么做。

"治愈出院的数量很快还会增加，很多出院患者是轻症的，有肺炎，但是没有低氧血症。我们现在非常关注危重症的患者，特别是这些患者常常合并一些基础病、慢性病，死亡率相对就高一些，平均年龄50到60岁，因为现在没有一个非常准确的统计。对于一些特别易感的人群要注意，要特别重视对他们的护理和治疗。"

……

9月8日，全国抗击新冠肺炎疫情表彰大会在北京人民大会堂隆重举行，钟南山获"共和国勋章"，张伯礼、张定宇、陈薇获"人民英雄"国家荣誉称号。其中，给予钟南山的颁奖词是这样的："钟南山，我国呼吸疾病研究领域的领军人物，敢医敢言，勇于担当，提出的防控策略和防疫措施，挽救了无数生命，在非典型肺炎和新冠肺炎疫情防控中，作出巨大贡献。"

在颁奖典礼现场，钟南山发言时把每一句话都说得掷地有声。"在党中央的坚强领导下，在全国人民同舟共济共同奋斗下，我们仅仅用了1个多月的时间就初步遏制了疫情蔓延的势头，用3个月左右的时间取得了武汉保卫战、湖北保卫战的决定性成果。疫情防控阻击战取得了重大的战略成果，赢得了全国上下以及国际社会的尊重和赞扬！"

颁奖典礼结束，有记者拉住钟南山采访，没说两句话，他就湿了眼眶，特别感慨地说："今天这个礼遇，根本没想到，做梦也没想到。摩托车开路，走红地毯，我根本没想过。我想的更多的，这次绝对不是给我一个人的，是对整个医疗卫生界以及防控系统的这些人员的极大的认可、肯定和尊重。"

2020年10月20日，钟南山过了84岁生日。每年他过生日，主角都是他的学生们。今年，他怕学生们又从各地赶来，专门跟他们说"今年不办了"，只在线上搞了一个活动，"大家有什么话，有什么祝福，就在线上说，挺好的"。84岁，对绝大多数人来说，已经是一个无法正常工作的年龄，钟南山也生过病，心脏出现过一些问题，但是现在，他依然保持一个高压力、高速度的工作状态。

除了锻炼身体、加强营养，他这样讲述为何能保持状态，他说："我想，其中一个很重要的原因就是，这辈子我始终有追求，这个很重要。一个人，只要他有一个追求，哪怕这个追求不是很高，他努力、想办法达到追求的那个阶段会全神贯注，那个阶段身体还显得挺好，一旦到一个无所事事的时候，身体就差了。一个始终有所追求的人，一般会活得长点，（因为）前头始终有个追求，达到了这个追求（就）再往前。"

84岁的钟南山还有追求。他现在正研究如何治疗慢性阻塞性肺病（以下简称慢阻肺）。他介绍，现阶段我国对慢阻肺的研究很落后，一般是病情发展到三期、四期症状很明显的情况才做治疗。"现在有哪位高血压患者等到脑出血才做治疗呢？有哪位糖尿病患者等到出现糖尿病足和心肺衰竭再去治疗呢？患慢阻肺的全国有9000万人，95%是早期患者，没人管。"治疗慢阻肺是他一辈子的愿望。除此之外，他还有一个目标，就是研制抗肿瘤的药物，为此他已奋斗了26年，且还在继续。他估计第二个目标不需要太长时间就会实现了。

钟南山说，他之所以能保持十足的精神状态，是因为现在"始终有追求"。

文/杨宛　王媛媛

"中国核司令"程开甲：

奉献青春和生命，用双手擎起大国重器

程开甲，1918 年 8 月出生，江苏吴江人。中国科学院院士、著名理论物理学家，"两弹一星"功勋奖章获得者，我国核武器事业的开拓者和核试验科学技术体系的创建者之一。

从研究核武器到研究防御核武器，他穷尽一生建立起我国核试验科学技术体系。他是中国核武器研究的开创者之一，在核武器的研制和试验中作出突出贡献。他开创、规划领导了抗辐射加固技术新领域研究，是中国定向能高功率微波研究新领域的开创者之一。

2013 年国家最高科学技术奖获得者，2018 年 11 月 17 日在北京因病逝世，享年 101 岁。2019 年 9 月 17 日，被授予"人民科学家"国家荣誉称号。

> 我们每一个人都有自己的追求，作为中国人，追求的目标应该符合祖国的需要。
>
> ——程开甲

在江苏吴江，一位小学生写了封信，想寄给在北京的同乡英雄程开甲爷爷，但他写好信后，却不知该寄往何处了——2018年11月17日，在程开甲为之奉献终生的人民共和国步入七十华诞前，这位"核司令"与世长辞，离开了他的家与国，享年101岁。

过去这一年，有太多巨星陨落的消息让人心碎。我们心里清楚，那些从战火中走来、在苦难中奋斗的老一辈"国宝"终将辞行。可是，当程开甲逝世的消息传出时，我们的眼泪还是夺眶而出——共和国永远不能忘记的"两弹一星"元勋，又走了一位。

"两弹一星"的故事已被传诵千百遍——突破美国重重阻碍而回国的钱学森，在飞机失事时用身体保护绝密资料的郭永怀……这些故事读的再多，我们也会心潮澎湃、热泪盈眶。他们映照出的，是70年来走过的每一步艰难历程，更是每一位中国人对这片土地最深沉的爱。所以，人们不愿说告别；所以，到真正告别的那天，即便天南海北，即便步履蹒跚，人们也想去鞠个躬、行个礼。

生命的最后时刻，只为罗布泊而激动

2018年11月21日，北京八宝山革命公墓，习近平、李克强等党和国家领导人送来花圈。清晨5时多，人群就开始聚集，等着进入八宝山。他们中的很多耄耋老者，是前一天从合肥、吴江等地赶来的。

为了到八宝山和程老做最后的告别，国防科技大学教授熊杏林女士前一晚从西安赶来。到北京时，已是晚上10时多。差不多一个月前的10月24日，她赶到北京和程老见了一面。当时，程开甲家人给她打电话："老爷子的时间可能不多了，来和他见个面吧。"放下电话，熊杏林就往北京赶，在解放军总医院见到了病榻上的程开甲。

程开甲身体虚弱，需要依靠呼吸机维持生命，一天中大部分时间在昏睡，但醒来时意识依然清醒。熊杏林带着新近出版的《程开甲的故事》坐到病榻边。这本书，是程开甲家乡吴江的教育界人士找到熊杏林，因希望编写一本适合中小学生阅读的有关程开甲的读本而出版的。当听说家乡人提议编写这本图书时，程开甲特意叮嘱相交18年的熊杏林："要实事求是，让孩子们读了有所启发。"因为他自己就是在中学时读了很多科学家传记后才走上科研道路的。

书出版了，程开甲却没来得及看。而吴江那名写信的小学生，正是第一批读者。在病房里，熊杏林翻开书中插图，一幅幅指给程开甲辨认。"起先，程老没有什么反应。但看到两个场景时，他激动起来，一个是第一颗原子弹爆炸试验所用的铁塔，塔架上放着原子弹；另一个是我国第一颗原子弹爆炸试验的爆心。我感觉他眼中有了光芒。"程开甲吃力地说出一句话："这是我非常熟悉的地方。"熊杏林合上书，走出病房，泪如雨下。她说："能记录程老的一生，是我人生最有意义的事。"

纵然过去了半个世纪，纵然是病中孱弱，程开甲依然记得研制原子弹、氢弹时的光辉岁月。那是几代科研工作者生命中最难忘的时刻，是新中国立于世界民族之林的坚强根基。

蘸着菜汤在饭桌上写公式

时间回到1960年夏天，当时正在南京大学物理系任教的程开甲被校长郭影秋叫到办公室。郭影秋递给他一张写有北京地址的字条，让他马上去报到，但没说做什么。

时年42岁的程开甲已是物理学界权威，与另一名核物理学家、居里夫人的学生施士元在南京大学创立了核物理专业。字条来自第二机械工业部第九研究所，目的是借调他两年，原因却不能说。到二机部后，程开甲才知道这次调动是钱三强点将，邓小平批准，实际就是参加原子弹研究。1961 年 11 月，时任国务院副总理的聂荣臻还写了封信给教育部部长杨秀峰和副部长蒋南翔，建议在两三年内免除他们（程开甲和周光召）在学校的兼顾工作。

程开甲曾经向熊杏林回忆，原子弹研制初始阶段所遇到的困难根本无法想象。有核国家对这一军事内容采取了极严格的保密措施，美国科学家卢森堡夫妇因被指控为"核间谍"而受电刑处死；程开甲的师兄福克斯因泄密被判 14 年监禁。"我们得不到资料、买不来所需的仪器设备，完全靠自力更生、艰苦奋斗，自己闯出一条路来。"

要研究核武器，得先解决一个难题：铀 235、钚 239 的状态方程是什么？程开甲到研究所后，状态方程小组负责人就向他汇报工作进展。这个小组的成员大部分没有学过固体物理，进展缓慢。于是，程开甲开始系统讲课，帮助研究人员复习热力学、统计物理方面的知识，指导他们查阅外国文献，他自己也是没日没夜地计算。那段时间，同事经常看见吃着饭的程开甲突然把筷子倒过来，蘸着菜汤在饭桌上写公式。那时的菜汤被写在桌上，几乎不会留下油渍。研究所里流传着一个故事——有一次排队买饭，程开甲把饭票递给卖饭的师傅，条件反射般地说："我给你这个数据，你验算一下。"排在后面的邓稼先笑着提醒："程教授，这儿是饭堂。"

这样的故事，在八宝山告别现场，也被跟随程开甲多年的老一辈科学家频频提及。86 岁的程耕从合肥赶来，他在新疆那支隐姓埋名的核研究团队里工作了 20 年，是程开甲最信任的研究员之一，大家戏称他是"程开乙"。只有在回忆起生活细节时，程耕沉痛的脸上才会轻松一些："生活上，我们得照顾程老师。他是一位纯粹的科学家，平时做饭、回家买票这些事他都不会。"

经过半年的艰苦努力，程开甲算出了高压状态方程。负责原子弹结构设计的郭永怀拿到结果后，高兴地大喊："老程，你可帮我们解决了一大难题啊！"

1962年夏天，研制第一颗原子弹的关键理论研究和制造技术取得了突破性进展。程开甲接到了新任务——负责原子弹爆炸试验的研究与准备。程开甲的优势在理论不在试验，有人劝他："今天干这个，明天干那个，东搞西搞，搞不出名堂。"但程开甲想，国家需要，义不容辞。

他开始准备我国第一颗原子弹爆炸试验。这次他成了"光杆司令"——没人、没房子、没设备。程开甲只提了一个要求："请给我调人，我们马上投入工作。"他列出名单，经邓小平批示，从全国各地和全军选调技术骨干。直到90多岁，程开甲在跟熊杏林口述自传时，仍能一一说出这批技术骨干的名字。

试验场区选定在新疆罗布泊，程开甲与参试人员提前半年进入了场区。这是一片荒芜的沙漠，方圆300千米只有连绵的沙丘和寸草不生的乱石。1964年5月，参试人员和参试设备经过长途运输驻扎进了罗布泊。五六月的罗布泊，经常刮10级以上的狂风，能把帐篷都掀掉；七八月则要面临地表温度60至70摄氏度的炙烤。加上这片沙漠水质很差，又涩又咸，喝得人经常拉肚子。但在程开甲看来，这是一个完美的试验场区。

试验时间定在10月16日15时，接到通知的程开甲度秒如年。15日晚上，他彻夜未眠；16日一早，他就走出帐篷，观测天气。他在回忆中写到那天早上的心情："看到天空碧空如洗，心里轻松许多。"有了理想的天气，试验才能正常进行。他还记得那天中午吃的是包子，"香喷喷的，但吃到嘴里一点也感觉不到它的味道"。

"14时59分，张震寰在主控站发出口令。50秒后，仪器设备进入自动化程序，9、8、7、6……数完1后，试验现场传出一声惊雷般的巨响。我们看到仪表指针剧烈跳动，知道原子弹爆炸成功了！"直到40多年后，程开甲还能清晰地向熊杏林等人说出那时的点点滴滴。

一朵巨大的蘑菇云在西北戈壁滩腾空而起，这让世界重新认识了新中国。那一晚，大家在帐篷里豪饮一场。酒量很差的程开甲直接干了一碗白酒，足足有半斤。与此同时，远在北京的人民大会堂里，周恩来总理也向3000余名《东方红》演职人员宣布了中国第一颗原子弹试验成功的好消息，现场掌声雷动。

世人记住的是这个激动人心的日子，但对程开甲来说，试验成功仅仅是起点。如果要武器化，还必须考虑运载工具和战术技术要求，进行空爆核试验。所以没过几天，程开甲就接到通知，回北京主持首次空爆试验方案的制定。美国人断言中国在五年之内不会有运载工具，但程开甲带领技术人员仅用八个月就完成了——1965年5月14日，原子弹空爆试验成功，这标志着我国有了可以用于实战的核武器。

半个月后，周恩来在北京接见并宴请为原子弹爆炸作出贡献的核武器研制与试验部门代表。席间，周恩来、邓小平、罗瑞卿、张爱萍、张蕴钰、王淦昌、程开甲和空军飞行员同坐一桌，又商议起氢弹的研制来。

氢弹研制由当时的青年物理学家黄祖洽、于敏负责。1965年，程开甲的主要精力也转移到氢弹原理试验上。这一做，又是一年多。1966年12月28日，氢弹原理装置点火，一朵巨大的蘑菇云翻滚着直冲云霄，我国氢弹技术取得突破。

一次又一次推开阻止他进入爆心的手

多位受访者告诉记者，程老的功绩，不仅在于参与研制"两弹"，还在于高瞻远瞩地建立了核试验科学技术体系，决策主持了30多次各种方式的试验。

氢弹研制成功后，程开甲把地下核试验提上了日程。这项试验最早是由周恩来提出的。1963年，程开甲等人在中南海向周恩来汇报原子弹研制进程时，被问及地下核试验，并请他们"回去研究一下"。当时，大家的精力集中在第一颗原子弹的研制上，无暇顾及地下核试验。直到1967年，氢弹爆炸试验成功后，首次地下核试验技术工作会议才召开。但大家意见分歧很大，有人认为氢弹都响了，没有必要再搞地下核试验。程开甲据理力争，多次发言，阐述地下核试验的重要性、必要性和可行性。最终，支持的人占了多数。1969年，中央专委决定进行第一次地下核试验。

此后十多年，程开甲将工作重心放到地下核试验上，带出了林俊德等核武器研究的新一代人才，并多次进入核爆后的平洞、竖井，掌握第一手资料。进爆心有"三高一险"——温度高、压力高、放射性强度高和易塌方险情，就连工程兵进入爆心施工也有很大风险。但年过半百的程开甲一次又一次推开阻止他进入爆心的手，常常在里面一观测就是一两个小时。有一次他进到了被严重挤压的廊道里，原本10多米宽的空间被核爆作用力挤压到直径只有80厘米，幸好程开甲个子并不高大，可以爬过去。更危险的一次是进入竖井，井很深，需要吊下去。当时刚刚进行了一次核爆炸，程开甲急着察看爆心的地表现象，带着通信员李国新直下爆心。随身携带的放射性剂量探测笔一直"嘀嘀"尖叫，他却根本顾不上核辐射影响，只忙着记录第一手资料。

程开甲曾评价："及早部署并研究地下核试验技术，为我国核试验事业的可持续发展争取了主动，是一项具有战略意义的英明决策。"

1984年，66岁的程开甲离开核试验基地，担任国防科工委科技委常任委员。他的研究方向又一次发生变化。

有矛必有盾。作为武器的核弹可以产生巨大的杀伤力，因此也要从对立面来思考武器装备的防御问题。基于此，研究了半辈子"矛"的程开甲转而研究"盾"，投入到抗辐射加固和高功率微波领域的研究中。他担任委员后的第一件事，就是给国防部部长张爱萍打报告，提出抗核加固问题的系统研究方案。张爱萍收到报告后很重视，在经费上给予很大支持，这项研究得以展开。此后，研究内容不断扩展，涵盖了材料、电磁脉冲、微波、激光等多个领域，抗辐射加固研究成为我国武器装备技术发展中一个十分重要的方面。

20世纪90年代，程开甲已经年过七旬，可他又提出了一个开创性理论——TFDC电子理论。这是材料科学领域的电子理论，是他前30年实践经验的提炼。过去，新材料的设计研制主要靠经验，程开甲关注到这一领域需要指导性理论，便再次开始了全新的研究，最初甚至没有助手。不久，总装备部（现更名为中国共产党中央军事委员会装备发展部）给程开甲配备了技术助手，他们开始系统地进行理论研究。这期间，他还以77岁高龄前往俄罗斯等地交流。这一理论后来取得了很多成果，应用在纳米材料、钢铁材料、超硬材料的设计上。

从1964年第一次核试验起，我国建立了一支精干有效的核自卫力量。今天，我国已经拥有新型战略导弹、核潜艇等用于国防安全的战略核力量。程开甲坚信，我们研制和发展少量核武器，不是为了威胁别人，完全是出于防御的需要，是为了自卫，为了维护国家的独立、主权和领土完整，保卫人民和平安宁的生活。他曾说："有一种最可靠的安全，就是让敌人知难而退，我为此奋斗了终生。"1999年，党中央、国务院、中央军委向程开甲等23位科学家颁发"两弹一星"功勋奖章。正是他们的研究，使我国国防实力发生了质的飞跃。

带着一大堆专业书籍和无国籍证明漂泊一个月

从抗战中走来，家国情怀是那一代知识分子最浓重的底色。1918年

8月3日，程开甲出生在江苏吴江。1941年，他从浙江大学物理系毕业；1946年赴英国爱丁堡大学留学，师从理论物理学家、量子力学奠基人马克思·玻恩。玻恩是爱因斯坦的挚友，在1954年获得诺贝尔物理学奖，和很多著名科学家有交往。他很喜欢这位来自中国的学生，乐于把他介绍给那些物理界的大师。因此，在英国求学期间，程开甲结识了狄拉克、海特勒、薛定谔、缪勒、鲍威尔、玻尔等顶尖科学家。那是基础物理学科的黄金年代，程开甲所汲取的养分难以想象。1948年，他从爱丁堡大学博士毕业，应玻恩的邀请留校任研究员。

程开甲尽管身在英国，却并没有归属感。玻恩两次提醒他把家眷接来，他都回绝了。经历战火的程开甲无法割舍对祖国的热爱。百年前，中国第一批留学生远渡重洋学习科学技术时，就写下过这样的话语：此去西洋，深知中国自强之计，舍此无所他求；背负国家之未来，取尽洋人之科学，赴七万里长途，别祖国父母之邦，奋然无悔。对程开甲而言，同样如此。

1949年4月，国内处在解放战争渡江战役期间，英国皇家海军远东舰队"紫石英号"军舰无视警告，擅自闯入长江下游水域前线地区，遭人民解放军炮击。在苏格兰出差的程开甲从当时的电影新闻片中看到了这条消息，"我第一次有出了口气的感觉"，他在自传中这样说。那一天，从电影院出来，程开甲走在大街上，腰杆挺得直直的，"就是从那天起，我看到了中华民族的希望"。他马上给家人和朋友写信，询问国内情况，并很快决定回国。

英国的朋友都劝他不要回去，说中国太落后，没有饭吃。程开甲一边感谢他们的关心，一边也忍不住争论。有一次他甚至争得拍了桌子，说："你们不要看今天，要看今后！"从那时起，他就为兑现自己这句话而准备着。

考虑到新中国一穷二白，回国建设必然需要搭建相关科学体系，程开甲决定多买一些专业书籍带回来。整整一年，他跑图书馆、跑书店，尽量收集固体物理和金属物理方面的资料。熊杏林还记得，程开甲晚年和她讲述这段故事时，仍然兴奋地说："后来，果真都用上了！"

离开那天，玻恩亲自到火车站相送。他坚信这个学生如果留下来继续做研究，一定能取得学术上的非凡成就。但程开甲归国之意已决。1950年7月，他从英国海关出关，海关人员惊讶地问："杭州？"当时，新中国成立不久，在英中国人过去使用的护照已经失效，海关人员给程开甲开具了一张无国籍证明。拿着这张证明，程开甲心里很不舒服，但为了尽快回到祖国，他也只能拿着。在海上漂泊了一个月后，程开甲终于到了香港，回到了祖国的怀抱。他再从香港坐火车经广州回到杭州。一到杭州，他甚至没急着回家，而是径直去了浙江大学，与大学时代的恩师束星北讨论如何开展物理学教学。

20世纪50年代，程开甲先后任教于浙江大学物理系、南京大学物理系，完成了《固体物理学》的撰写，创建了南京大学金属物理教研组和核物理专业，并于1956年加入了中国共产党。

晚年，程开甲回忆归国前后的心路历程时说："我不回国，可能会在学术上有更大的成就，但最多是一个二等公民身份的科学家，绝不会有现在这样幸福，因为我所做的一切，都和祖国紧紧地联系在一起。"

他的名字，注定与新中国国防事业相连。70年励精图治，70年斗转星移，正是和程开甲一样的老一辈科学家的付出，铸就了复兴路上一个又一个大国重器。

文 / 张丹丹　马晓钰

"人民艺术家"王蒙：

热情澎湃地书写时代和生活

王蒙，1934 年生于北京，中国当代作家、学者，曾任中华人民共和国原文化部部长。

著有长篇小说《青春万岁》《活动变人形》等近百部小说，其作品反映了中国人民在前进道路上的坎坷历程。

2015 年，凭借《这边风景》获第九届茅盾文学奖。他的新作讲述张仃夫人陈布文的故事，见证两代人的精神追求。2019 年 9 月 17 日，被授予"人民艺术家"国家荣誉称号。

> 我爱生活，我叹息一切美好的瞬间的短促。只有文学才能使美好的瞬间与永恒连接起来。
>
> ——王蒙

1996 年盛夏，62 岁的王蒙出国访问，来到瑞士日内瓦湖边。他在长椅上坐下，看到了一位老妇人的侧影。她右手拿着一个飞盘，抛掷出去，一条哈士奇快速跃起，叼着盘子飞奔回来。

一人一狗的游戏，王蒙看了近一小时，直到老妇人转过头，露出一张东方面孔。他心头一闪，莫名地想起一位故人，一位从未谋面的大姐。

21 年后的盛夏，北戴河作协创作之家，83 岁的王蒙对记者讲起写作小说《女神》的缘起。他的北京话带着痰音，沉稳、浑厚，时不时地夹着几句"门儿也没有""也是一绝""这不开玩笑吗"的轻松，偶尔会停下来抿一口茶水，另起一个话头。

这样的腔调，带着几分"话当年"的兴奋唏嘘，也有几分老调重弹的意兴阑珊。他所讲述的，不仅是一位女性的传奇人生，也是一代人从青春到暮年的沧桑岁月。

"女神"的归来

《女神》发表于 2016 年《人民文学》11 月号，2017 年又出了单行本。在小说的后记中，王蒙说他的写作，是还一个久未兑现的陈年老账，为他念念不忘的"陈姐"，营造一个小小的纪念碑。

1956 年，王蒙在《人民文学》发表了他的成名作《组织部新来的青年人》。这一年，他 22 岁。

故事发生在一个区委会，小说的主人公林震从学校调来组织部后，发现这里充斥着各种类型的官员——萎靡世故的、外强中干的、腐化堕落的，在与各种权力、腐败的斗争中，这位"新来的青年人"陷入了迷惘和困惑。

小说一发表，就引发轩然大波，严厉的批评一度占了上风，王蒙被指责是"用个别现象里的灰色斑点，夸大地织成了黑暗的幔帐"。争论最终引起了毛泽东的关注，他盛赞小说是一部"反官僚主义"的作品，王蒙有"文才"，是新生力量，要保护。

一时间，转危为安。王蒙由一个无名小卒，跃升为文坛的"新生力量"。在为小说修改召开的座谈会上，王蒙的发言谦虚、谨慎，大段背出

《反对自由主义》《论共产党员的修养》的原文，体现了一个老党员的稳重、深沉。

会后，王蒙收到一封信。信中所写，是对他发言的失望："你的发言是多么平和、多么客观，又是多么令人不愉快地老练啊。"他按照所附的电话号码打过去，听筒里传来爽朗的大笑："王蒙同志呀，现在已经找不到像我这样多事的人啦，哈哈哈……"

这就是王蒙与其心中"女神"的一"信"之缘、一"（电）话"之缘。

一个月后，形势急转直下。王蒙被打成右派，下放农场，背石头、种树、迁坟、钉马掌，干了几年的体力活儿。之后，他带着全家远走新疆，一去16年。1979年，王蒙重回北京，成为归来的英雄，"重放的鲜花"，文学青年的偶像。他被委以重任，从《人民文学》主编到作协书记，从中央委员到中华人民共和国原文化部部长……芝麻开花节节高，在20世纪80年代，王蒙成了文化舞台上的主角儿、大腕儿。

"故国八千里，风雨三十年。"经历了大起大落、大开大阖，当年的那封信、那通电话早已湮没在历史烟云中。直到1996年，在瑞士日内瓦湖边，看到那位与狗一起玩飞盘的妇人，王蒙"如遭电光石火，心头一闪"，"没有任何来由地想起了她"，想起了信中醇厚文雅的行楷和电话里响亮的笑声。

早年间，王蒙也曾多方打探，一些老艺术家也明明白白地告诉他，"她"是艺术家张仃的夫人。"是我自己较劲。"王蒙说，"我想知道的，是她个人的归属、经历，'某某的夫人'在我的头脑里没有感觉，像一个零，也像一个谜。"

2016年，王蒙曲里拐弯地打听到，"她"是艺术家张郎郎的母亲。"我把张郎郎夫妇请到家中吃饭，聊天时才知道，1957年和我通电话时，37岁的她，已经是一名家庭妇女，'张仃的夫人'确实是她唯一的身份。更使我惊奇的是，她曾经是延安青年，投身革命，新中国成立后担任周恩来总理的秘书，最终却选择退职回家，买菜做饭，养育子女，简直是革命队伍里绝无仅有的人物。"

他将种种感触，通通写进了小说《女神》。时隔 60 年，陈布文——这位充满传奇色彩的女性，在王蒙的文字中复活、归来。

最文化的家庭主妇

1920 年，陈布文生于江苏常州的农村，自小写得一笔好字。16 岁时，她给林语堂主编的《论语》《人间世》投稿，字体虽然秀丽，但写作风格却幽默老辣，被编辑们误以为是位中年男性作者。

1937 年，陈布文逃婚，从家乡来到苏州，和青年画家张仃相识，结为伴侣。第二年，他们双双到达延安，开始了革命 + 文艺的不凡人生。

在延安，张仃是特立独行的人物。他身穿皮夹克，脚蹬长筒皮靴，与诗人塞克、歌唱家杜矢甲，并称延安的"三大怪人"。三人凑到一起，活脱脱一个波希米亚小群体。他曾经举办过一次漫画展，画的大多是作家、艺术家的头像。他也给妻子画了一幅：一个有着五官的红红的西红柿，两边加了两条小辫。

20 多岁，陈布文随军去了东北，在《东北日报》当记者，一杆毛笔、一个墨盒就是她在战争年代的武器。很快，她就因书写的迅速、漂亮而名声远扬。新中国成立后，她进入中南海，成为周恩来的机要秘书。

很难想象，这样一个天之骄子，竟会在 32 岁选择离开，先是在大学教书，一年半后又离开讲台，还原为白丁——家庭主妇。

"我不清楚她告别政治的原因。她是六个孩子的母亲，需要辅佐丈夫、照顾家庭，这是最现实的考虑。也许，她厌倦了'高处不胜寒'、加班加点的匆忙日子。在她的小说《假日》里，就透露了对工作压倒生活的不满。"王蒙说。

"退职回家"后的陈布文，成了家里的"伙头军"，每天面对着白菜豆腐，纽扣拉锁，尿布床单，鸡毛蒜皮。她爱上了京剧，"有事无事喜欢坐在沙发上练习手指，一个人扮演所有的角色……但就是不准我们听她的自演自唱"。儿子张郎郎回忆道。

张郎郎生于延安，长于北京。少年时爱好写诗，模仿苏联诗人马雅可夫斯基，骇世惊俗地剃了个光头，穿件俄式军棉衣，腰里勒一根电线，每天早晨在图书馆前的小松林里，疯狂地背诵马雅可夫斯基的诗。1960年，张郎郎和同学组成诗歌沙龙，定期在家里活动，交流诗作、绘画，阅读当时的"内部参考书"。

"家庭主妇"陈布文，也是沙龙的参与者与指导者。"母亲常常告诉我，艺术家就是叫花子，问我是否甘心如此……在话语中，她对官僚习气的蔑视，直言不讳，我从小就耳濡目染。"

1962年底或1963年初，先锋诗歌社团"太阳纵队"宣告成立。成员包括张郎郎、巫鸿、郭路生（即食指）等。1966年，"文化大革命"爆发，张郎郎被公安部通缉。逃跑前夜，他在友人王东白笔记本的扉页上匆匆写下四个大字——"相信未来"。1968年食指正是以此为题，写下了名满天下的代表作。

"在大风大浪中，陈布文始终保持着从容、镇静，这是她最不平凡的一点。"得知儿子被判死刑后，她没有掉一滴眼泪，从早晨坐到晚上，一言不发，直至黄昏。一个朋友赶来，告诉她周总理的批示，保住了张郎郎的命，她才深深地叹出一口气。"文化大革命"中，张仃被批斗殴打，她冲向前去，大喊大叫，声色俱厉，大讲井冈山、遵义与延安的故事，居然从气势上压倒了对方。

1985 年 12 月，她因病逝世。弥留之际，她对家人说，想去一趟日内瓦，再看看周总理开会的地方。

31 年后，王蒙来到日内瓦，为她献上了无比尊崇的赞语："你是最文化的家庭妇女，最革命的母亲，最慈祥的老革命，最会做家务的女作家与从不臭美、不知何为装腔作势的教授。"

"硕果仅存"的女性主义男作家

生于 1934 年的王蒙，被朋友们戏称为中国"硕果仅存的、具有女性主义意识的男作家"。他对女性的认识、描摹，带着鲜明的"王蒙印记"——首先是平等，然后是理解。

在自传中，王蒙描写了自己的父亲，一个绰号"王尔巴哈"的哲学家，喝咖啡、爱艺术、崇拜科学，更是游泳爱好者，有些神经质和情绪化。在他的印象里，父母之间总是充满纷争，甚至大打出手。母亲的阵营中还有姥姥、二姨两个女人，有一回，二姨顺手抄起一锅沸腾的绿豆汤，向父亲泼去。而当三个女人一起冲向他时，这个男人的最后一招竟然是：脱下裤子。

因为父亲的挥霍、放纵，王蒙对女性有深切的同情。"我受五四精神的影响，从小就读鲁迅、巴金、茅盾、冰心的作品，知道女性解放对于现代国家的意义。民国时有一位女英雄唐群英，同盟会改组为国民党时，党纲中删去了'男女平权'的内容，她怒不可遏，冲到主席台就给了宋教仁一耳光。新中国刚成立的时候，有一首非常流行的歌曲，郭兰英唱的《妇女自由歌》：'旧社会，好比是，黑格洞洞的苦井万丈深；井底下压着咱们老百姓，妇女在最底层。'革命最大的号召力，就是给予'翻身'的希望。"王蒙对记者说。

青年时代的王蒙，每天读诗和写诗，大段背诵契诃夫的戏剧《樱桃园》与《万尼亚舅舅》中的台词，读巴尔扎克的《人间喜剧》动辄失魂落魄到深夜，用五角钱一张的炭质唱片听柴可夫斯基和司美塔那的音乐。那时的他，笔下浸染着革命的热忱与文学的浪漫，尤其是书中那些年轻女性：《青春万岁》里的女中学生郑波、王蔷云，活泼真诚，投身于革命事业，呼唤自由平等；《组织部新来的青年人》里的赵慧文，与林震一样，不甘于在平凡琐事中沉沦，他们互通心曲，一起听音乐、煮荸荠，欣赏油画和春夜的槐花香气。

1963 年，王蒙全家来到新疆，在此扎根 16 年。在这里，王蒙褪去了"小资产阶级"最后一点多愁善感，他学会一口流利的维吾尔语，与当地群众打成一片，一起吃着馕饼、喝着奶茶，一起在戈壁滩的皓月下放声高歌，一起在麦场上劳动，一起吃着哈密瓜天南地北地聊天……在这一时期创作的《这边风景》里，王蒙塑造了雪林姑丽、爱弥拉克孜等美丽、温婉、柔弱而坚强的女性形象，也描写了玛丽汗、帕夏汗等妇人的狠毒、颠顸、狂野和恣肆。在那个时代，王蒙的描写，抵达了令人惊叹的复杂、深邃与美好。

从《蝴蝶》到《活动变人形》，从《青狐》到《奇葩奇葩处处哀》，从封建时代到革命时代，从改革时代到新时代，王蒙笔下的一个个女性，也叠印着他个人的命运沉浮。而在现实生活中，对他影响最深的女性，莫过于妻子崔瑞芳。

崔瑞芳是王蒙的初恋，两人一见钟情。执子之手，与子偕老。她曾穿着半高跟鞋，去京郊看望在那里劳动的王蒙，不惜与一切对丈夫不好的亲人决裂；当王蒙在电话里说起要去新疆时，她立刻就同意了，他们带着三个孩子和全部家当，再加上两条游在黄桃罐头瓶里的金鱼，风风火火地登上西去的火车……2012 年 3 月 23 日，崔瑞芳去世，享年 79 岁。遗体告别时，王蒙在灵柩前失声痛哭，几近瘫软。在场之人，无不动容。

后来，王蒙又遇到了新的爱情。他不愿意自己的感情被娱乐化，干脆用写文章、上电视的方式告诉读者，他再婚了。

83 岁的"高龄少年"

在小说《女神》中，王蒙解释了在他心目中，何为"女神"：历经坎坷，同时又纯真地执着于理想信念的女性，方称得上"女神"二字。

纯真、执着、理想，也是王蒙人生的关键词。作协主席铁凝说王蒙是"高龄少年"，因为他对生活中各种事永远都充满兴趣。

记者采访王蒙时，他正在北戴河的作协创作之家。从 1999 年起，每年盛夏，他都会来到这里，在海滨待上一个月，上午写作，下午游泳，晚上散步，回去后上上网、听听歌，从柴可夫斯基、肖邦到蒋大为、李谷一，从古琴、洞箫到周璇、邓丽君……"这就是我的天堂，我的共产主义！"这几年，北戴河游泳场以年龄为由，规劝他不要游泳，他还是坚持下海，劈波斩浪。

20 多年前，王蒙就学会了用电脑写作。那时他正在写"季节"系列，以"四部曲"（《恋爱的季节》《失态的季节》《踌躇的季节》《狂欢的季节》）讲述一代革命知识分子的心路历程。对他来说，中华人民共和国从来不是身外之物。

然而，他身外的世界，却在发生天翻地覆的变化。"当它写出来的时候，社会的关注早已经是别样了。市场、公司、股票、购房、购车、惩治贪官、买断工龄、打工仔、托福、高考、'三陪'、足浴、医疗改革、黄金周旅游……"

在一些批评家眼里，王蒙过时了、老套了，现在的时代是新人的舞台。

对于这些评论，王蒙并不太在意。"他属于某个时代，但绝不甘于被同代人所局限。他喜欢和年轻人相处，他的思绪不断突破时空的限制。"复旦大学中文系教授郜元宝对记者说。

当王朔异军突起，却遭到猛烈抨击时，王蒙写了一篇声援文章《躲避崇高》，其中有这样一句："他（指王朔）的一句名言'青春好像一条河，流着流着成了浑汤子'，头半句似乎有点文雅，后半句却毫不客气地揶揄了'青春常在''青春万岁'的浪漫与自恋。"

这种拿自己当靶子"开涮"的勇气，让王蒙与王朔一起被绑在了靶子上。"我评价王朔是'微言小义，入木三厘'，他不可能像史铁生一样，对人生有沉甸甸的思考。他写得浅，但幽默中有对人生的嘲讽和揶揄，那是另一套生活的感受。"

2013 年，王蒙在电影院看了电影《小时代》。他更是震惊于这代人的勇气："青春都不是吃素的。我们这代人，从小听到的都是'大时代'，竟然还能在时代前面加'小'字？"

"有大时代就有小时代，时代有雄伟的一面，当然也有琐碎的一面。"王蒙说，"'革命'很浪漫，是狂飙突进，是翻天覆地。但是，我们不能世世代代过着游击队的生活，像切·格瓦拉一样，为了理想一次次远离现实。我们要和平，要建设，要小康，要过日子；这样一来，又难免会走向世俗、庸俗乃至低俗。这就是历史，这就是人生，永远在发展，永远无止境，永远有遗憾。"

80 多岁的王蒙一直保持着生命的热力。"他唱歌，豪情万丈，唱俄罗斯歌曲，声震屋宇，将我震得耳鸣了好半天。他'以睡为纲'，让许多失眠者羡慕嫉妒恨。他效率奇高，有一次我失眠，早晨 5 点给他发邮件，咚的一下立即收到回复，吓了我一大跳。"郜元宝向记者说道。

耄耋之年的王蒙是《锵锵三人行》《圆桌派》这类新锐谈话节目的常客，

他在其间笑论人生，挥洒自如。他谈女权问题、谈大龄女青年、谈两性责任，在年轻人的话语场中，他的发言毫无违和感。

2018 年，王蒙站上了《朗读者》的舞台，读了《明年我将衰老》的一段，献给已故的妻子和三个孩子。"我仍然是一条笨鱼，一块木片，一只傻游的鳖。我还活着，我还游着，想着，冻着。活着就是生命的慢涨。"

是耄耋抒怀，也是青春狂歌。正如他所说："学习到老，成长到死，困惑少一点了，不是由于没有困惑，而是由于对什么事更耐心，更从容，更善于等待了。"

文 / 许晓迪

"人民英雄" 张伯礼：

国医济世，德术并彰

张伯礼，男，汉族，中共党员，1948年2月生，河北宁晋人，天津中医药大学党委副书记、校长，中国工程院院士，第十一、十二、十三届全国人大代表。他长期致力于中医药现代化研究，奠定中医素质教育和国际教育的标准化工作基础，推动中医药事业传承创新发展。新冠肺炎疫情发生后，他主持研究制定中西医结合救治方案，指导中医药全过程介入新冠肺炎救治，取得显著成效，为疫情防控作出重大贡献。荣获国家科学技术进步奖一等奖和"全国优秀共产党员""全国先进工作者"等称号。2020年8月11日，被授予"人民英雄"国家荣誉称号。

> 用最少的钱把病人治好，是我的职责和任务。
>
> ——张伯礼

"新冠肺炎肆虐至今，全球已有8000多万人确诊、180多万人死亡，特别是西方国家的人民现在正遭受磨难。最近第二波疫情来得更凶猛，每天确诊、死亡的患者人数都在攀新高，这让我们非常心焦，因为我们感同身受。"张伯礼对记者说。

一年前的此时，中国武汉正处于至暗时刻，全体中国人经历了一场前所未有的抗疫之战——火速援鄂、封城封路、足不出户、停工停产……当时的西方政客冷眼旁观者有之，幸灾乐祸者亦有之，但短短一个半月后，中国就控制住了疫情的蔓延。2020年3月18日，武汉新冠肺炎新增确诊病例、新增疑似病例首次双双清零。那一天恰好是张伯礼72岁的生日。

"这是给我的最好的生日礼物。"张伯礼说。

回顾不平凡的一年，张伯礼感慨良多。"中国人民打了一场坚强的疫情阻击战，相当于一场全民战争。除了我国社会主义制度优势外，还有一个原因就是中华传统文化——人命大于天、团结互助、舍己为人、顾全大局……这些文化平时不太显眼，其实已经融入每个中国人的骨子里、血脉中，到了危险时刻所迸发出的力量可以排山倒海、气壮山河。"

"这两个月的防控非常关键"

进入冬季以来，欧洲、美国等地出现了新一轮疫情，我国疫情也呈现多点散发状态。2021年1月2日至4日，河北省石家庄市累计报告新冠肺炎确诊病例14例，无症状感染者40例。目前全省进入战时状态，石家庄市人员、车辆均不得离市。除了河北，辽宁、北京、黑龙江也出现了新增本土确诊病例，上海、广东相继从英国输入确诊病例中发现了新冠病毒突变株。

在这种形势下，张伯礼多次呼吁春节期间尽量减少人员流动。一些人疑惑，2020年国庆"黄金周"期间，全国有几亿人在旅游、户外娱乐，也没有出现状况，为什么现在反而不可以？

"现在正处于寒冷季节，非常适合病毒生存和传播。"张伯礼说，"从2021年初到2月底，这两个月的疫情防控非常关键。看看国外疫情失控的状态，更应珍惜我们来之不易的态势啊！如果大家坚持到春暖花开的时候，加上普遍接种疫苗，疫情形势就会有根本性好转，或者说决定性胜利就来了。"

张伯礼就近期的防控问题给出了三个方面的建议：第一，坚持少聚集、戴口罩、勤洗手、勤通风的良好习惯。第二，相关部门要鼓励就地过春节。必须返乡的可适当安排提前放假，让流动人口错峰出行，分批次回家过年及返回，不要都赶到春运高峰那几天，尽量避免拥挤。第三，医疗卫生部门要随时做好准备，发热门诊、隔离病房依然不能懈怠，一旦发现个别零星散发病例，要在第一时间把病毒阻断。特别是基层卫生机构要警觉起来，对有发热、咳嗽、咽痛患者尤要慎重诊治，做到早发现、早报告、早隔离。

张伯礼坦言，国内疫情的多点散发或局部小规模暴发的状态在近期是难以避免的，但中国不会再出现武汉那样的大规模蔓延的疫情。"我们对于多点零星散发病例一旦发现就能够很快控制，很少传到四代，证明我国对于疫情防控的经验和做法是行之有效的。"

记者：河北全省已经进入战时状态，京津冀三地联系紧密，北京、天津应重点做好哪些防控措施？

张伯礼：河北的石家庄、邢台暴发聚集性疫情，自1月2日发现首例确诊病例后至今（10日），河北省的累计确诊本土病例已超过200例，孙春兰副总理也到了石家庄指导抗疫工作，数个省市医护人员驰援河北。短短几天时间就完成了石家庄、邢台1000多万人的第一轮核酸检测，在较短时间内已经进行了较严格的排查与隔离，同时采用了积极主动的中西医结合治疗，疫情得到了初步的遏制。

北京和天津要切实增强危机意识，从京津冀三地人流和物流特点出发，严防疫情输入风险。确保来自或到过高中风险地区的人员及时隔离。如果出现个别病例，必须第一时间全面排查追踪，坚决用最快速度、最高效率，把疫情控制在最小范围。

记者：一些国家早前就开始接种疫苗，国内最近也在有序推进疫苗接种工作，这个过程大约需要多长时间？

张伯礼：我国新冠肺炎疫苗的研发启动时间是最早的，并且是五条技术路线平行推进。虽然个别国家看似在接种时间上比我们早了一点，但大家知道它们是将一些研发环节跳过去了。疫苗研发是非常严谨的科学过程，每一步都不能少。中国坚持一步一个脚印来做，因此国产疫苗的质量是可靠的。不过，疫苗的产能有一个逐步扩大的过程，我认为普遍接种大概需要半年时间。

记者：在这段时间里，如果接种了疫苗，防疫措施会有变化吗？

张伯礼：不可懈怠。所有的防疫措施仍然要严格坚持，才能保证普遍接种以后产生最好的效果。注射疫苗后产生抗体需要大约 4 周的时间，并不是打上就能立竿见影产生保护作用。另外，疫苗需要一定规模的接种人群才能产生群体免疫效果，而现在的接种者还很少，防控措施必须坚持。海外疫情持续蔓延，外防输入懈怠不得，国内更不能掉以轻心。

过度"自由"的后果可能是灾难性的

2020 年 3 月中旬，张伯礼在武汉抗疫一线的时候写过一首名为《疫考全球》的诗，其中一句是："一张试卷考全球，千万生灵任赌裁？"这是他对于西方国家一些政要在防疫政策方面不负责任的言行导致出现重大失误的感慨。

"疫情刚在欧美暴发时，他们有的领导人曾说这是一个大号流感，天气转暖后会自行消失，甚至说戴口罩的是懦夫、隔离是对自由的扼杀，等等。这些不负责任的话无异于拿着千百万老百姓的生命去赌博。"张伯礼对记者说。

记者：自从国内疫情被控制住以后，全球抗疫的焦点就转向了国外，尤其是西方发达国家。您认为欧美地区的疫情拐点何时到来？

张伯礼：我很同情这些地区的人民，希望他们能够尽快控制住疫情。对全世界来说，没有一个国家和地区能够独善其身，所以欧美国家尽快接种疫苗是必需的，同时加强疫情的严格防控，这样才有可能谈到"拐点"。我看到欧洲一些国家已经严格起来了，包括封锁疫情严重的地区、圣诞节禁止聚集等，这是正确的。遗憾的是，美国人还在搞大规模集会，其中不少人仍然不戴口罩，我对此非常担心。

记者：您提到中国抗疫取得阶段性胜利不仅有制度因素，还有文化因素。

张伯礼：文化是经过千锤百炼，逐渐积淀而形成的。中华文明已经有5000多年的历史，是全球唯一一直延续从未间断过的文明。以儒家文化为主的中华文明有丰富的历史经验和深刻的哲学内涵，值得我们去传承发扬。我想通过这次疫情，西方世界会有自己的深刻思考。民主制度的异化带来了治理能力和效率的低下；如果"自由"不受限制，每个人都只从个人利益出发、放纵自己，那么后果可能是灾难性的；没有生命权的人权其价值又是什么？

这次疫情是对各国政治制度、治理能力、文化价值观的大考。我们是闭卷考试，西方是开卷考试，考试成绩自有公论。我们用牺牲换来的宝贵经验却被人为地排斥，但一味地甩锅、抹黑代替不了对疫情的防控，亿万人的健康、百万人的生命不知能否唤醒西方政治家们的理智，我劝他们好好思考思考。

"中医不但要治好病人，还要揭示机理"

除了制度、文化，中医药也在抗疫中发挥了重要作用。早在抗疫初期，习近平总书记就明确提出中西医结合、中西药并用的治疗方针。在没有疫苗、没有特效药的情况下，张伯礼等中医药专家学者带领团队拿出了有效的中医药方案，早期介入、全程参与，在疫情的各个阶段都发挥了重要的作用。

张伯礼告诉记者，他的团队早期治愈了一名30多岁的男性患者。离开方舱医院时，这名患者没有像其他人那样对医护人员表示感谢，而是说了一句"不敬"的话："别看你们中医治好了我，我也不相信中医。虽然你们能治好，但你们说不出是怎么治好的！"

这也是多年来中医受质疑的一个代表性观点。张伯礼觉得这名患者的话虽然刺耳，但不无道理。这也可以看作一个课题。"中医不但要治好病人，还要揭示治疗机理。我们要把古老的中医用现代科学、现代语言诠释好，不但解释自己，还可以丰富发展现代医学的研究内容。"

记者：听到对中医的质疑时，您会反驳吗？

张伯礼：我觉得不用反驳，疗效就是最好的证明。几千年来中华民族的繁衍生息、健康维护，它的疗效是不容置疑的，尤其是对慢性病、重大疾病、老年病等，当然还有疫病。国家相关部门也在加强相关研究的资助支持，希望把中医药的治病原理讲得更清楚。

虽然有病人质疑中医，但我们还是把他们的病治好了，这是最重要的。就算想质疑中医，也得先活着才能质疑，对吧？

记者：您认为外界对中医药的成见是基于什么判断而形成的呢？

张伯礼：中国人对中医药的质疑，在近代历史上有过两次。第一次是民国初期，当时国穷民弱，落后挨打，统治者丧权辱国。一些知识分子刚刚睁眼看世界，看到西方的科技、军事、物质水平先进，认为是中国传统文化落后所致，甚至说中国方块字不改，中国就没有希望。他们的动机是恨铁不成钢，希望祖国尽快强大起来，不再被人欺负，因此自我否定、学习西方技术和文化在当时形成了一股潮流。中医药作为旧文化的代表首当其冲，消灭中医甚至被国民政府提上了议事日程，最后因全国中医医生的抗议和群众支持中医才作罢。

第二次反中医的潮流形成于20世纪80年代，改革开放后中国人再一次看到了西方的高楼大厦、军事武器、高速公路、物质生活，并形成出国留学高潮。一部分人因盲目崇拜西方科技文化而自我否定、矮化自己的传统文化。以"科学"的名义反对中医药一时成为时尚，甚至要把中医药赶出医疗体系。

这两次潮流都是有时代背景的，所产生的影响至今仍然很深。近年来，随着中国的崛起，我们已经变得越来越有自信了，一个民族真正想屹立于世界民族之林，不仅靠经济、科技，还要有优秀的文化，而文化是更坚实的基础。改革开放几十年中国的巨大进步，赢得了世界的尊重，中华文化也受到欢迎。中医药作为打开中华文明宝库的钥匙，已经被世界逐渐认识和关注。通过这次疫情，我想海内外很多人对我们的传统医学有了更客观、更深刻的认识。

记者：您在高校从事教育工作多年。经过这次疫情，年轻人对于学习中医的态度如何？

张伯礼：这从我所在的学校——天津中医药大学的高考招生情况就能看出来。比如2020年新生的高考成绩，有一多半省份的平均分超出各省一本线六七十分，这是历年来所没有的。

新生入学后，我和他们有过面对面的座谈。很多学生说，原本没打算报中医，因为这次疫情才报了。这些孩子很朴实、很直率，也有奉献精神，我觉得他们会成为杰出的中医药学子。

记者：2020年您获得了"人民英雄"的国家荣誉称号。从您个人来说，多年的研究工作最令您自豪的成果是什么？

张伯礼：我没有什么可自豪的，只是坚持做自己喜欢的事，把该做的都做了。按照我的意愿，推动中医药的现代化，让古老的中医药与现代科技结合，让更多的人理解中医药，为更多的人解除病痛，就是我最高兴的事。培养更多超过自己的学生，让我热爱的事业后继有人这是更快乐的！

中医药现代化的工作，我做了几十年，多多少少取得了一些进展，但未来的路还很漫长。我觉得这次疫情加速了百年未有之大变局的进程，它将改变世界，也将影响我们。"抗疫三月短，格物几年许？"这是我在武汉写的一首诗中的一句。我们应该总结经验，更加坚定信心，走好我们自己的路。中医药应该发扬自身的特色和优势，不仅为中国人民的健康服务，也要造福世界、造福全人类。

文／尹洁

院士陈薇：

中国医生，新偶像的力量

陈薇，1966 年出生于浙江兰溪，1991 年清华大学硕士毕业，同年 4 月特招入伍，1998 年军事医学科学院博士毕业。"非典"救治、汶川救援、埃博拉疫情、新冠肺炎疫情……她和战友们奋战在抗疫一线，"与毒共舞" 29 年，现任军事科学院军事医学研究院生物工程研究所所长、研究员、博士生导师，中国工程院院士，少将军衔。2020 年 8 月 11 日，被授予"人民英雄"国家荣誉称号。

> 军人要时刻去想，我们的战场在哪里？
>
> ——陈薇

"大家好，我是 009 号新冠疫苗志愿者朱傲冰，体温 36.6 摄氏度，身体状况十分良好！"

3 月 23 日，27 岁的朱傲冰发布了一条短视频，首先感谢网友对志愿者团队的殷切关注。他接着说："很多媒体和网友称我们为勇敢的探路者和真正的英雄。其实，最早的探路者、最厉害的英雄应该是陈薇院士团队的专家组，共有 7 名成员，他们在 2 月 29 日就接种了疫苗。现在大家身体状况非常好，这也给予了我们志愿者极大的信心和勇气。"

朱傲冰是退伍军人，这次当志愿者的经历让他见到了偶像陈薇。回想当时的场景，他"整个人都激动起来"，立正敬军礼。因为买不到口罩，朱傲冰戴着自备的防毒面罩。看着朱傲冰头戴黑色大家伙，陈薇打趣说："小伙子，你这装备比我们还专业呀！"后来，朱傲冰收到了陈薇送给他的一包口罩。

"九死一生"研发疫苗

20 天前，有一张照片在网上流传，护士正往陈薇左臂注射针剂，照片配文为："疫苗第一针，院士先试。""第一支新冠病毒疫苗，今天注射到陈薇院士左臂。专家组 7 名党员也一同注射。"接着，又有辟谣的声音出现："这张照片其实是陈薇院士出征武汉一线前在注射提高免疫力的药物。"不过，现在已经有多个新冠疫苗志愿者证实，陈薇确实接种了疫苗。

3 月 16 日 20 时 18 分，陈薇牵头研发的重组新冠疫苗获批启动展开临床试验。几小时前，陈薇在新冠疫苗临床研究注册审评会现场完成了新冠疫苗的答辩工作。在答辩现场，陈薇一头干练短发，头戴迷彩帽，身穿迷彩服，虽戴了口罩，声音却依旧干脆利落。"6 个月以后加强一针的话，（防护）作用可以达到两年。""我们按照国际的规范，按照国内的法规，已经做了安全、有效、可控、可大规模生产的前期准备工作。我们已经做好了正式开展临床的所有准备！"答辩结束后，陈薇接受采访。她说："我们身在地球村，我们处在人类命运共同体的一个时代。疫苗是终结新冠疫情最有力的武器，这个武器如果由中国率先研制出来，不但体现了中国科技的进步，也体现了我们的大国形象。"

要"率先"研制，是非常难的，在疫苗研发的全球考场上，同学们都在奋笔疾书。据世界卫生组织统计，全球新冠疫苗研发项目已有44个，至少有96家公司和学术团体在同时开发。

巧合的是，也是在当地时间3月16日，美国国立卫生研究院（NIH）在官网发文称，在位于西雅图的凯撒医疗集团华盛顿卫生研究所内，新冠疫苗"mRNA-1273"也展开临床试验。当天，一位名叫詹妮弗·哈勒的志愿者打下了美国新冠疫苗第一针。然而，美国医药信息网站随后发文，指出"mRNA-1273"疫苗试验流程不符合常规，是"越过动物直接上人"。也就是说这一疫苗的动物试验模型数据尚未出炉，就提前进入到人体试验阶段。

相比较而言，中国的新冠疫苗已经率先突破药物和疫苗从实验室走向临床的关键技术瓶颈，而这一突破，得益于我国拥有最早成功并经过鉴定的动物模型，为研发疫苗争取了时间。

在新冠疫苗的研制上，我国正兵分五路，同时进行了灭活疫苗、mRNA疫苗、重组蛋白疫苗、DNA疫苗、重组病毒载体疫苗的研发。其中，军事医学科学院生物工程研究所陈薇院士团队和天津康希诺生物股份公司合作开发的重组病毒载体疫苗是速度最快的。

重组病毒载体疫苗的原理，就是把致病病毒A的部分基因植入到不致病的病毒B里，重组成新病毒C。这个病毒C拥有A的外形，但致病性和B是一样的。我国的第一个病毒载体疫苗就是由陈薇团队研制的腺病毒载体疫苗。2014年，他们就是用这种技术开发了我国首个、世界第三个进入临床的埃博拉疫苗。

陈薇曾讲述制作埃博拉疫苗的原理。埃博拉病毒有一个钥匙蛋白，这个蛋白能打开我们机体几乎所有的细胞，病毒就在人类机体内长驱直入，"如果能把这个钥匙蛋白基因嫁接到一种普通的感冒病毒里，比如说腺病毒，体内就会对这个钥匙基因产生一个免疫的记忆。一旦真正有埃博拉病毒侵蚀机体的时候，（免疫系统）就会认识它、识别它，把它拒之门外"。这个发现的过程是极艰难的，"失败很多次，再尝试、再失败，再失败、再尝试，我们几乎把所有的技术途径都尝试了一遍，灭活疫苗、减毒活疫苗、DNA疫苗、VLP疫苗、亚单位疫苗……"陈薇用"九死一生"描述第一次开发这种重组病毒载体疫苗的经历。

我们和埃博拉的距离只是一个航班

提起陈薇与埃博拉疫苗，有几个场景不得不说。

第一个场景发生在2019年，埃博拉疫情早已结束。陈薇站在刚果（金）赤道省刚果河河边，脚下是高大的铁树，面前是湍急的水流，感慨万千："刚果河是世界上最深的河流，其中一个著名的支流叫埃博拉河。1976年以前，埃博拉仅仅是一条河的名称。1976年9月，一场不知名的出血热疫情在埃博拉河两岸的55个村庄肆虐，有的村庄甚至无人幸存，震惊全世界。1976年以后，埃博拉从一条河的名字变成了一个烈性病毒的名字，甚至变成死亡的象征和代名词。"

多年来，很多人问陈薇同一个问题。现在，人们用更通俗的话来问她："埃博拉是个什么鬼？"她答："埃博拉是个魔鬼。"三句话可以解释这个"魔鬼"：它是生物安全最高等级的四级病毒，我们熟悉的"非典"病毒、艾滋病毒都只是三级病毒；它是目前世界上死亡率最高的病原体之一，感染后死亡率高达90%，在非洲被称为"人类生命的黑板擦"；它是一个A类生物战剂和A类生物恐怖剂，若被别有用心地使用，后果不堪设想。

埃博拉病毒出现以来，全世界都在研究相关疫苗。陈薇说："第一，我们要做原创的疫苗；第二，要做高效、安全的疫苗；第三，要做现实中大规模应用的疫苗。"为何陈薇团队脱颖而出？有一个原因是陈薇引以为傲的军人身份。"军人要时刻去想,我们的战场在哪里?"

埃博拉疫苗的主要战场在非洲。"美国同期研制的疫苗有很大的优势,但是它是液体的,需要零下60摄氏度到零下80摄氏度储存。"非洲烈日炎炎,低温保存是极大挑战,陈薇记得,"我们去的时候,不说别的,电都是要靠自己发"。因此,"疫苗做成对温度更加不敏感的,甚至脱离冷链的,应用的现场就大大增加"。陈薇团队成功把疫苗做成冻干制剂,"在2摄氏度到8摄氏度常规条件下就能保存两年,37摄氏度环境下能保存3周"。

2014年,西非暴发大规模埃博拉疫情,并且疫情首次离开非洲,到达欧洲和美洲。更为致命的是,病毒发生了变异,而美国和加拿大的疫苗均是针对1976基因型埃博拉病毒的。当年12月,埃博拉病毒导致的死亡人数激增,在这个严峻时刻,陈薇团队研发的2014基因型埃博拉疫苗获得临床许可,成为全球首个进入临床的新基因型疫苗。2015年5月,陈薇团队走进埃博拉疫情肆虐的非洲国家——塞拉利昂,这是中国科研团体制作的疫苗首次在境外进行临床试验。陈薇团队抵达后,塞拉利昂街道上常常能见到排起的长队,那是等待注射疫苗的人们。

于是,就有了第二个场景。2015年11月10日,塞拉利昂中日友好医院门前,十几名塞拉利昂小伙子把陈薇抛向空中又接住,他们之前都在这个医院接种了疫苗。就在3天前,世界卫生组织宣布"埃博拉疫情在塞拉利昂终止"。"我们中国的表达方式不一样,所以在国内没有这个。第二个,我比较胖,一般人也抛不起来。大家一脸灿烂,他们也很灿烂,我也很灿烂。"陈薇笑着谈起那次"礼遇"。

陈薇爱笑,笑声爽朗,她走路步子大,手甩起来,无论穿着军装、白大褂还是便服,都是飒爽英姿,这样的性格让热情的塞拉利昂朋友感到很亲切。

陈薇被问过这样的问题:"中国国内要处理的公共卫生事件已经非常多

了，而且我们国家还是发展中国家，你们为什么还要去非洲？"

一个原因是要保护境外的中国人。另一个原因，这次新冠肺炎疫情防控期间，人们已经有了真切的感受——我们和病毒之间，只是一个航班的距离。陈薇说："若非洲的疫情没有控制住，携带病毒的感染者，特别是在潜伏期没有发现的人，乘飞机来到中国是非常有可能的。"而且，还有一个更深层次的问题，"那就是国家安全问题，生物科技突飞猛进，生物安全已经成为一种新型的非传统的国家安全"。

塞拉利昂的埃博拉疫情结束后，陈薇去了趟当地孤儿院。那是一个特殊的孤儿院，孩子们的父母都被埃博拉病毒夺去了生命。"作为一名女性，一个母亲，我会很自然地想到孤儿院。"去的时候，陈薇带的礼物是中国的拨浪鼓，"我小时候玩过，到现在都能回忆起爸妈给我买了拨浪鼓后的场景"。孤儿院的孩子，大的十几岁，小的只有几岁，他们都争着去拉陈薇跳舞，这是第三个令陈薇难忘的场景。除却军人的身份，陈薇做这些的原因，是对这个世界充满了温柔的爱。

"没有国产疫苗，中国将会怎样"

长发飘飘，一身白衣，骑着单车徜徉在落满黄叶的清华园里。读研究生那会儿，陈薇是这样的文艺青年。她会唱歌、爱跳舞，还是学校刊物的副总编辑，常常参加周末学生食堂的舞会。1990 年，她因偶然的机会到军事医学科学院（今军事科学院军事医学研究院）取抗体，忽然产生了投身到这里工作的强烈愿望。从清华毕业前夕，陈薇放弃了深圳一家著名生物公司的高薪职位，选择穿上军装。此后，这个在清华园跳舞的女生过上了另一种生活。

2003 年，"非典"肆虐，陈薇 37 岁。她带领课题组连夜进入生物安全三级负压实验室研究"非典"病毒，到广州一线医院采集非典标本，与尚无治疗方法的病毒零距离接触。最终她带领团队成功研发出有效抑制病毒的"重组人 ω 干扰素"，成为健康人群的预防用药。

2008 年，汶川地震，陈薇 42 岁，担任"国家减灾委科技部抗震救灾专家委员会"卫生防疫组组长。为了预防灾后疫情，她赶赴第一线指挥战役。在废墟上工作了两个月后，她又投入北京奥运会的安保工作中，作为"奥运安保军队指挥小组"专家组成员，处置了数十起核生化疑似事件。

因为新冠疫苗和埃博拉疫苗，越来越多的人知道了陈薇的名字。实际上，从走进实验室的那一刻起，她就明白自己选择了一条隐姓埋名的人生道路。有人提醒过她："你们花 10 年甚至 20 年做出来埃博拉疫苗，但如果 2014 年埃博拉疫情没有发生，刚果（金）的疫情没有发生，你们岂不是白做了？"

在她看来，"即便后来埃博拉疫苗没有得到应用，我也很开心，那样至少全世界人民是平安的"。她一开始就了解这个职业，并做好了心理准备。她说："我的前辈，那些老一辈科学家，我不认识的、不熟悉的，我认识的、熟悉的，他们一辈子做了什么？我不知道。""但是我知道，一旦国家或者军队需要我们拿出力量，总能看到军队的力量在，'非典'、汶川地震、奥运会、埃博拉疫情……都是这样。"面对这一次的新冠肺炎疫情，陈薇团队依然用疫苗告诉大家，"军队的力量在"。

为什么我们要极尽所能生产疫苗？去购买别国疫苗是否可行？两年前"疫苗事件"发生时，陈薇有过深度思考。

2018 年 7 月，国家药品监督管理局通报了长春长生生物公司违规生产狂犬疫苗的行为。国产疫苗是否安全、是否值得信任，成为一个社会话题。很多人到医院接种疫苗时，首选进口疫苗。"疫苗事件发生后，对当事人或者涉案者怎么样地谴责，以及此后对他们的依法处置，我觉得都不为过。但这类事情要怎样去预防？如果没有国产疫苗，中国将会怎样？"陈薇自问。

"有些人经济条件比较好，可以承受得起进口疫苗。我们将近14亿人的一个国家，我们的经济能否承受得起？即便我们国家承受得起，全世界的产能足够供给中国用吗？"陈薇说，现在我国97%的疫苗都是国产疫苗，它们在支撑着我们的防疫体系。

另外，疫苗的背后是国家安全问题。"正如这次中美贸易战，不管出多少钱，别人不再提供疫苗怎么办？"再进一步，"进口疫苗一定是安全的吗？"2017年，跨国企业赛诺菲巴斯德36批五联疫苗（其中含有百白破疫苗成分）在批签发检验的过程中，被查出8批（约计71.5万人份）效价不合格。

1955年，美国加利福尼亚州的卡特实验室制造脊髓灰质炎疫苗时灭活病菌不够彻底，导致活体病毒出现。但在安全测试中，这个问题没被发现，很多孩子因此死亡或瘫痪。"这是一个非常大的事件，美国在惨痛的教训中，对相关法律进行完善，将监管水平提到更高。"陈薇希望，"疫苗事件"能成为"把这个行业做好的一个契机"。

陈薇曾是全国人大代表，现在是全国政协委员，她呼吁做好国家生物安全防御体系的建设。"我们国家应该形成一个长效的合力。比如，能否形成一个长效的机制，成立与生物安全相关的国家实验室，把国家的力量、科研的力量，甚至一些有情怀的企业家的力量整合起来。从源头的创新到过程的研究，再到生产、应用以及最后的监管，都需要一定的顶层设计。"

研究病毒的科学家面临巨大的风险。2014年8月，美国《科学》杂志发表了一篇关于当年塞拉利昂疫情的基因序列文章，这对埃博拉防控至关重要。文章有55位作者，其中5位作者在文章发表时已去世，原因就是感染了埃博拉病毒。陈薇进入实验室到现在有29年，这是小心翼翼的29

年。有同事转业前劝她："陈薇，你少搞些'魔鬼'课题研究。"但她脑子里挥之不去的就是这些"烈性微生物"，炭疽、鼠疫、天花、埃博拉……

"您天天跟病毒打交道，怕过吗？"曾有个小姑娘这样问陈薇。陈薇的回答是："要说不怕，那可不是真心话。我想，我们会尽一切的努力去做好个人防护，做好他人防护，做好环境防护。如果我们承担了更多的怕，小姑娘，你和其他人可能就少一点怕了。"

文 / 王媛媛

渐冻人张定宇：

暴风眼里的逆行者

张定宇，1963 年生，河南确山人，临床医学博士，毕业于华中医科大学同济医学院，现任湖北省卫生健康委员会副主任、武汉市金银潭医院院长，曾荣获"全国卫生健康系统新冠肺炎疫情防控工作先进个人"称号。2020 年 8 月 11 日，被授予"人民英雄"国家荣誉称号。

> 我必须跑得更快，才能跑赢时间，才能从病毒手里抢回更多的病人。
>
> ——张定宇

2020 年 8 月 11 日上午 8 点多，金银潭医院行政楼的工作人员陆续来上班，保安操着武汉方言指导大家有序停车。距离武汉新冠肺炎病例清零已过去近 5 个月，大家不再焦急奔跑，一切回到疫情前。金银潭医院在武汉北三环边。这座医院看起来不太起眼，却被称为"全民抗疫阻击战最早打响的地方""风暴之眼"。它是最早收治新冠肺炎患者的医院，院长张定宇是武汉最早统筹治疗救治的人之一，组建隔离病区、采样检测、动员遗体捐献、推动尸检，为了解病毒、救治病人创造了条件。

也是在 11 日这天，国家主席习近平签署主席令，授予钟南山"共和国勋章"，授予张伯礼、张定宇、陈薇"人民英雄"国家荣誉称号，表彰其为抗击疫情作出的贡献。

张定宇的办公室在行政楼三层，楼里没有电梯。对他来说，上楼梯很费劲。他身患渐冻症，脊柱神经出了问题，双腿肌肉萎缩，几乎没有支撑力。前几个月，他跛着走，还能迈出步伐，上楼梯时同事上前扶，他还会拒绝："不用，我自己来。"最近，他只能走小碎步，胸向前倾，踉踉跄跄往前蹿，也就不再拒绝同事的帮忙。一段十几阶的楼梯，在别人搀扶下，要走三四分钟。

金银潭医院能顶住"风暴"，为其他医院提供经验，并非偶然，是张定宇在每个环节都"快了一点点"，才阻击了病毒这个看不见的敌人。

"他很有担当"

2020 年 4 月，张定宇被提拔为湖北省卫生健康委员会副主任，有人质疑："凭什么？他好像没做什么大不了的。"言下之意，他只是个院长，为何能升到省卫健委领导的位置上。

法医刘良听到后，为他叫屈："张定宇和所有院长处理同一种紧急情况，但没人做到他那样。"刘良是华中科技大学同济医学院法医学系教授。疫情早期，刘良认为尸检能了解病毒的影响，找到多家医院想做解剖。"所有人都说做不了。当时没人知道这是什么病毒，解剖风险非常大，一旦病毒泄漏，可能造成更大规模感染，这个责任太大了。"他辗转找到了张定宇。

"我记得你！"张定宇说。20 多年前，张定宇还在武汉市第四医院工作时与刘良有业务往来，刘良不记得他了，张定宇倒是能记住接触过的医务工作者。张定宇肯定解剖的意义，但他是搞临床的，不太懂解剖病理，就问刘良："这个能保证安全吗？"刘良做了几版方案讲解，张定宇记下解剖所需的条件：负压环境防止病毒外泄，设备尽可能少，以免搅动空气造成病毒传播⋯⋯

2020 年 2 月 15 日，武汉市卫健委同意解剖事宜时，张定宇已做了不少准备，立即将一间负压手术室作解剖室用，还动员遗体捐献。当天，刘良率团队在金银潭医院进行全球首场新冠肺炎遗体解剖。事实证明，病理解剖解释了关于呼吸道的疑惑，为接下来的救治提供了关键参考。

回忆惊心动魄的那几个月，刘良很感慨："在那种情况下，最关键是谁愿意突破。很多人等着'天上掉馅饼'，等政策下来再去做。但张定宇是主动想办法，很有担当。而且他不鲁莽，不是脑袋一拍往上冲，他尊重专业人士，问清楚才去推进，有勇有谋，我非常感谢他。"

最近，张定宇为应对复工复产后可能出现的疫情反弹专门腾出了医院的南楼。疫情防控期间，他把每栋楼的每层设为一个病区，每层由一名中层干部负责，他们就叫病区主任。确立病区也是他"快半拍"的结果。

2019 年 12 月 29 日，金银潭医院收治首批患者，那时病因不明，张定宇怕这病传染力强，赶紧让人清空一栋楼作消杀，备好床头柜、凳子等。刚备好，病人就急速增加。那些天，他常盯着统计床位的电脑系统，"哗"一声，一层楼就满了。张定宇说："自己只是'快半拍'，尽量在心理上做好准备，而不是等局势逼迫我们做决断。"

张定宇是在 2013 年成为金银潭医院院长的。在老员工心中，他和前几任院长都不一样。

余亭是金银潭医院结核科主任，在这家医院工作了 20 年，疫情防控期间担任南四病区的主任。他说："张院长搞业务出身，任何业务都唬不了他。"张定宇参加工作后又在职读博，取得华中科技大学同济医学院博士学位，刚到金银潭医院任院长时就抓学习，让医生护士学临床指南，逼医生考职称。余亭记得："当时我还是住院医师，他一来，我整个人都变紧张了。"大家常参加考试，不及格就脱岗学习，不得看诊。余亭笑称："这很没脸的！"张定宇建立科研平台GCP（国家药物临床试验），让医生做研究、发论文。余亭就在这个平台做了结核感染T细胞检测的研究，运用到临床后效果很不错。

医院的业务水平和应急能力提高了，才在突如其来的疫情中扛住了"风暴"。

私底下都心疼他

张定宇经常发脾气。同事和朋友都说他爱咆哮，狮子般的吼声响彻报告厅、办公室、楼道……

疫情防控早期，医护人员不太熟练救治程序，张定宇冲着重症医学科主任吴文娟吼道："没认真学，你们都好水！做得稀烂！"因为抗疫压力大，吴文娟哭了。她曾参与H1N1、H7N9的救治，见过很多大场面，都能镇定处事，那次却被张定宇吼哭了。向记者回忆时，她笑道："有时我们没做那么'稀烂'，但他要求什么都做到最好。他觉得如果我们扛不住骂，那也成不了事。"

医院刚开展唾液的核酸检测服务时，余亭突然接到张定宇的电话："你知不知道唾液（核酸）怎么查？"余亭回答说，把口漱干净、吐口水、查唾液。话音刚落，他就听到电话里传来拍桌子的响声，随后是张定宇的"狮子吼"："知不知道你在瞎说？！"张定宇要求每个中层干部熟知检测步骤，一听余亭没搞明白，就发脾气了。他找来病毒所的博士辅导所有人。很快大家懂了——把口漱干净，拿专用海绵放嘴里嚼3分钟，再吐到试管里。

同事和搭档怕张定宇，但私底下提起他，都很心疼。2018年，张定宇确诊患上渐冻症。这是绝症，患者会因肌肉萎缩逐渐失去行动能力，就像被渐渐冻住，最后呼吸衰竭而死。此症的萎缩时间因人而异。在记者了解到的病患中，从确诊到离世有一年的、有四五年的，也有几个月的。当时，张定宇不想让同事分心就没说，想查房又不愿同事看到自己跛脚，就趁深夜没什么人拖着脚过去瞧一瞧，后来跛脚瞒不住了，便笑说关节出了问题。他睡觉会抽筋，一晚抽几次，常被抽醒，没法睡安稳觉。

　　一次，吴文娟偶然发现医院有塞来昔布这种药。塞来昔布用于免疫抑制治疗，金银潭医院用得少，此前从不引进。她一问才知道是张定宇在服用。"我当时觉得奇怪，他吃这个药干什么呢？但这个药也能止痛，或许他是拿来缓解关节疼痛吧。"吴文娟就没放在心上。

　　2020年疫情防控早期，医院每天涌进几百号病人，医护人员试了各种办法，有些病人也没好起来，刚抬走一个，又来一个。一些医护人员崩溃大哭。张定宇想安抚大家，给他们鼓劲，就把所有中层干部叫到会议室，从自己的病情说起。说着说着，"狮子"突然变温柔了："我都这样了，还能扛得住，你们也加把劲嘛！"然后对大家深深鞠躬。大家振作了，不少人也哭了。向记者聊起这事时，吴文娟突然不说话了，把头稍撇过去，眼角开始泛红。

　　张定宇这样理解自己的病：身体残疾了，但思想没残疾，还能指挥调动。"命也许说没就没了，所以要格外珍惜时间。"10年前，张定宇就深刻地体会到了这句话。

从"撑麻"领悟到的

　　2010年，还是武汉市第四医院副院长的张定宇向"无国界医生"组织递交申请，通过重重考核成为湖北省第一位"无国界医生"。"无国界医生"是国际医疗人道救援组织，为因武装冲突、流行病和天灾等无法就医的人提供医疗援助，有来自全球的优秀医生和专家加入。张定宇本业是麻醉科医生，赴巴基斯坦西北边境的蒂默加拉医院援助时负责麻醉工作。当时，他和同事穿着民族服装，每天早晨坐车去医院，按当地习俗，男女不能混坐，男同事坐前排、女同事坐后排。

那里曾由塔利班和巴基斯坦政府交替控制，当时仍有战火，平民流离失所，死伤无数。2011年1月22日早上，张定宇接到电话："有警察被炸伤，正送往这里，请立即准备。"原来，袭击者在路边藏了引爆装置，警车路过时突遇爆炸。张定宇眼前的重伤警察左上肢的骨骼和肌肉已被炸飞。他有200多斤重，呼吸有障碍，张定宇赶紧给他注射镇静剂，在咽喉做局部麻醉，这才插管成功，让他呼吸顺畅。外科医生切开警察的腋动脉，在腋窝发现了一块黑色的泥巴，泥土和残留的人体组织黏在一起。最后，救援队对他进行截肢，才救了他。

"无国界医生"是张定宇最难忘和深刻的经历之一，因为他领悟到，一名医生要学会应对所有情况。

一次，一名25岁的孕妇要剖宫产，突然抽搐，她躺在手术台上，剧烈扭动，张定宇无法为她进行量血压、测心率等麻醉前的准备工作。但情况危急，张定宇便和另外四名医务工作者使劲按住她，其中一人抽空注射镇静剂，然后输液、麻醉、上呼吸机，妇产科医生做手术，张定宇负责降血压和抗惊厥治疗，合力完成救治，最终患者母子平安。进行麻醉时，病人有时会突然抽动，医护人员就要撑住病人肢体，免得他们摔下手术台或伤到自己。而在武汉方言里，用力按压叫作"蹭"（三声），张定宇觉得和动词"撑"的意思、读音有点像，就说自己在"撑麻"。这场"撑麻"没按正常流程先测血压、心率，但张定宇想，若固守程序才去治疗，病人可能已经身亡。"紧急情况下，医疗救助可能'无章可循'，要权衡利弊轻重，作出对病人伤害最小的决定。"

麻醉医生不只是搞麻醉，还要会做具体治疗。"麻醉医生不是技师，他必须首先是医生，不要让'这不是我要做的'思维框住自己。"2020年疫情防控期间，许多麻醉医生进入重症病房进行插管等工作，成为得力助手。

在三个月的"无国界医生"经历中，张定宇体会到紧急援助就是在"抢时间"。这个意识在张定宇回国后持续发酵。他回到武汉的第二年，出任武汉市血液中心负责人，便开启了大刀阔斧的改革。

"做个大胆的尝试"

2012年，张定宇任武汉市血液中心主任。许多人觉得献血离自己很远，但它于公于私都是好事。一袋血可能救多个人。血会被分离出血浆、红细胞、白细胞和血小板，各起作用。像血小板能止血凝血，病人若大出血就需要它。张定宇的妻子曾感染新冠肺炎，后治愈，当时发现康复者血浆有抗体，妻子便去献血。另外，病人需要输血时得缴费，若此前献血达到一定量可免除费用。

张定宇发现，血液中心全年采血量中的大部分来自个人志愿者。他和大多数员工都献过血，还鼓励当时正读大一的女儿捐了300毫升的血。不过，血液短缺是世界性难题，许多国家到了夏、冬季，人们因太热或太冷不愿出门，个人献血减少了，出现缺血问题。武汉许多医疗机构用血紧张，病人急需血液时，要么缺某种血型，要么还在运来的路上。张定宇认为，血液中心不只是采血供血，还要能调动人们主动献血。

张定宇找到李梦涛。李梦涛是湖北省的"献血牛人"，在武汉的长丰万国汽配城经营一家汽配公司。他的母亲曾因病严重失血，输血1600毫升才脱险，他意识到捐血很重要，便开始献血。截至 2020 年 8 月 11 日，他已献了 300 次血。当时，张定宇问李梦涛等志愿者骨干在动员献血时有什么困难，得知他们要自掏交通费前往献血点，还要买饭，便不那么积极后，张定宇对他们说："我在巴基斯坦虽是做公益，但国家有补贴。同样道理，无偿献血值得称赞，不能让你们贴钱作贡献。这样，对全市的献血者，我们提供交通和午餐补贴。"

果然，志愿者变多了。张定宇还让每名志愿者骨干对口负责一个片区，动员人们献血，李梦涛负责汽配城。一天，张定宇接到李梦涛的电话，得知汽车城的人想献血，可是献血点在 8 千米外，很不方便。在那之前，武汉大部分采血车只在特定地点，有的市民离得远就作罢了。李梦涛问："能不能把采血车开进汽配城？"张定宇很爽快："可以！做个大胆的尝试！"2013 年 8 月 21 日，采血车开进汽配城，31 人无偿献血，献血量超过 1 万毫升。这个尝试沿用至今，采血车开进社区、单位等，调动了人们的积极性，也解决了武汉季节性血液短缺的问题。

以前张定宇常骑行，最久的一次骑了 70 千米，这让他觉得很青春，得病后不能控制双腿，便不骑了。但有件事让他觉得很幸运，这病没影响脚踝，脚还能踩离合器。2020 年 6 月的一个晚上，吃大排档时，他笑呵呵地许了个愿：想开车带妻子去西藏旅游。

他还是一只乐观的狮子。

文 / 陈霖

第二章

牢记光荣使命，
传承爱国奉献精神

孔繁森、王继才、茅以升、南仁东、中国人民解放军航天员群体、中国女排五连冠群体……中华人民共和国成立 70 多年，时间见证了奋斗者永不停歇的脚步。

　　习近平总书记在 2019 年 9 月对"最美奋斗者"评选表彰和学习宣传活动作出重要指示。他强调，要广泛宣传"最美奋斗者"的先进事迹，传承弘扬爱国奋斗精神，奏响新中国奋斗交响曲，高唱新时代奋斗者之歌，用英雄模范的感人故事激励全党全国各族人民坚守爱国情怀、坚定奋斗意志，为实现中华民族伟大复兴的中国梦凝聚起强大精神力量。

守岛英雄王继才：

与妻守岛卫国 32 载向海生

王继才，1960 年 4 月生，江苏灌云人，曾出任灌云县开山岛民兵哨所所长。

自 1986 年起，他和妻子王仕花一起守卫开山岛，被授予"时代楷模"称号。2018 年 7 月 27 日，王继才因突发心脏病去世。

2019 年 2 月 18 日，获得"感动中国 2018 年度人物"荣誉。2019 年 9 月 17 日，被授予"人民楷模"国家荣誉称号。2019 年 9 月 25 日，王继才荣获"最美奋斗者"个人称号。

> 我要一直守到守不动不止。
>
> ——王继才

"我回到岛上，他就不在了……"王仕花没想到，2018 年 7 月 25 日，竟是她最后一次同丈夫王继才道别。那天，她乘坐渔船离开距离连云港市燕尾港 12 海里的开山岛，回到灌云县医院看病。27 日下午，她赶回开山岛，本以为丈夫会像往常那样迎接她，谁知上岛后，一眼就看到丈夫一动不动地躺在礁石上。王仕花几步跑过去，大声哭喊着，但再也没能唤醒他。

2018年7月27日21时20分，年仅58岁的王继才因突发心脏病离世，倒在了自己用生命守护的海防小岛上。

习近平总书记对王继才先进事迹作出重要指示，赞扬他守岛卫国32年，用无怨无悔的坚守和付出，在平凡的岗位上书写了不平凡的人生华章。

开山岛是黄海海防线的前哨、祖国的东门，战略位置十分重要。2018年8月10日下午，记者踏上开山岛码头，走进民兵哨所。几排空荡荡的破旧营房前，鲜艳的五星红旗迎风招展。在王继才的办公室里，一只望远镜、一台测风仪和一张办公桌就是全部家当。几本守岛日记静静地躺在办公桌上，还在等待着主人翻阅。如今，岛上再没有了成双入对，只剩下了王仕花单身只影。记者见到王仕花时，她正坐在桌边，一碗米饭没吃几口就放下了。她的儿子王志国告诉记者，昨天一整天，母亲只吃了一个鸡蛋。跟记者交谈时，她语未起，泪先流，嘴里反复念叨："继才总是说，要守到倒下的那一刻，他做到了……"

30年"夫妻哨"

开山岛面积仅有0.013平方千米，像一个足球场般大小。这里没有淡水，不通电，条件非常艰苦。1986年，驻守在此的海防部队撤编后，设立了民兵哨所。在最初的几个月中，连续走了十几个守岛人，其平均守岛时间只有短短几天。"没人愿意在岛上长待，最后，武装部的政委找到了继才。"王仕花对记者回忆起了守岛往事。那年7月，灌云县人民武装部政委王长杰对26岁的民兵营长王继才说："我有个任务要交给你，去守开山岛。"王继才听后犹豫起来，然而一抬眼，看到了政委眼里的期待和信任，便坚定地说："您放心，我一定守好。"当天回家后，他就打点行装准备上岛。听说王继才要去守岛，家人担忧不已，纷纷劝说他放弃："那么远的地方，坐船就要一个多小时，你一个人上去可怎么行。""海上经常刮台风，太危险了。""你上岛了，老婆和孩子怎么办？"当时，王继才和妻子王仕花结婚刚两年，有个不满1岁的女儿。可他下定了决心，带着一些简单的生活必需品和几瓶酒就坐上了去开山岛的船。

"您那会儿愿意他去守岛吗？"

"我一开始不同意，可他说，既然组织给了他守岛的任务，他就要完成。"

1986年7月14日上午8时40分，王继才深深地记着登岛的时刻。他放眼望去，岛上寸草不生，乱石堆砌。他小心翼翼地走过一条坑坑洼洼的通道，再登上一百多米长的台阶，来到了几排空荡荡的旧营房前，在一间屋子里支起了床。晚上，呼啸的海风使劲地拍打着窗户，王继才在黑漆漆的房间里点燃一支蜡烛，借着微弱的烛光，他蜷缩在床铺一角，一边抽烟一边喝酒壮胆，一夜没有合眼。

一天、两天、三天……王继才在岛上艰难地数着日子。每天，他站在礁石边望着家的方向，孤独难耐。终于，到了第四十八天，妻子王仕花上岛来看他了。短短一个多月，站在王仕花面前的丈夫瘦了一大圈，面容憔悴，胡子拉碴。王仕花心疼得一句话也说不出来，只是掉眼泪。最后，她一把拽住丈夫的胳膊说："咱不守岛了，回家！"可王继才沉默了，半晌，他说："如果我走了，就是逃兵，开山岛是海防前哨，我不守，谁来守？"

第二天一早，王继才就对妻子说："你回去吧，照顾好爹妈和孩子。"王仕花含泪下了岛。回到家后，丈夫满头乱发、面容枯瘦的样子总是浮现在她眼前，一有空，她就上岛探望丈夫。有一次，王仕花带着女儿来到岛上，结果被台风困住。大风大浪中，一家人躲在营房里彻夜难眠。这次的经历，让王仕花认识到守岛不仅孤独，而且危险重重。她心想，开山岛不能没有丈夫，而丈夫不能没有她。"于是，我就辞去了教师工作，把1岁多的女儿托付给婆婆，也向组织申请守岛。"不久，王仕花来到岛上，和丈夫组成了"夫妻哨"。

用绳子把彼此系在一起

王仕花的到来，给开山岛增添了一丝活力。每天早晨，王继才和妻子迎着曙光起床，在朝阳下升国旗。王继才曾说："要让国旗在我们的国土上每天都升起。"望着高高飘扬的五星红旗，夫妻二人心中充满了豪情。吃过早饭，两个人开始巡岛。岛上风大，礁石上长满了湿滑的苔藓，为防止摔倒掉进海里，夫妻俩用绳子把彼此系在两端。不管刮风下雨，他们都会爬上瞭望塔，用望远镜查看海况。傍晚时分，两个人再一次巡岛。一天的工作结束后，他们会把观察到的状况仔细地记录在笔记本上。

测风力、观天象、护航标……王继才夫妇兢兢业业地守在这里。孤岛上的生活比想象中更艰难，没有淡水，他们就用大桶接雨水喝；没有电，他们就点煤油灯；物资和食物要从岛外运来，如果遇上台风，甚至会断了补给。有一次，台风刮了17天，渔船无法出海，困守在岛上的他们断食了三天。由于长时间居住在阴湿的环境中，他们患上了风湿性关节炎和湿疹，腿上长满了斑点，痛痒难耐……

在岛上，夫妻俩多次遇到生命危险。巡岛时，他们不止一次从山崖上摔下来，王继才先后摔断了三根肋骨。1999年冬天，王继才在巡查时一脚踩空，从半山腰滚了下来，导致胆囊管破裂，当时就陷入了昏迷。王仕花急忙叫了条渔船，将丈夫送到县医院，大夫下了病危通知。庆幸的是，经过抢救，王继才苏醒了过来。

王仕花怀上第二个孩子时，依然坚持守岛。1987年7月的一天，距离预产期还有一个月，王仕花突然腹痛，要早产了。当时台风连刮三天，渔船无法上岛。王仕花疼得满地打滚，王继才急得满头大汗，在屋里团团转。

"当时害怕吗？"

"我都要吓死了，一边哭一边使劲打他。"

情急之中，王继才通过对讲机和武装部联系："仕花要生了，怎么办啊？"接电话的政委一听，赶紧联系了医院，让医生隔岸教王继才如何帮妻子接生。对岸医生怎么说，王继才就怎么做。他把一件白背心剪开当纱布，用煮过的剪刀剪脐带，将儿子接生了下来。孩子出生后，王继才惊魂未定，跪在地上号啕大哭："他们娘俩的命保住了。"后来，他给儿子取名"志国"，希望儿子和他一样，志在报国。如今，王志国也成了一名军人，和父亲一样保家卫国。

在岛上，王继才夫妇还多次遭遇非法走私、偷渡行为。1999年3月，几名不法之徒打着成立"开山岛旅客服务公司"的幌子，打算把60辆走私来的小轿车停放在岛上周转。王继才发现后迅速向上级报告。几个人扛着一个大麻袋来到哨所，在王继才面前打开，里面装着10万元现钞。可王继才不为所动，他说："不管你给我10万，还是多少钱，我都不要！我是所长，我要守住这里！"见钱财收买不了王继才，来人便气急败坏地把他绑到海边殴打，并一把火烧了哨所。事发后，有关部门迅速侦破了案件。

记者问王仕花："被歹徒威胁时不恐惧吗？"王仕花擦着眼泪说："继才说过，他相信，邪永远不能压正！"

守岛的岁月，有艰辛，有危险，也有温情。在这里，王继才夫妇帮助过的渔民不计其数，和渔民有了深厚的情谊。夜晚，他们为出航的渔民亮起信号灯；过往的船只缺粮少药，向他们求助，他们就把自己备用的粮食、药品送给渔民；很多次，他们在台风中救下渔民的命。王仕花记得，有一次台风天，山东的一条渔船驶向小岛避难，在离岸不远的地方被台风刮翻，船上的五个人掉进了海里。王继才看到后，不顾风狂雨骤，将一根粗绳子扔进海里，而绳子的另一端就绑在自己身上，把落海的渔民一个个拖上了岸。

就这样，王继才夫妇在岛上坚守了32年。在他们的努力下，1993年，开山岛民兵哨所被国防部嘉奖为"以劳养武"先进单位，并获江苏省军区一类民兵哨所的美誉。2014年，王继才夫妇被中宣部授予"时代楷模"称号。2015年2月11日，军民迎新春茶话会在北京举行，习近平总书记在茶话会前亲切接见全国双拥模范代表。座谈时，王继才就坐在总书记身边。总书记亲切地对他说："守岛辛苦了，祝你们全家新年快乐！"王继才响亮地说："请总书记放心，我一定把开山岛守好！"

从北京回来后，王继才总是说："我只是一个普通的守岛民兵，国家给了我们这么多荣誉，我一定要把这个岛守好，守到守不动为止，哪怕在岛上走了，也对得起国家。"

"他走了，我要继续替他守岛"

"我们守岛，离不开政府、离不开亲友。"王仕花说。一直以来，连云港市、灌云县两级政府都很重视开山岛的建设，不仅修缮了营房，还配备了各类设施设备。2008年春节前夕，江苏省军区给开山岛送来一台小型风力发电机，王继才和妻子在岛上有了电视看。2012年，县里给小岛安装了小型太阳能发电站，王继才和妻子又有了浴室。

夫妻俩守岛，家人毫无怨言。32年来，王继才只有两次在家过春节，一次是母亲八十大寿那年，一次是儿子考上大学那年。老父去世、大女儿王苏结婚，王继才都没能陪在身边。他们的亲家公张佃也加入了守岛队伍中。有一次，王继才离岛办事，想找人代为值班一星期，但没人愿意上岛。

无奈之下，王继才试着问了问张佃，谁知张佃一口答应了。后来，只要王继才有事下岛，张佃就代他守岛，一年要代班五六天，最多的一次是在2014年，王继才被评为"时代楷模"，经常要下岛演讲，张佃共代班了92天。张佃对亲友说，在岛上，条件不好可以忍，孤独真的让人难忍啊！代过这样的班，才更明白亲家的不易。

32年来，王继才夫妇早已把开山岛当作了自己的家。王继才离去了，王仕花依然想守岛。2018年8月6日，王仕花正式申请接替王继才守岛："他的诺言也就是我的诺言，就算哪天我走了，也要在岛上走。"武装部的领导劝她："你年纪也大了，一个人守岛太苦太累，不如在家休养。"可王仕花坚决要求守岛。武装部的领导拗不过她，拟聘她为开山岛民兵哨所名誉所长，不必驻守岛上，遇到重大节日或重要活动时负责上岛宣讲。

而守岛的重任，后继有人了。武装部从燕尾港镇挑选了10名民兵预备役人员，从8月7日开始轮流上岛值守。为长远考虑，灌云县将组建一个哨所值勤班，采取自愿报名与组织指派相结合的方式，实行轮流值守，彻底改变以往两人长期值守的模式。听到这些，王仕花点点头，噙着泪，轻声说："岛要一直守下去。"

滔滔黄海，斯人已逝，但开山岛上的那座灯塔依然亮着，为渔民指着回家的路，为国家亮着平安的信号，也向天空、海鸟和过客讲述着守岛人留下的故事。

文 / 李璐璐

"中国舰载机之父"罗阳：

用生命最后一刻，守护歼-15的首次飞行

罗阳（1961 年 6 月 29 日 — 2012 年 11 月 25 日），男，汉族，辽宁沈阳人，中共党员，毕业于北京航空航天大学飞机设计专业，研究员级高级工程师。曾任歼-15舰载机工程总指挥，沈阳飞机工业（集团）有限公司原董事长、总经理、党委副书记，1999 年享受政府特殊津贴。

2012 年 11 月 25 日执行任务时，突发急性心肌梗死、心源性猝死，经抢救无效，因公殉职，终年 51 岁。

2013 年，罗阳同志获得"感动中国 2012 年度人物"。2019 年 9 月 25 日，荣获"最美奋斗者"个人称号。

> 航空报国是使命，不是荣誉。
>
> ——罗阳

献身航天事业 30 年，忍受病痛见证歼-15 舰载机首秀。

2012 年 11 月 25 日，歼-15 舰载机在航母成功完成起降训练，负责该机研发的沈飞集团（沈阳飞机工业集团有限公司）工作人员还没来得及

好好庆祝，一个噩耗就传来——他们的董事长、歼–15 研制现场总指挥罗阳突发心脏病去世。

下舰时只有握手的力气

对于罗阳的离世，与他一起工作过的、沈阳飞机设计研究所党委书记褚晓文至今仍很悲痛。他语调低沉地告诉记者："18 号他上舰时，我们就在一起工作，20 号我提前下舰，再见面就是 25 号，我带人去迎接他们，谁能想到会成现在这样？"18 日，与罗阳交接完工作下舰的沈飞集团党委书记谢根华也十分悲痛："那天，我向他交代了舰上的各种生活设施情况，还相约等起降成功，回来一起喝庆功酒，没想到……"谢根华还记得 25 日那天，看到歼–15 成功起降，整个沈飞集团都沉浸在胜利的喜悦中。谢根华跟同事们早早来到码头，迎接罗阳等人的凯旋。8 时 30 分，当航母离岸边越来越近时，大家都激动地挥手，甲板上却没有罗阳的身影，"当时我就有点担心。"9 时 4 分，终于看到罗阳下了舰，谢根华悬着的心刚放下，准备和他庆祝时，罗阳却连拥抱的力气都没有，只是与大家握了握手，就准备离开。"我问他是不是不舒服，他疲惫地笑了一下，说有点累了，就上车了。"谢根华说。

不一会儿，罗阳让人转告谢根华，说自己不舒服，让他代表参加晚上的庆功宴会。"在这个时候，罗阳说出'不舒服'，情况一定不妙。"谢根华匆忙赶到罗阳的房间，看他横躺在床上，表情非常痛苦。"我问他，哪里不舒服？他只说：心脏难受。"谢根华马上联系医院。而就在送往医院的过程中，罗阳的病情突然恶化，呼吸变得很困难。此后，经过 3 个多小时的抢救，医生还是没能把罗阳从死神手中拉回来。2012 年 11 月 25 日 12 时 48 分，因心肌梗死、心源性猝死，罗阳不幸去世，年仅 51 岁。听到消息赶到医院的褚晓文完全接受不了这个事实："他平时身体很好，在舰上他只觉得有些累，也没有什么征兆，没想到这么严重。"

他是特别顾全大局的人

罗阳把一生都献给了中国的航空事业。在高中时，他就把航空事业作为理想。1978年，罗阳考入北京航空航天大学，向自己的理想迈出坚实的一步。

据罗阳大学时代的系团总支书记郑彦良回忆，当时罗阳是班上年龄最小的，但在学习上却是个拼命三郎，除夕夜还在教室看书；作为体育委员，他总是热心组织各种比赛，其所在班的排球队打遍北航无敌手。如今，这个班的许多学生都担任了国防工业的领导干部。不过，在同学们看来，罗阳总是很忙，连校庆聚会，都匆匆见个面就走。郑彦良告诉记者，现在最后悔的是没能去沈飞集团看看罗阳。"他好几次邀请我去，我总觉得他那么忙，去了不是添乱吗？"而如今，这却成了他最大的遗憾。

1982年，罗阳毕业后被分配到中航工业沈阳飞机设计研究所做设计员，先后担任九室党支部副书记、副主任，组织部副部长、部长，党委副书记，党委书记兼副所长。2002年，罗阳被平调到沈飞集团。有人这样概括他在沈飞的人生："前20年研发飞机，后10年制造飞机。"从当初简单仿制苏联米格战机，到成功自主研发歼-15，他一直在自己的岗位上兢兢业业。褚晓文告诉记者："他对事业很热爱、很忠诚；他的工作态度非常认真、严谨；他是一个特别顾全大局的人，非常尊重团队合作，他所在的是研发团队，我所属的是设计团队，在整个合作过程中他非常注重相互配合、包容、理解，在协调方面做了大量的工作。"

在下属眼中，罗阳是个"特别纯粹的"领导：不吸烟、不爱喝酒、不爱应酬；但对于公司的事务很细致、常会提出自己的想法、"敢拍板"；对员工很亲切，总是主动和大家打招呼。"罗总啊眼睛小，总是一笑起来眼睛就没了，但是很温暖。"一位女员工说。

在这 30 年里，中国航空工业因为行业性质的特殊，曾经历过低谷。20世纪 80 年代沈飞最困难的时候，一年只有 4 架飞机订单，最终不得不生产洗衣机、电冰箱来"补贴"，工资更是低得可怜，很多人便离开这里"下海"挣钱，但罗阳却始终坚守着。他经常对同事们说："我们干了这件事，总不能半途而废。"褚晓文说："我们那一代人，都有一种使命感。尤其是航空工业的人，有强烈的航空报国意识。这些也是支撑罗阳的信念吧！"

想的全是歼 –15 的未来

罗阳的离去，使他的家庭也陷入悲痛之中。妻子王希利悲伤地说："罗阳，我知道，这些天你太累了。"平时，罗阳早出晚归，回家常是半夜，有时和妻子好几天都说不上话，女儿高考时他也只请了半天假。上舰以后，由于工作的保密要求，直到 24 日，他才跟妻子通了一次电话："整个任务都已完成了，我很欣慰。"言犹在耳，人已不在。王希利拉着歼 –15 舰载机总设计师孙聪，哽咽地说："罗阳跟你走了，你怎么不把他带回来？"

回忆起舰上与罗阳相处的最后时光，褚晓文说他"压力之大，责任之重，难以想象"。作为中国自主研发设计的新型战机，歼 –15 可与俄罗斯的苏 –33、美国的 F–18 战机相媲美。它的成功试飞，是对外彰显我国军事实力的重要机会。罗阳、褚晓文所服务的沈飞集团和沈飞设计研究所，此前已经研发和制造了歼 –6、歼 –8、新中国第一架亚音速喷气式歼击机、新中国第一个飞机设计室、第一架歼教 Ⅰ 飞机、第一架超音速歼击机、第一架双倍音速歼击机……罗阳生前在接受记者采访时说："沈飞集团的责任更主要的是关系国家利益，航空报国是使命而不是荣誉。"这种使命感，让他对工作事无巨细，对歼－15准备的各个细节他都要过问。褚晓文说："他这次登舰，做的一项重要工作就是亲身调研，为今后飞机的改进收集意见和数据。每天，他都会跟试飞人员去沟通交流，详细研究今后歼－15舰载机到航母上后，维修、拖动等各方面的实际问题。歼－15成功起降只是第一阶段，今后如何保障飞机在舰上实现全寿命周期的正常运转，还需要与航母总设计系统、海事系统和试飞系统等多方面协调，我知道他在这方面做了大量的工作，接下来原本还有许多长期的尝试与计划。"

在褚晓文看来，罗阳的殉职，无疑是我国航空工业的重大损失。"可以告慰他的，就是歼－15的成功试飞吧。接下来，我们要用十倍的努力，去尽快实现我国创新性、自主研发的军事航空工业的跨越发展，赶上美国等军事强国，这是罗阳的心愿，也是我们这代航空人的使命。"

文／廖楠

"中国量子卫星之父"潘建伟：

20年量子研究路，只为圆强国梦

潘建伟，男，1970年生于浙江东阳，1987年到1995年在中国科学技术大学先后获学士、硕士学位，1999年获奥地利维也纳大学博士学位，2001年回国任教。

潘建伟多年来一直从事量子信息学领域的研究工作，并取得了多项重大研究成果。现为中国科学技术大学常务副校长，"墨子号"量子科学实验卫星和"京沪干线"量子通信网络首席科学家。2019年9月25日，荣获"最美奋斗者"个人称号。

> 我要在中国建一个世界一流的量子光学实验室。
>
> ——潘建伟

为了搞清楚量子叠加、纠缠的问题，他选择出国留学；回国后他让中国在量子通信方面领跑世界。

当脱下实验室白大褂，换上西装，站在未来科学大奖的领奖台上时，潘建伟有些犯难。倒不是这身行头让他不自在，而是自己的获奖感言跟别人"撞车"了。"我遇到一个大难题，本来我也想好了获奖感言。结果发现，我想讲的内容和次序跟施一公的一模一样。没想到我们都想了好久，连次序都是一样的，但我可不是剽窃啊！"场下响起一阵善意的笑声。潘建伟"没有办法"，还是按原计划发表了感言——短短几分钟，他用了20个"感谢"。

从浙江东阳的农村娃，到"墨子号"量子科学实验卫星和"京沪干线"量子通信网络首席科学家，一路走来，潘建伟深感不易，心怀感恩。这份不易不仅有关于自己的人生经历，更有关于中国科技的发展和普及。

出去是为了更好地回来

有的同事说很羡慕我，因为我组里的人不管出（国）去了多少，最后都回来了。对于科学家来说，出国留学、工作也不是什么新鲜事，关键是出国的目的是什么。我是1987年考入中国科学技术大学（以下简称"中国科大"）近代物理系的，本科时接触到了量子力学。从一开始，我就被量子力学给搞糊涂了。像量子叠加、量子纠缠的问题，当时我觉得是不应该发生的，有一次期中考试还因此差点没及格。要搞清楚这类问题必须通过实验，但当时国内还不具备这个条件，所以没办法，1996年我选择了出国留学，到奥地利攻读博士学位。

那年国庆节之后，我先到维也纳，然后转火车去因斯布鲁克。到了之后，我把行李一扔就跑到导师塞林格的办公室里。他的办公室窗外就是阿尔卑斯山，景色很美。他问我："你的梦想是什么？"我也不知道自己当时是想好了还是没想好，反正张口就说："我将来就想在中国建一个像您这里的实验室，世界一流的量子光学实验室。"他点点头，说很好啊。从1997年开始，留学期间，我每年都趁着假期回中国科大讲学，提一些量子信息领域的发展建议，也尽力带动一些研究人员进入这个领域。

现在回想起来，我当初出国的目的就是把那些问题搞清楚，然后更好地回来工作。所以 2001 年的时候，我就回国在中国科大组建了物理与量子信息实验室。

在国外的那些年，除了学习先进的科学技术，还有两件事让我印象很深。有一次，我在阿尔卑斯山大峡谷，遇到了一位大概 80 岁、满头白发的老太太，她坐在轮椅上问我是干什么的，我说是做量子物理的。她又问："你做哪一方面？"我说是做量子信息、量子态隐形传输，就像时空穿越里面的东西。老太太若有所悟地说："我知道你，我读过你在《自然》杂志发表的那篇文章。"我是万万没想到，一个 80 多岁的老太太竟然去读艰涩难懂的科学期刊。还有一次，我在德国海德堡做了一个手术，醒来以后护士正好站在病床前。她问我："潘教授，您是不是研究跟时空穿越类似的东西啊？"我点了点头。她兴奋地说："那能给我讲讲吗？"当时，我鼻子里插着管子，不太方便，就跟她说："现在讲不了，我回头给你点资料吧。"老太太和护士都是普通人，但她们对科学的兴趣让我很受感动，这是一种天生的好奇。所以我现在在国内也经常做科普演讲，尽量用最生动的方法讲科学，人们很感兴趣。中国人对科学越来越有兴趣，这是好事。

眼泪唰唰地往下流

在我们自己的研究院，也就是中国科学院量子信息与量子科技创新研究院门厅入口的墙壁上，刻着一段话："回想自己的一生，经历过许多坎坷，唯一的希望就是祖国繁荣昌盛，科学发达。我们已经尽了自己的力量，但国家尚未摆脱贫困与落后，尚需当今与后世无私的有为青年再接再厉，继续努力。"这是核物理学家赵忠尧前辈的话，我和同事们进进出出总能看到。赵忠尧先生早年曾在欧美留学、工作，1950 年顶着美国的政治压力回国，后来担任了中国科大近代物理系首任系主任，为新中国的科学发展作出了巨大的贡献。

老一辈科学家对国家、民族的感情，一直以来对我的影响都很大。1999年我还在国外，赶上国庆50周年。在中国驻奥地利大使馆，我看了一部有关"两弹一星"元勋的纪录片，里面讲到物理学家郭永怀的故事。1968年，郭永怀在青海试验基地发现了一个重要的线索，乘机赶回北京汇报，没想到飞机失事了。飞机坠落前，他和自己的警卫员紧紧抱在一起，中间夹着装了数据资料的公文包。出事后，他们的遗体都被烧焦了，人们费了好大劲才把遗体分开，然后发现了完好无损的公文包。对他们来说，数据比生命都重要。这段故事让我终生难忘。别人说我当时眼睛里有泪，其实我是完全忍不住了，眼泪唰唰地往下流。没有这些老一辈的科学家，就没有"两弹一星"，也就没有我们中国的大国地位。

还有理论物理学家贺贤土，对中国核武器发展的贡献也很大。原子弹、氢弹爆炸成功的时候，他的单位在北京花园街一带。爆炸成功的第二天早上，他们从单位出来一看，门口的地上有很多人写的字："人民感谢你们""你们为祖国争光了"……贺贤土先生说，看到地上那些字，感觉所有的艰辛困难都无所谓了。

在对科学的好奇上，我们跟这些老一辈科学家有着共同的精神血脉，在对国家的感情上也是一样。不管时代如何变迁，个人的命运总是和国家紧密相连的，所以我经常跟去国外学习的年轻人说，学成了要回国。我的学生陈宇翱——现在也是中国科大的教授了，曾在国外深造。2009年国庆节前，我给他发了条短信："宇翱，我正在人民大会堂看《复兴之路》，感触良多！甚希望你能努力学习提升自己，早日学成归国为民族复兴、科大复兴尽力！"他说自己当时正在做实验，收到短信真想扔下手里的活儿，马上回国。一个人和他的祖国，好比跟母亲、跟家庭的关系一样，有一种最朴素的情感和依恋。

量子通信，我们中国在世界领跑

现在，"墨子号"量子科学实验卫星和"京沪干线"量子通信网络很受关注，但很多人不太明白量子通信到底是怎么一回事。我正好是这两个项目的首席科学家，可以和大家简单、通俗地说一说。

我们知道，传统的光通信是以光为载体进行的，光脉冲里有很多很多光子。光通信的信号是可以被复制的，也可以被分成一模一样的两半。好比有一个文件，别人可以拿复印机复印一下上面的信息，我是不知道的；别人也可以把信号分成两半，我能读到，他也能读到。这样光通信就存在安全隐患，信息就可能被别人窃取，而我却浑然不知。

但是，量子通信就不一样了。如果中间有人来窃取信息，他无非有两种方法：复制或者分割。量子通信用最小的光量子做信息载体，无法被分割，而量子又有无法被复制的特性，所以窃取信息的人既无法复制信息，也分割不了信息，这就保证了信息的安全性。这就是量子通信最基本的特点和优点。除非他拿走这个信息，那我就收不到了，等于给我一个警报——信息被窃取了。所以量子通信说来也简单，本质和经典通信是一样的，只不过更安全。

我的工作呢，说白了就是跟量子"纠缠"，我的梦想就是"操纵"量子，让量子更好地为我所用。从 2001 年回国创建实验室，到 2016 年量子卫星发射，再到 2017 年"京沪干线"开通，这是量子通信从基础研究到小规模应用、再到远距离应用的过程，也是我过去十五六年做的工作。可以说，我们中国的量子通信技术在世界上处于领跑地位。

工作之外，我自认为是一个热爱生活、享受生活的人。有时候，我喜欢一个人待着，远离喧闹的人群，自己静一静。在国外留学时，我会到莱茵河畔挖韭菜、荠菜。比较烦躁的时候，我就去旅行，去郊外甚至野外转一转。2003年，我本来应该3月份去德国，但是想到浙江东阳老家的荠菜很好吃，这一走就吃不到这么好吃的荠菜了，所以我拖了一段时间，等春天荠菜采完了才走的，这也是生活的情调嘛。

做任何新领域的科研都是艰苦的探索，不过我觉得只要有决心，就一定能做成些事情。比如说，我17岁的时候在日记里写了一个心愿：希望经过多年努力，将来能娶我的一个女同学为妻。想要把这件事做成不容易。我从17岁开始努力，花了9年的时间，一直到26岁，她终于答应嫁给我了。这件事给了我足够的信心，我当时对自己说："这么难的事情都可以做成，这世界上还有什么做不成的事情呢？"

现在，我们处在一个大时代、新时代，能在国家的支持下，做成一些有益的事情，一些领先世界的事情，一些让国外同行也羡慕的事情，我很感恩。

潘建伟口述　李静涛整理

"中国桥梁之父"茅以升：

人生之桥，名为奋斗

茅以升（1896 年 1 月 9 日—1989 年 11 月 12 日），字唐臣，江苏镇江人。土木工程学家、桥梁专家、工程教育家，中国科学院院士、美国工程院院士，曾任中国铁道科学研究院院长。2019 年 9 月 25 日，荣获"最美奋斗者"个人称号。

> 钱塘江大桥的成败，不是我一个人的事，而是能不能为中华民族争气的大事！
>
> ——茅以升

我（茅以升之子茅于润）出生在父亲是名人的家庭里，从而决定了我一生与大多数中国人不同的命运。父亲因设计、领导建造杭州钱塘江大桥而闻名于世。多年来，有关他和此桥的历史渊源——造桥、炸桥、修桥，已有大量文字记录，我无须再画蛇添足。

我曾在报刊上见过不少歌颂某些名人、要人的文章，作者还"烘云托月"地把他们的子女也捧上了天，使人看了难免喷饭！我父亲显然不是此类英雄豪杰。据我所知，他一生遇到的许多难题，无论工作上的、家庭方面的，还有许许多多有关他的"私"字的，在他离开这个世界以前，都没有得到圆满的解决，没有能如愿。这当然是正常的：名人也是"人"，他也无法摆脱困扰"人"的种种局限、牵缠和七情六欲。

父亲的一生走过了不少非一般人所能想象的辛酸坎坷路。我还记得他在晚年常常和我们谈的一段话：人生乃一征途耳，其长百年，我已走过十之七八，回首前尘，历历在目，崎岖多于平坦，忽深谷，忽洪涛，幸赖桥梁以渡，桥何名欤？曰奋斗。

父母生了六个子女，虽然都留过学，受过良好的高等教育，但我们后来的成就与幼年时代受父亲影响而产生的宏大志向都相去甚远，望父莫及，望己兴叹。如今，我们都垂垂老矣，回顾一生，壮志未酬，辜负了他的厚望，常引为终身憾事。

父亲的五个"早"

父亲有五个"早"，分别是大学毕业早（18岁）、留学早（21岁）、得博士学位早（24岁）、当大学教授早（25岁）、当大学校长早（29岁）。父亲从唐山路矿学堂（大学）毕业时不仅年岁早，而且成绩好，在校四年，年年考第一。

我小时候，母亲常对我说，大学里一位送信的邮递员，总是在学期终了来我家送信时和母亲随便聊起："考第一名的又是那个小个子姓茅的，别看他的个子小，将来一定能干大事。"那时，他还不知道这位"姓茅的"就是她的丈夫。他的话后来果真应验了。之后，父亲考取了清华留美研究生，在康奈尔大学获得了硕士学位，在卡内基·梅隆大学获得了博士学位，还创造了"茅氏定律"（1919年10月，茅以升在美国的博士论文《桥梁框架之次应力》完成，全文共30多万字，在美国土木工程界引起强烈反响，其中提出的一些新力学理论被称为"茅氏定律")。那时，他年仅 24 岁。

我想接着那位邮递员的话谈谈父亲的学习方法：他多次告诉我们，在学校上课，最重要的，除了自身无法改变的条件——天资外，就是要彻底地弄懂每天上的每一节课的内容，不能等到明天；然后是把时间分配好，根据学科的难易合理安排时间表，严格执行，雷打不动。即使某一科在规定的时间内未能完成，也不延长，留诸日后补上，随即进入下一课，使各科均不落后，齐步向前。他的这种学习方法帮助他在求学的道路上一帆风顺。

我曾经照办过，效果很好，但未能持久。不少学者都提出过不同的学习方法，各有千秋，不可一概而论。但无论用什么方法，贵在锲而不舍、持之以恒。大家都承认运动好，但有多少人是经常运动的？所以，父亲常说："知而不行，无济于事，只有坚持才是成功之母。"

把名人"之后"变为"之中"

父亲因领导建造钱塘江大桥而闻名于世。我家那时都认为，他的成功主要是由于他去美国留过学。因此，年轻时，我也把去美国留学看成是功成名就的必由之路。

父亲对子女的教育、学习从不横加干涉，他常对我们说，"只要学出个名堂来，学什么都可以。中国有句成语叫作'名列前茅'。'茅'字在此成语中的意思就是用一种叫'白茅'的植物所编织的旌旗，它应该走在最前面。你们有幸姓'茅'，不要辜负祖上传给你们的这个激励人上进的、稀有的好姓氏！"

他的民主精神可从他的子女所学的专业中得到答案：我们六个人中有学物理、文学、音乐、制药、地理、心理的，但没有一人是学桥梁的。可是，有时过分的民主也会让孩子们放任自流，步入迷途。我选择了音乐，更是有如"盲人骑瞎马，半夜临深池"。他不但没有阻止，反而在我的盲目坚持下尽力促成。

父亲的数学很好，他年轻时能把圆周率背到小数点以后的第一百位。但很遗憾，他这份基因没有遗传给我。我那时在初中上学，对数学不感兴趣，有时还考不及格。后来，父亲不知从哪里听来的，说是音乐可以陶冶、改变人的性格。于是他多方打听，想找个音乐老师来教我音乐。那时，我大约是 10 岁。正好，邻居中有一位叫丁继高的会拉小提琴，父亲就为我买了一架玩具小提琴，请他来教。那时，我把它当作应该追求的人生的最大幸福、最大目标和最大快乐。我暗自下了决心：将来也要做个小提琴家。

父亲心中一直有另一座桥，他希望通过自己的教育，让子女"成名成家"。我很小就知道父亲是个名人，因为在报上常常见到他的名字。在杭州时我常看见和他来往的客人如竺可桢、侯德榜，以及科学界的许多朋友。只见他们汽车出入（那时坐汽车的人很少），受人尊敬，他们的生活比普通人优越得多。我呢，不费吹灰之力就成了个名人"之后"。这个"之后"使我近水楼台先得月，窥见这月宫内的、芸芸众生以外的、显赫名人的另一种生活，羡慕不已，企盼不已。我要立志把这名人"之后"变为"之中"。

书到今生读已迟

父亲常教导我："人，一定要和某种事物联系在一起。现在人们一提到'桥'就会想到我，希望以后人们一谈到'小提琴'就会想到你。"

1940 年，我考入了重庆青木关音乐学院。1943 年，我见到我校一位同学去了美国。她父亲是当时国民党的财政部次长。受其影响，我这留美夙愿不由得萌动，遂向父亲提出："我也想去美国。"父亲造了钱塘江大桥后，在旧社会出了名，一个人有了"名"，就会有千丝万缕的社会关系，我就是在他这些社会关系的帮助下圆了这场美国梦。

我赴美前夕，父亲亲自为我买了《古文观止》《唐诗三百首》《宋词选》等书籍，还有毛笔、砚台、墨、宣纸这些"文房四宝"。他在机场给我的临别赠言，我至今仍记忆犹新。"你到美国去，千万不要把中文丢掉。中国人口占全世界人口的1/5，将来中文必有大用处。除了你的专业外，当然要在美国花大力气、大工夫把英文学好。一个国家的语言文字，不花大工夫、大力气，是学不好的。千万不要学成个'假洋鬼子'，说不出一句完整的英语句子，只会在中文里夹几个英文单词，而且别人还听不懂！一国的语言当然可以译成别国文字，但只能译故事情节，不能译'诗'。各国语言都有它们自身的美，这个'美'是翻译不出来的，我不相信英文能翻译唐诗、宋词；也不相信中文能译出莎翁和勃朗宁的诗的'诗'意。唐诗之'美'只能用中文来表现。所以，中文要学好，仅仅看白话文还不够，还要学一些古文。中文的感觉有一大部分来自古文，没有一定的古文修养，中文也难学好、写好。"但来美后，我忙于学校的功课、练琴、学英文，连一页中文也没有看过，一个毛笔字也没有写过，辜负了父亲的好意，今日思之，仍感觉十分愧疚。

不少人都知道，30多年前，翻译家傅雷先生写给他儿子的信札《傅雷家书》传播甚广。听到傅先生这本"家书"，我就联想到，父亲其实也有值得一谈的"家书"。1944年赴美留学期间，父亲为了提高我的英文水平，便用英文和我通信，我也用英文回信，他再把我每封信中的错误改正后寄回，作为我的一种英文作文练习。他在我的信上密密麻麻地用小字指出我在语法上、拼法上、习惯用法上的种种错误，我后来分门别类地加以整理，像是一本很适用的小字典。他的信，除了提高我的英文水平，对我的学习方法、为人处世，也都大有裨益，我一直把它们当作至宝珍藏着，直到

"文化大革命"被红小兵抄走。

当时年幼无知，我完全不知道学音乐、学艺术、学文学，还需要具备与生俱来的种种条件，否则为什么古人说过那样一句至理名言——"书到今生读已迟"？这条件包括自身的、家庭的和社会的，缺一不可。世界上没有一位成功的音乐家是不具备这些条件的。

美国给我最大的收获是它粉碎了我成名成家的美梦，使我懂得：美国并不能把庸才变成天才！于是，我就从云雾中的"音乐家"之梦坠落，在地面上安于做一个与我理想中的"家"字相去十万八千里，标有"教授""主任""演奏员"等头衔的音乐工作"者"而活到了今天。

回忆几十年来，我的大部分时间都用于政治运动、上山下乡、学习毛主席著作和接受批判、斗争，成名成家之念早已置之度外。

"辽鹤归来，故乡多少伤心地"

父亲于 1933 年至 1937 年间在杭州领导建造钱塘江大桥时，我们兄弟姐妹也在那里度过了童年。当时，他工作繁忙，我们虽有时同居一处，也常一两日不见。只要他偶尔回来早些，我们就拉他到客厅里去天南地北地话家常。谈话内容总离不开我们各自的"鸿鹄之志"：有的要当科学家，有的要当文学家，有的要当音乐家，有的要当心理学家，有的要当医生……父亲听后总是说："无论你们要成什么名，当什么家，都要有真才实学，千万不可做个貌似巨人而实为欺世盗名的江湖骗子！此类怪物我确实见过不少，他们最多也只是被某些要人、名人吹捧得昙花一现而已。"

他的话有新意、有深意，我们都铭刻在心，作为我们行动的指南。1937 年秋，日寇逼近杭州，我们一家人撤离到大后方。此后，这钱塘江畔的故居便成了我永恒的记忆。2007 年，在阔别杭州 70 年之后，我专程前往，重温旧日儿时梦。我最想见到的当然是我生活过的旧居和父亲办过公的一幢大楼。幸而我还记得那时我家的地址是西大街开化路 8 号，我访问了几位老人才找到。

从大门外见到它坍塌的围墙时，我感到恍如隔世。一进门，见到的是一切皆破旧。整个房屋经过违章搭建、年久失修，千疮百孔。花园早已不复存在。草地上挤满了简易房屋，住了多户人家，大人、孩子，人声嘈杂，走廊上还挂着尿布，下面放着小马桶。这一景象令我惊愕不已。

我记得父亲当年使用过的办公大楼坐落在杭州闸口的一处小山冈上，父亲带我去过多次。他常在此用望远镜远眺大桥工程的进展，没想到这栋大楼已荡然无存。我站在小山冈上远眺，父亲的铜像和晨曦中的大桥尽收眼底。桥下江水滔滔，风帆点点，薄雾蒙蒙，如梦似幻。

70 年来，我去过世界上的不少地方，见到过纽约的摩天大楼、斯德哥尔摩内海上灯光闪烁的夜景、孟买一望无际的海滩……但常使我萦怀在心的还是钱塘江水流过的这块平常的、我独一无二的故乡。我不由得想起周邦彦的一句词："辽鹤归来，故乡多少伤心地。"钱塘江水从大桥下奔流东去，也带着父亲一生的辛劳和成功的喜悦，从他子女们的心坎上流过。

父亲，您安息吧！

茅于润口述　铁雷整理

"蓝领专家"孔祥瑞：

可以没有文凭，但不能没有知识

孔祥瑞，中共党员，1955年1月生，天津市人，天津港中煤华能煤码头有限公司孔祥瑞操作队原党支部书记、队长，天津港（集团）有限公司科学技术协会原副主席。

孔祥瑞同志先后在天津港一公司、六公司固机队做司机、任队长，他从一名只有初中文凭的码头工人，成长为一名享誉全国的"蓝领专家"，是伴随天津港建设发展而成长起来的新时期知识型产业工人。

2011年9月20日，在第三届"全国道德模范"评选中荣获"全国敬业奉献模范"称号。2019年9月25日，荣获"最美奋斗者"个人称号。

> 永远朝前走，永远争上游。
>
> ——孔祥瑞

伴随着我国城市化的进程，工人阶层中出现了一些新的群体，这便是"知识蓝领"。他们不同于传统观念中的体力劳动者，而是掌握了现代知识的技术工人。在当选的党的十八大代表中，孔祥瑞就是这样一位"蓝领专家"，生产就是他学习的课堂。

就怕别人说我不行

57岁的孔祥瑞，是天津港中煤华能煤码头有限公司的操作队队长、党支部书记。当选党的十八大代表后，孔祥瑞已忙得不可开交，晚上还要照顾老母亲，记者对他的采访也只能抽空进行。谈到工作，他感慨不已，在码头这一干已有40年。

1972年，初中毕业的孔祥瑞被分配到天津港六公司做了一名码头工人。"我父亲身体不好，母亲也没工作，还有两个弟弟和两个妹妹，当时一心想赶紧挣钱，把这个家顶起来。"孔祥瑞告诉记者，当时他虽然在技术岗位，做装卸车司机，但在别人看来就是个装卸工，感觉特别没面子。"那时戏里唱：'码头工人臭苦力，见人都要矮三分。'我到了天津港，就是这种感觉。整个天津港没一棵树，一下雨宿舍就淹水，还没人看得起。"孔祥瑞告诉记者，让他坚持下来的是他的师傅、劳动模范金贵林。那时孔祥瑞十天半月才能回趟家，师傅不仅教他技术，还常在家里招待他吃饭。有一天，师傅让他来家里吃饺子，坐在饭桌边的师傅说："祥瑞啊，现在我们天津港还小，很辛苦，但以后肯定会好起来的！我们港口可是国家进出口贸易的窗口，一定会建设成世界级大港的！"师傅的话激励了他，"我也是要里要面的人，不能让师傅失望"。自那以后，他干活更仔细了，还找来设备说明书，一页页钻研学习。"我这个装卸司机，不仅会用机器，还得会维修。"孔祥瑞把遇到的问题都记录下来，解决不了就去维修部门请教，然后把解决方法都记在一个大本上。几年下来，写满的本子越来越多，他的维修技术水平也大幅提高了。

1981 年，孔祥瑞当上了值班班长，工作干劲更大了。每天，他第一个来到码头，节假日还主动值班，此后 20 多年的除夕他都没回过家。有一年中秋，机器出现故障，为了不打扰其他工友过节，他和两个工友完成了原来 10 个人的维修任务，在吊车上爬上爬下忙活了 18 小时，直到深夜。"我坐在机器上一抬头，哎呀！月亮可真圆啊，我该是离月亮最近的人了吧！"孔祥瑞笑着说。而这笑容背后，孔祥瑞也没少抹过泪。"我也想过这么辛苦到底图什么，但领导、师傅都对我不错，我就怕别人说我不行。我是队长，为了团队也得咬牙啊！"

孔祥瑞一直觉得，最愧疚的就是家庭：妻子与他青梅竹马，结婚 31 年了。"有两件事，我觉得对不起她。她怀孕时我工作忙，20 多天回一次家，有次回去，她挺着七个月大的肚子在扫地，我一看心好酸；还有一次，家里的玻璃门坏了，我一直没顾得上修，结果把她砸伤了，划开好大一个口子，我看到特别心疼。没有她的支持，我不会有今天。"

生产实践是个大讲堂

孔祥瑞常说，吃苦是成长和增长阅历的最好基石，这话在工作中也得到了验证。一次，他和往常一样巡视码头，忽然听到一台 60 多米高的门式起重机的轴承嘎嘎直响。"这可能是缺少润滑油，也可能是重大事故的前兆。"但拆卸轴承不是件小事，如果卸下来没问题，企业会因此损失上百万元。孔祥瑞心里有些犹豫，但他冷静分析后，还是向领导汇报，要求立即拆卸轴承。轴承拆下来后一检查，正面完好没问题。"当时我腿都软了，心想这不可能啊。虽然领导说不怪你，但你怎么交代？"孔祥瑞回忆。不过，他还是冷静地指挥吊车将大轴承翻了过来，只见轴承背面内的滚珠已散落出槽，滑道磨损最深达到两三毫米。"如果再继续使用 8 小时，这台门机就可能完全报废，损失就不止这些了。"此后，孔祥瑞"听音断病"成了工地上的美谈。

不仅如此，孔祥瑞还琢磨着改造机器设备。2001年，天津港冲击亿吨吞吐量，孔祥瑞所在的六公司承担年作业量达2500万吨，要求18台门机比往常多干1/3的活儿。经过孔祥瑞和技术骨干的创新改造，每台门机平均每天多干了480吨，六公司因为超额完成任务，增效1600万元。此后，他还先后组织实施技术创新220多项，获得国家专利12项。

在孔祥瑞心中，员工的培训也是一个重要的方面。2003年底，他从六公司调到煤码头公司，便萌生了"自助餐式培训"的想法。"每周五下午是我们的培训日，把一周工作中存在的问题，拿出来探讨。在这里，有一技之长的员工就是老师，大家各展所长，问题就解决了。"这种培训方式很快在整个集团推广开来，后来还被天津市总工会推广为"劳模大讲堂"，掀起一阵学习热潮。

2008年，孔祥瑞主编的全国港口第一本《系统设备故障维修技术指南》出版。书中归纳了日常保养和维修的442项做法，供一线工人操作使用。2009年又出了第二本，增加了152项。"年纪大了，不能一直在一线了，我想人这一辈子总得留下点痕迹吧，那最宝贵的，就是我们用双手攒出来的这些经验了。"

这些年，孔祥瑞不是没有想过再回校园。1985年，他曾参加职工大学考前培训班。但刚上课三天，工地门口就有人出了交通事故。"我是一百个不放心，这岗位离不开我啊！"不过在孔祥瑞看来，"生产实践这个大课堂，照样培养人。"

党的十八大要听工人的声音

从初中文凭的码头工人，到新时代的"知识蓝领"，孔祥瑞对工人角色的转换也有自己的体会。

记者：您觉得这些年工人阶层有哪些变化？

孔祥瑞：现在工作环境好了很多，社会和领导对我们也很认可。我们公司的员工好多都是技校生，还有许多都是大学本科毕业，知识素养很好。所以我觉得，现在蓝领、白领和工程师没什么区别。人生的舞台什么味道，自己往里放调料；工程师们要高学历、英语能力，我们就用我们的技术说话。

记者：现代蓝领有哪些特点？

孔祥瑞："知识蓝领"的特点还是体现在主动性上。我们对机器不是一味地学习使用，会想着怎么让它更好。以前我曾将一个设备上的300多块尼龙片全部换成钢的，原来76%的故障率直接降到了零，后来四五年都没出过问题。只要我们在实践中注意发现问题，不断改进，一点改变都能比原来更好。

记者：您觉得目前在技术工人的培养上还有哪些欠缺？

孔祥瑞：技术工人最关键的就是不断学习。我们的设备更新换代很快，一年一个样，公司应该每年制订培训计划，政府提供资金、师资支持，利用大讲堂、书本等，对员工不间断地培训。讲课的老师不一定是教授，可以是技术能手，课题一定要是工作中的问题。

记者：您之前就是党的十七大代表，此次当选党的十八大代表，感受有什么不同？

孔祥瑞：当党的十七大代表的时候觉得非常神圣，是一种责任感。不过在会上和一些代表交流时，也看到了自己的渺小。

这次再当选也是对我工作的认可吧。党的十八大代表选举中，要求一线工人代表达到一定的比例，这也是对我们一线工人的高度评价，党中央要在党的十八大上听听我们的声音，我觉得责无旁贷。

记者杂志：这次开会，您打算提哪些意见？

孔祥瑞：首先，我要提议恢复师傅带徒弟的制度。现在企业都是现代化管理，不少年轻人心不踏实，都想干大事。哪有那么多大事可干？不像我们那时候，当学徒至少要两年，给师傅沏茶蒸饭，从小事做起，才能安下心来；听师傅的话，师傅才能真正把技术传给你。先跟师傅学做人再学做事，师傅也有动力，对两代人都是激励。

另外，我还想提下党员的作用问题。现在社区、基层党员的作用还远远不够，我希望通过党的十八大，出台一些措施，加强对基层党员的教育，让其真正发挥示范带头作用。

文 / 廖楠

扫雷英雄杜富国:

失去双手双眼，是我无悔的选择

杜富国，中共党员，1991 年 11 月出生，2010 年 12 月入伍，贵州湄潭人，陆军某扫雷排爆大队战士。

2015 年 6 月，他主动请缨参加边境扫雷行动，为人民利益勇闯雷场，为边境安宁挥洒热血，为战友安危舍身忘己，任务面前、关键时刻、危急关头处处叫响"让我来"。2018 年 10 月，在排雷作业时突遇爆炸，他将战友护在身后，自己却身受重伤，永远失去双眼双手。

杜富国荣获一等功 1 次，入选"感动中国 2018 年度人物"，被中宣部授予"时代楷模"称号。2019 年 9 月 25 日，荣获"最美奋斗者"个人称号。

> 你退后，让我来。
>
> ——杜富国

杜富国的微信名叫"雷神"。从第一次拿起扫雷器到今天，这个名字始终没变过。在 2018 年感动中国人物网络投票评选中，27 岁的他以 1600

多万的票数荣居第三名。

2018 年 10 月 11 日下午，"雷神"在与死神面对面的交锋中，"意外"地打了第一场平局。此前三年多的时间里，他总是胜利的那方。因为这次意外，杜富国失去了双手和双眼，不得不告别雷场。

2019 年大年初六，记者来到陆军军医大学第一附属医院探望杜富国。坐在病床上的他穿着军装，空空的下半截袖筒让人看了很是心疼，尽管双眼蒙着一层白色纱布，他的嘴上却带着微笑。由于耳膜在爆炸中破裂，杜富国的听力尚未完全恢复，与他交流需要提高一些音量。但回答起问题来，杜富国依然保持着军人的精练与果断。

2015 年，中越边境云南段第三次大规模扫雷行动开始。收到组建云南扫雷大队的通知后，杜富国主动递交申请书，从边防团来到扫雷大队，过上了每天与死神打交道的生活。

当双脚踏上这片布满雷场的土地时，杜富国才意识到当地受雷患有多严重。在云南省麻栗坡县老山、八里河东山等地，分布着不少"地雷村"。受地雷危害最深的村子，全村 87 个人只有 78 条腿。"为什么要扫雷？就是想还边境人民一片净土，还他们一份安宁。"

在标注着骷髅头的死亡地带，杜富国穿着厚重的防护服，用灵巧的双手一次又一次打败死神。他前后进出雷场 1000 多次，累计作业 300 多天，搬运扫雷爆破筒 15 吨以上，处置各类险情 20 多起，累计排除各类爆炸物 2400 多枚……

"你退后，让我来"

最后遇到的这个"敌人"是一枚 67 式加重手榴弹。此前杜富国已经见过很多次，也亲手排过很多枚。

在收到"查明有无诡计装置"的指令后，杜富国打算进一步探明情况。身为组长的他对组员艾岩说了句"你退后，让我来"，便小心翼翼地清理起弹体周围的浮土。就在艾岩转身走出几步后，身后突然传出一声巨响，随之而来的是一阵强大的冲击波。

"在我的脑海里，只有那么一两秒钟意识，就往艾岩那边倒了一下，后面就记不清了。"爆炸的瞬间，杜富国倒向了战友那一侧，挡住了部分爆炸物的冲击，两三米外的艾岩仅受到皮外伤。近距离的爆炸让艾岩的耳朵受到强烈刺激，他什么都听不见，只看见杜富国脸上血肉模糊，两只手已经没有了。当其他战友赶来救援时，看到杜富国斜躺在地上，身上的防护服被炸成了棉絮状，头盔护镜也被炸裂。

分队长张波从30多米远的地方跑来，用对讲机重复呼喊"医生"和"担架"两个词。张波感觉到杜富国十分痛苦，"他没有叫，咬着牙，但身体在轻微地颤抖"。这次意外发生后，张波全身麻木，只要一看到杜富国眼泪就忍不住，"他是我带出来的兵"。

事后回想起来，杜富国总是提到"下意识"这个词。身为组长，让战友退后自己面对危险，这是下意识；爆炸瞬间，他倒向战友一侧，也是下意识。他说："如果有危险，与其伤两个，还不如伤我一个。"战友艾岩坦言："如果没有他，也不会有今天的我。"

杜富国受伤后，由于眼睛玻璃体已经破碎，没有恢复的可能，为避免发生感染，对身体造成更大的威胁，医生只能选择摘除眼球。在不知道伤情时，杜富国跟分队长再次提出了出征的申请："队长，我的手能不能不要截肢？以后我还要接着扫雷。你能不能拿点牛奶、鸡蛋、肉给我吃，我想吃了以后多长点肉，把手上的肉赶紧长起来。"

杜富国负伤后的第一个月，医生、家人和部队担心影响康复进程，没敢告诉他双眼眼球已经被摘除的事。直到一个多月后，趁着有人探望，才把真实伤情告诉他。那一刻，杜富国反而表现得非常平静，医院准备的好几套心理疏导方案都没用上，他还反过来安慰别人。

躺在病床上，杜富国依然在考虑身边亲人和战友的感受。他不愿，也不能表现出失落的样子，因为担心其他人会跟着伤心。"凡事都有两面性，做好最充分的准备和最坏的打算，既然不能改变，那就只有去调节适应，对吧？"

病房里也是英雄

受伤后，杜富国的体重一下子掉了20多斤。为了尽快恢复，他天天逼自己吃有营养的东西，希望尽快把身体补回来，"我原来150斤，现在还是吃胖了一点才长到130斤"。

负伤一个月后，杜富国开始出现严重的幻觉痛，他有时候感觉自己的手还在，偶尔某个手指头会动一下，痛一下。"这种痛就是一种折磨，稍微不注意就会出现。"但身体再痛，杜富国也会在别人面前表现得很坚强，他的乐观远超人们想象。

杜富国的病房里总是笑声不断，他和妻子王静跟护士小叶开玩笑："你不是说要带我们去你们老家玩吗？"小叶笑着说："好啊，我随时有空！"杜富国立马跟了一句"我也随时有空"。一次伤口清洁就在这样轻松的聊天中结束。春节前，护士们送来一对毛绒玩具猪，摆在桌子上很是好看。窗玻璃也贴上了大红的"福"字，病房虽小，却很有过年的氛围。

直到今天，杜富国的眼睛内仍有异物存留。他每天需要滴三次眼药水，换一遍药。看护士操作几次后，王静很快就学会了这些流程。现在，这两项工作基本上是她在做。冰凉的药水落入伤眼中会有些难受，杜富国忍不住发出呻吟声。

手榴弹的弹片在杜富国的脖子上撕开了一个口子，那道疤痕像条虫子一样趴在他的脖子上。为了祛疤，杜富国需要定期打美容针。每次打针前，王静都会特意将音响打开，放起音乐舒缓气氛。细细的针头要在疤痕部位反复扎进去几十次，针头抽出来，经常会有血珠渗出。记者在一旁看得心里直发怵，王静心疼地哄着丈夫："吃颗糖，吃糖就不痛喽。"

战友张鹏从云南一直跟到重庆，至今已经陪护了杜富国两个多月。春节前，他刚刚办完婚礼，婚礼结束后又带着妻子回到医院，与另外一位战友轮流陪护杜富国。有了他们的陪伴，杜富国在病房里不会感到孤独。

杜富国负伤后，有人送来智能音箱，有人给他寄信，有人为他写歌，杜富国无不感动。"我觉得今后一定要活得更加坚强、更加阳光、更加快乐，这才是对他们最大的回报。"

为了让病房里的日子充实一点，杜富国收听《三国演义》，学唱《你是我的眼》；医生在他的断臂上系上沙袋，他坚持通过锻炼恢复肌肉功能；上肢康复训练后，他还要去跑步，规定的 20 分钟跑完了，杜富国不过瘾，笑着央求医生"再跑 10 分钟嘛"……

有人听说杜富国想当播音员，于是工作之余自发为他教授普通话。杜富国希望能用声音将扫雷大队的故事讲给更多人听。那里洒有他的热血，更有他的战友。

从长兄到好兵

春节前，杜富国的父亲杜俊从老家带来了很多家乡美味。绿豆粉、腊肉、香肠，儿子爱吃的东西一样不少。杜富国的母亲李合兰平时住在医院提供的临时住所，春节那天，她为儿子儿媳做了一顿丰盛的家乡菜。

2010 年，杜富国从老家贵州省湄潭县报名参军。当兵快满 4 年的时候，他才第一次回家过春节。母亲依稀记得当时的情景:"富国回家看到弟弟妹妹都长大了,很高兴。那身漂亮的军装,兄妹几个轮流穿在身上照镜子。"也是在那个时候,弟弟富强告诉哥哥,他也有了参军的打算。几年后,杜富强果真入伍,成为驻守在西藏高原的一名边防兵。

对孩子们的选择,李合兰从来都很支持,"只要是正确的,有意义的"。在这位母亲眼中,自家的孩子个个都很勤劳,尤其是老大富国,很能吃苦。"家里经济条件有限,富国初中毕业后就去打工,早早地学会了修理的手艺。"杜富强记得,有一次维修工程机械,哥哥从晚上8点忙到第二天早上8点,回到家时全身满是油污。

到了部队,杜富国依然保持着这股子劲儿。张鹏告诉记者,杜富国平时在部队总爱收拾别人不要的小物件,经过一番修理,往往能在日后发挥用处。雷场上,杜富国是携带工具最全的人,只要有人缺东西,找他总能拿到。

"在他还是义务兵的时候,我去部队探望过一次,当时部队领导对他的评价很好。"李合兰对记者说。后来到了边境雷区,杜富国才在电话里告诉父母自己调到扫雷大队的事。父母一如既往地支持,只是提醒他一定要注意安全。

2015年,扫雷大队在云南马关县集中培训学习,杜俊去看望儿子,见面时发现他正捧着书学习排雷知识。杜富国告诉父亲,"这是学来保命的"。刚到部队时,他的文化底子薄,考试排名经常倒数,但后来硬是赶了上来,从32分变为能考到99分的训练尖兵。

"优秀的战士,并不是天生的,而是在学习和实践中形成的。"杜富国的笔记本上记着这句话。他将十字交叉探雷法优化后教给战友,大大提高了作业效率。他还熟练掌握了听声辨物法,通过声音就能够辨别出十几种地雷的种类和型号。凭借着精湛的排雷技术,他成为所在扫雷队第一个排除反坦克地雷的战士，也是扫雷四队组建后发展的第一批党员。

在雷场上人工搜排时，通常是两个人一组配合作业。艾岩就是和杜富国一起配合了两年的老搭档。一旦遇到比较危险的排雷任务，杜富国永远是冲在前面。他那句"你退后，让我来"，看上去是"抢"走了艾岩的扫雷机会，实则是将危险全部揽到了自己面前。

一个震撼人心的军礼

世界排雷专家普遍认为，能把一个雷场中 70% 的雷障清除掉就是成功的。但云南排雷大队的官兵们却不以此为标准，他们要做的是将雷障 100% 清除干净。为了让老百姓放心耕作，每次扫雷活动结束，官兵们总是手拉着手，一步一个脚印，连成队从原来的雷区上方走过。这项传统并非明文规定，而是扫雷大队从 2015 年第一次作业就自发进行的一项固定动作。

一名排雷兵全身的装备加起来有 30 多斤重。光是一只防爆靴就有两公斤。近距离爆炸时，即使穿着防护服，也很难抵挡住爆炸的强大冲击。但如果穿上防护性能更好、更厚重的排爆服，战士们又无法很好地进行作业。

云南雷场的情况也非常复杂，可谓"山高、坡陡、林密"。当地人不敢上山，牛羊也不敢往山上放，一不注意就有可能被炸到。由于雨季漫长，地雷容易被冲到其他地方，即便是自家种了十几年的庄稼地也不安全，不知道什么时候地雷会从哪里冒出来。扫雷战士们就是在这样的危险中，一点点将爆炸物从地下挖出来的。

一次，杜富国和战友唐士杰在排雷时扫出 4 枚火箭弹，之后又传来 10 多处报警音。杜富国让战友退到 50 米之外，自己小心翼翼地开始作业。一上午的时间，他就排除了 20 余枚火箭弹和 8 枚地雷。由于天气炎热，防护服捂在身上很容易出汗，杜富国的迷彩服几乎没有干过。为了提高工作效率，杜富国每次上山都坚持背两箱扫雷爆破筒。这样算来，他身上的负重至少达到了 120 斤。

因为吃苦耐劳，一到雷场就停不下来，杜富国被扫雷队的战友们送了个外号"雷场小马达"。轮到他留在营地保障时，他依然坚持要上雷场，一天也不愿意歇。报名来到扫雷大队之前，杜富国就抱定一个想法："当兵就应该上前线。"

在陆军首届"四有"新时代革命军人标兵颁奖仪式上，杜富国对再次奔赴排雷一线的战友说："对不起！原谅我再也没有办法跟你们一起扫雷了，请替我继续完成任务。向你们致敬，我等着你们胜利归来！"说完，他举起残缺的右臂，敬了一个震撼人心的军礼。

文 / 祖一飞

老乡长卓嘎:

扎根"三人乡"59年的格桑花

卓嘎,女,藏族,1961年9月生,西藏自治区山南市隆子县玉麦乡人,"感动中国2017年度人物"获得者。

她和家人在西藏玉麦这个全国人口最少的边陲乡镇,守护着藏南边境近2000平方千米国土。2017年,习近平总书记回信称赞她家"为国守边"的精神。

2019年9月25日,荣获"最美奋斗者"个人称号。

> 我们玉麦乡的群众,就像总书说的,是格桑花,扎根高原,守好玉麦,守好国土。
>
> ——卓嘎

在玉麦这个全国人口最少的边陲乡镇,她和家人守护着近2000平方千米国土。

在藏南边境住一辈子,需要点勇气。

这点勇气,藏在卓嘎瘦小的身躯里。西藏自治区山南市隆子县玉麦乡,在地图上可以轻易找到,因为它有近2000平方千米大。

卓嘎在这里住了大半辈子，他们家和 20 多位乡亲守护着边境的这片国土。

因为习近平总书记的一封回信，这个故事被广为人知，卓嘎也成了"两会"的"明星代表"。

"总书记懂我们"

2018 年 3 月 15 日，是十三届全国人大一次会议的休息日，对卓嘎的采访从记者带来的新一期杂志开始。看到封面是习近平，一句汉语也不会的卓嘎一下就蹦出了发音标准的三个汉字，喊出了习近平的名字。在一旁帮忙翻译的西藏电视台记者也笑了："她是说这次开会见到了习近平总书记，高兴得很呢！"

话匣子由此打开。

2017 年，党的十九大召开前，卓嘎和妹妹央宗商量着："给总书记写封信吧，说说我们玉麦的变化。"从出生之日起到 2017 年，卓嘎已经在玉麦住了 57 年，经历过最为艰苦的"三人乡"时期，只有她和阿爸、妹妹在近 2000 平方千米的雪域高原上巡边放牧，守护国土。守边的生活，半个世纪的巨变，让卓嘎内心激荡。就这样，姐妹俩用藏语写了一封信，再请玉麦乡懂汉语的干部翻译出来。这封来自祖国边疆的信飞到了习近平的案头。

卓嘎很快收到了回信。在信中，习近平鼓励她们："祖国疆域上的一草一木，我们都要看好守好。希望你们继续传承爱国守边的精神，带动更多牧民群众像格桑花一样扎根在雪域边陲，做神圣国土的守护者、幸福家园的建设者。"

这封信在藏族群众中引起轰动，卓嘎在拉萨参加西藏自治区的"两会"时，就被很多素不相识的代表、委员拉着手说"您的故事令人感动""我想去玉麦看看"。为国守边的故事，也让卓嘎和央宗走上央视的舞台，获得了"感动中国 2017 年度人物"奖杯。

2018 年 3 月 2 日，当选为全国人大代表的卓嘎，和来自西藏的其他代表一起飞抵北京，参加十三届全国人大一次会议，履行代表职责。这不是她第一次来北京，但在雪域边陲守了大半辈子的卓嘎还是既紧张又兴奋。会已经开了十几场，她还是要其他代表领着才知道怎么进人民大会堂，"太大了，怕找不到地方"；休息这天，早上和其他代表出门看首都的风景，她一高兴连手机也忘记带；去故宫参观，她像个孩子一样一路问个不停，"我们祖国太伟大了，怎么会有这么多伟大的东西呢"。

从外表看，很难想象这个瘦瘦小小、眼睛像小鹿一样的藏族妇女是如何坚守边地半个世纪的。"两会"期间，她几乎成了西藏团最耀眼的代表，受到媒体的热情追捧。总有人问她：玉麦现在怎么样了？于是乎，记者还没有提出这个问题，卓嘎自己就说开了："玉麦太好了，太美了，有高速公路，有网络，现在转账都用微信，付款都是二维码。"没想到，藏语的"二维码"和汉语音近，一来二去就听懂了。

"我们玉麦乡的群众，就像总书记说的，是格桑花，扎根高原，守好玉麦，守好国土。"那封回信中的每一句话，卓嘎都记得，尤其是格桑花的比喻，让她觉得"总书记懂我们"。晚上 9 点多了，卓嘎还是穿着有鲜明藏族特色的服装，她觉得这是像格桑花一样美丽的衣服。穿上它，就会想起玉麦的河谷。

每一个玉麦居民都是中国的坐标

守边，这是两个写起来简单，实践起来却不容易的字。即便是在北京开会，卓嘎心里仍然牵挂着玉麦。3 月 11 日，参加会议、接受采访连轴转，卓嘎身体有些吃不消，晚上躺在床上起不来。第二天，家人打电话来，告诉她玉麦河谷里的小野花开得漫山遍野，卓嘎一下就笑了，问起院子里的牦牛、山林中的国旗，头疼症状好了不少。

1961年出生的卓嘎，大半辈子都没怎么出过玉麦。

小时候，偌大一个玉麦，只有阿爸、阿妈、自己和妹妹。冬天是漫山的雪，夏天是下不完的雨，河谷里长着各种各样好看的花，却怎么也长不出青稞。每年10月，阿爸桑杰曲巴都要赶在大雪封山前，去山外背回一家人半年的口粮，这份辛苦，连驮粮食的牦牛也会累得赶不动。看着阿爸的辛苦，小小的卓嘎不懂，为什么不去山外面住？

"邻居"只是阿爸口中的人。阿爸说早几年，玉麦还有几户人家。但卓嘎打从记事起，这里就只有他们一家，从没见过邻居，反倒是印度军人在卓嘎幼时的记忆里留下了深刻印象。有一次，阿爸说玉麦的山头被插上了印度的国旗，他要去扎日乡找解放军。那是大雪封山的季节，冒险翻越雪山是有生命危险的，卓嘎央求阿爸别去。但阿爸说，如果不去，全家都有危险，只有解放军来赶走印度军人，他们才能继续生活。卓嘎从此知道了，家是需要守卫的。

那次之后，阿爸节约下口粮，陆续换回来一些红色、黄色的布，缝制了一面国旗，绑在玉麦最高峰的一株大树上。从小跟着阿爸放牧的卓嘎从此多了一项任务，每次放牧都要上这座山看看国旗在不在。这样的手工国旗，后来他们家又缝了三面，都竖在远处的高山上。卓嘎记得阿爸的教导："放牧要去更远一点的山头，那叫巡边。"

偏僻的玉麦，除了印军的骚扰，还有数不清的野兽出没。"放牧时经常碰到狼和熊，没有什么好怕的。"这些常人看来极度危险的野兽，卓嘎却习以为常。日子虽然清苦，一家人却也其乐融融。卓嘎除了央宗这个妹妹，又多了一个小妹、一个弟弟，一家六口守着玉麦，一乡仅一户的日子一过就是二十多年。

到了 1983 年，让卓嘎意想不到的是，他们家竟然会搬离玉麦。那时，阿妈已经在几年前因病过世，小妹在翻越雪山的路上不幸冻死，小弟则去了山外读书。上级政府考虑到玉麦条件太艰苦，于是在邻近的曲松乡盖好了房子、划拨了土地，动员卓嘎一家搬过去。响应政府号召，封山前，阿爸领着卓嘎和央宗搬到了曲松。

玉麦乡 1987 平方千米的实际控制面积上（全乡境域面积为 3644 平方千米，其他地方被印军实控），就这样空无一人了。但与此相对的，印度却不断向其实控区迁入人口。

尽管没有人意识到这个危机，但卓嘎一家用行动给出了回答。"住的是新房子，地里长得出青稞，可是我们想玉麦啊。"卓嘎回忆起那个冬天，虽然羡慕能长出粮食的土地，不过全家人心里只有玉麦。故土难离，仅仅过了一个冬天，3 个人就卷上铺盖，赶着牛羊，翻过雪山，又回到了玉麦。玉麦也因此被人称为"三人乡"。

"家里东西被偷光了，是'那边'的人干的。"看到凄凉的家，卓嘎记得阿爸当时说的话，"只有人在，家才能看好；有人守着，这片国家的土地才能守好。"就这样，玉麦这片被印度虎视眈眈的土地上，又有中国人居住了，有人守了。而阿爸的叮嘱，卓嘎牢记在心。她不仅守着玉麦，而且把玉麦守出了一片新天地。

1988 年，卓嘎出任玉麦乡第二任乡长。赶上发展的好时代，玉麦在她手中不一样了。20 世纪 90 年代初开始，玉麦的基础设施不断改善，盖起了乡政府、卫生院，建起了水电站和卫星电视地面接收站。1996 年，玉麦不再只有卓嘎一家了，一名党委书记和一名副乡长携家带口来玉麦任职，加上其他牧民，全乡人口一下子增加到 18 人。

因为人多了，玉麦和边防官兵的联系也多了起来。为了帮助边防官兵管边控边，卓嘎带着全乡牧民主动当向导，协助官兵巡逻守防，及时提供边情信息。在玉麦的很多石头上，都能看到画上去的鲜艳国旗，那就是牧民和边防官兵合作的成果。说起这个，卓嘎脸上洋溢着自豪："我们西藏的记者说，每一面国旗、每一个玉麦居民，都是中国的坐标。"那些在她儿时就绑过国旗的大树，她到今天还能找到。

"家是玉麦，国是中国，放牧守边是职责"

2001 年，公路修到玉麦。几年后，卓嘎顺着这条路第一次出了趟远门，去湖南韶山。看一看毛主席故居，是全家人的心愿。对这个守边半个世纪的家庭而言，毛泽东有着不同寻常的意义。

历史上，中国与印度两国国界有一条传统习惯线，其东段在西藏南部。但 19 世纪英国殖民印度时，在东段画出一条所谓的"麦克马洪线"，侵占我国 9 万多平方千米的国土。印度独立后，却要求以这条线为东段边界。玉麦就在这条线上。

从 20 世纪 50 年代开始，中国就边界问题多次与印度交涉，周恩来总理在 1954 年到 1960 年间 4 次访问印度，争取谈判解决。为显示和平诚意，中国军队甚至在 1960 年单方面从东西两段实际控制线后撤了 20 千米。这一年，曾经的玉门乡也改名为玉麦乡，卓嘎的阿爸桑杰曲巴任乡长。

但也是在这一时期，印军无视中国的和平诚意，采取前进政策，向"麦克马洪线"大规模推进，在中国控制地区大肆建立哨所。玉麦乡境内的塔克新、哥里西娘等村庄都在这时出现了印军哨所。

到 1962 年，印度在"麦克马洪线"东段已经部署了 1.6 万人的兵力。当年 10 月，毛泽东主持召开会议，决定进行中印边境自卫反击战。

玉麦成了前线，桑杰曲巴来到乡里仅剩的另外两户牧民家，动员年轻人牵出牦牛，给前方部队运送物资。他自己则担负起带队任务，一趟趟翻越大雪山，为部队运送弹药和给养。

那些乡民们冒着生命危险走过的土地，每一寸都回到了祖国的怀抱。在作战的第一阶段，驻守山南地区的边防部队就收回了哥里西娘等地。

高原的战斗，比平原地区更为艰难。战士们面对的不仅仅是敌人，还有恶劣的气候、复杂的环境。自卫反击战中被称为五大战役之一的里米金之战就发生在玉麦，桑杰曲巴深知每一寸国土的收回都付出了血的代价。他经常说："家是玉麦，国是中国，放牧守边是职责。"这句话成了家训，传给下一代。在习近平总书记的回信中，他也称赞这句话"说得真好"。

卓嘎一家的坚守，让玉麦这个曾经不太平安、人烟稀少的边陲乡镇成了高原之花。2011年，玉麦建起了边防派出所。更让卓嘎高兴的是，2018年有47户居民迁居玉麦。

开春后，玉麦的天气一直不错，央宗的儿子索朗顿珠每天都忙着和牧民一起盖房子。他们希望在10月份前，盖好房，接通水电，让新邻居安安心心住进玉麦。索朗顿珠作为这个三代守边家庭里最年轻的一代，2017年辞了四川的工作，通过考试回到玉麦，成为一名公务员。他深知"人"的重要性，"波拉（外公）和两位阿妈住在这里才守好了玉麦，更多人住进来，玉麦就能守得更好"。

当讲述完这个长达半个世纪的守边故事，记者感受到的惊心动魄和荡气回肠还未平息，卓嘎已经拿起杂志，笑着说"要和总书记合影"了。

文／张丹丹

女书记余留芬：

让人人有事干，户户都小康

　　余留芬，女，1969 年 8 月出生，汉族，贵州盘州人，2000 年 1 月入党，大专文化。党的十七大、十八大、十九大代表。现任贵州省盘州市淤泥乡岩博村党委书记。

　　2018 年 12 月 18 日，党中央、国务院授予余留芬同志"改革先锋"称号，颁授改革先锋奖章，她获评深度贫困地区带领村民脱贫攻坚的优秀代表。2019 年 4 月，荣获全国五一劳动奖章。9 月 25 日，荣获"最美奋斗者"个人称号。

> *凡事先想到别人，以身作则，才能获得最大的理解和支持。*
>
> ——余留芬

　　"接受完你的采访，我得抓紧时间睡一会儿。"余留芬说。她刚结束农业界的一场小组讨论，穿着一身黑色正装，胸前戴着"全国政协十三届二次会议出席证"，坐在所住酒店双人间的沙发上，显得有些疲倦。

　　前一天下午，记者在人民大会堂听了她在政协全体会上的发言，对其中的几句话印象颇深："十几年前，村里家家住的是老土房，出门就是猪粪塘。一年种粮半年饱，有女不嫁岩博郎。"

里面提到的"岩博"，就是余留芬担任党委书记的贵州省盘州市淤泥乡岩博村。那里曾是远近闻名的贫困村，是余留芬带领乡亲们用近20年时间改变了当地面貌。2018年12月，余留芬入选"改革开放杰出贡献百人名单"，被评为"深度贫困地区带领村民脱贫攻坚的优秀代表"。

"用手刨也要刨出一条路来"

1988年，余留芬嫁到了岩博村，村子给她的第一印象是："村里的小道，两个人对向通行都要侧着身子；一年四季都要穿雨鞋，因为路上全是稀泥，许多地方还要用一块块石头垫在脚下才能走过去。"

不通水，不通电，不通路；人均收入不足800元，集体资产为零；1/3的村民没过温饱线，住的大多是土坯房甚至茅草房；村里到处是猪粪塘，几乎与世隔绝。

由于丈夫常年在外工作，余留芬挑起了家里的大梁，不仅要带两个孩子，还要下地干农活。岩博村的土地石头多、难耕种，种地成了余留芬最怕的事。那时她总是把孩子放在背篓里，一前一后地背到山上，崎岖的山路加上孩子的重量，压得她直不起腰来。

有一年收洋芋（土豆）时，因为无法将两个孩子同时背下山，余留芬只能挖一个土坑，把小儿子放到坑里，等回家卸下洋芋和大儿子后，再跑回去背小儿子。

"当时实在太穷、太苦了，地里刨不出什么东西来，我种地种怕了，就想尽办法摆脱困境。"余留芬对记者回忆道。1993年，她到附近煤矿开了个小饭馆，后来为了照顾家庭，又回村做起了照相生意。"我们那边几乎没人见过照相机，我就买了一台，每天满村子地转，给人拍照，每张照片可以赚 5 毛钱。"

有了一点积蓄后，余留芬又开起了小超市，日子慢慢宽裕起来。由于她有能力、做事公道又热心，乡亲们有大事小情都愿意找她商量。1996年，村里换届选举，余留芬被推选为村妇代会主任，开始参与村里的工作。

由于当地是彝族聚居区，按风俗每年要举行祭山大会，杀羊杀鸡。余留芬清楚地记得，有一年需要 200 元钱买一只羊和一只鸡，村里竟然都拿不出来。"为了筹钱，有人提议把赶集的路封住，让每个过路的人交 5 毛或 1 块钱。村里穷到这种地步，我觉得特别难受。"

2000 年，岩博村的老支书病重，希望余留芬接棒，乡亲们也拥护她。因为责任重大，余留芬十分犹豫，最后乡里也派人来做工作。在大家的劝说和鼓励下，余留芬在 2001 年正式成为岩博村党支部书记。她为村里做的第一件事就是修路。

"那时我嫁过来已经 10 多年了，村里的生产生活条件几乎没有任何变化，水、电、路都不通。我当上村支书后的第一件事，就是让老百姓走出去。当时政策没有现在这么好，山里又闭塞，我们没钱、没门路，也不知道找政府，什么都没有。"

为了修路，余留芬上任几天后就开始做动员。她挨家挨户地去做思想工作，并拿出自家土地，置换给被占用土地的村民，接着又垫上自己的 4 万元积蓄，用于购买钢钎、大锤、炸药等工具材料。

"4 万块钱拿出去的时候，我就没想着要回来。当时唯一的想法就是用双手刨，也要刨出一条路来。"

在工地上，她和村民们一起搬石块、抢大锤，一次不慎踩空，从路边陡坡摔了下去，造成腰椎粉碎性骨折，差点瘫痪。在医院做手术期间，一批又一批村民带着平时舍不得吃的土鸡蛋去看她。

"那段时间，我第一次真正感受到人生的价值，感受到老百姓对我的信任和依赖。"伤还没彻底养好，余留芬就赶回了村里。经过 3 个多月的苦干，一条宽 4.5 米、长 3 千米的进村路终于修通了。

"开弓没有回头箭"

路通了，完成了几辈人的心愿，余留芬在十里八村也出了名。之前谁也没想到，依靠村集体的力量真能干成这件事，曾经说过风凉话的村民也信服了。

接下来，余留芬有了更大的目标。她一直忘不了祭山筹钱那件事，"一个村就像一个家，如果连吃饭钱都拿不出来怎么行？我想让村集体壮大起来，发展集体产业"。

2002 年，原归村集体所有的 1480 亩岩博林场，因外地承包人管理不善，急于转手。但高达 23 万元的转让费，对当时的岩博村来说就是一个天文数字。

修路时垫付的 4 万元本来已经回来了，这时又被余留芬拿了出来。她挨家挨户筹资，但只筹到几千元；她就又带着村干部跑周边煤矿借钱，一连跑了 12 家都被拒绝，直到第 13 家终于借到 5 万元。

还差 14 万元，余留芬提议高息贷款，结果一些人开始打退堂鼓。为了让大家安心，余留芬想出一个办法，她带大家去岩博林场数树、算价格，从早到晚数了三个山头，才数到 1/10 的面积，林木价值就已经超过了买林场的钱。大家一下子有了底气。

最终，余留芬用自己的名义贷了款，赎回了林场，交给村集体经营。短短一年，村里就将借款全部还清，还盈利了 8 万元，岩博村也有了第一个集体产业。

"只有变苦熬为苦干，才是脱贫的出路。"余留芬趁热打铁，带领乡亲们办起了一个又一个企业。用林场抵押贷款、发动村民入股，岩博村先后建起了煤矸石砖厂、农家乐山庄、小锅酒厂、特种养殖场、火腿加工厂，村集体资产像雪球一样越滚越大。

2013 年，余留芬看准当地白酒的市场潜力，将自家所有财产抵押贷款，采取"招商引资 + 集体入股 + 村民入股"的方式，重组小锅酒厂，成立了贵州岩博酒业有限公司。当地 1012 户群众入股 5124.55 万元，成了公司股东。

"在走向市场的过程中，我们时时刻刻承受着现实的压力，资金、技术、人才……多少次我都快要崩溃了，但想尽办法之后，每一次都平安渡过难关。"谈到市场竞争的残酷性，余留芬面对记者感慨不已。她的压力之所以大，是因为背负的不仅仅是个人荣誉，更是全村人的信任。

"开弓没有回头箭。当我走出了第一步，就已经把所有的感情、心思都投入进去了。之后一步比一步艰难，就更不能半途而废。你不干了，摊子谁来收拾？贷款谁来还？所以越来越放不下，再多的困难、再大的压力也要扛住。但走到今天，我可以很自信地说，只要坚持过来，所有困难都是给人生添彩的，哪怕你有过最狼狈、最丑的时刻，也没什么可后悔的。"

"小康不小康，关键看老乡"

近几年，全国脱贫攻坚战进入关键阶段。在当地政府的推动下，已经成为致富典型的岩博村与相邻的苏座、鱼纳两个贫困村成立了岩博联村，以强带弱，共同发展。

党的十九大期间，习近平总书记与贵州省代表团座谈时，向余留芬详细了解了岩博村脱贫的情况，还提到了岩博酒业的代表性产品"人民小酒"。原本就口碑不错的"人民小酒"此后迅速火遍全国。"现在岩博酒业的发展取得了较大进步，已从十几人的小作坊发展成 600 余人的中小型企业，年产清酱香型白酒 5000 吨。"余留芬说。

"人民"两个字所代表的力量，正是支持和推动余留芬不断前进的最大动力。

"将近 20 年走过来，市场曾让我找不到出路，但村民们没有误会过我。最困难的时候，公司 8 个月发不出工资，几年没有分红，没有一个人说不干了，也没有一个人退股。"余留芬对记者说。

这一切离不开余留芬多年的身先士卒与全力付出。有村民病重急需转院，她连夜联系车辆；有村民因车祸花光所有积蓄，欠下几十万元的债务，她主动帮助解决孩子上学的费用，还请来专业律师打赢了赔偿官司；直到现在，她出差的费用都是自掏腰包，从没要求公司报销过。村民有大事小情，都要问问余留芬的意见，无论余留芬遇到什么困境，大家也都与她同舟共济、共渡难关。酒厂发不出工资时，员工们主动安慰她："不要说几个月不发工资，就是几年不发工资，我们也跟着你干。"有一次，她的车掉进了路沟，被一群老乡徒手抬了出来。

"如果你想的是自己先赚钱，再帮大家赚，老百姓不会这样支持你。村里这么多双眼睛看着你，群众监督着你，你必须把村民的利益放在第一位，凡事先想到别人，以身作则，才能获得最大的理解和支持。最终老百姓回报你的，绝不是你赚的那点钱所能替代的。"余留芬说。

现在，岩博村的集体资产已经达到 9200 万元，人均年收入达到 2.26 万元，乡亲们都住上了楼房、开上了小汽车。余留芬的下一步计划是打造一条完整的产业链，使产品走向更大的市场，让企业建立现代化的制度，同时带动更多周边地区脱贫。

在余留芬看来，贫困的原因大多是当地环境条件太差，村民虽然辛苦劳作，但付出和收获完全不成正比。在这样的地区，只要给予相应的政策、机会，勤劳肯干的人就会做得很好。

岩博村的巨大变化就是一个典型的例子。在政府的帮助下，贵州省最近 5 年减少贫困人口 818.9 万，贫困发生率下降至 4.3%。对于那些通不了公路、饮水困难的地区，政府还实行了易地移民搬迁、城镇化安置，彻底斩断了"穷根"。

"脱贫没有产业是不行的，光靠政府救济是不能持久的，贫困反弹的时候甚至更糟糕。只有建起产业，老百姓的信心、志气、智慧才会跟着起来。"作为全国政协委员，余留芬现在走的地方更多了，她希望脚踏实地地了解民情，倾听基层的声音，通过自己的努力，让国家知道老百姓还存在哪些困难和问题，寻找到解决的办法。

"如果我是一个只考虑自己利益的人，肯定走不到今天。人这一生不是非要做惊天动地的大事，但老百姓打动我的点点滴滴，常常让我有种奋不顾身的动力，觉得即使付出一切也是值得的。"余留芬说。

文 / 尹洁

"改革先锋"胡福明：

用文章拉开思想解放的序幕

胡福明，1935 年出生于江苏无锡，1962 年起在南京大学任教，是《实践是检验真理的唯一标准》一文的原作者。历任江苏省委宣传部副部长、部长，省委常委，省委党校校长，江苏省政协副主席等职。2001 年退休。

2018 年 12 月 18 日，党中央、国务院授予胡福明同志"改革先锋"称号，颁授改革先锋奖章，他获评真理标准大讨论的代表人物。2019 年 9 月 25 日，荣获"最美奋斗者"个人称号。

> 党的理论工作者，时时刻刻都不能停止学习和思考。
>
> ——胡福明

2018 年 5 月 11 日，是《实践是检验真理的唯一标准》一文发表 40 周年的日子。83 岁的胡福明，日程上排满了各个媒体的预约，算是用接受采访的方式来纪念了。他是一个踩准了时代节奏的人。40 年前，《光明日报》发表的这篇评论文章署名"本报特约评论员"，他就是这名特约评论员。

"那年回南京前，《光明日报》总编辑杨西光来看我，说文章的署名要用'特约评论员',那天就邀请我做他们的评论员了。"初夏的阳光撒在胡福明居住的江南小院里,这位"点燃解放思想导火索"的老人很快沉浸在回忆中。他说起话来还有江浙口音,激动时会身体前倾,抬起手来指向前方,一下又一下,像在敲黑板。有时用力吸一口烟,这个写理论文章时养成的习惯再也改不掉。转眼间,一位颤巍巍地走在小院里的老人不见了,他变回了40年前那个在嘈杂的筒子楼里提笔战斗的学者,在特殊年代里热血沸腾、敢说真话的斗士。

"我当过一次'反革命'了,这次可能更严重"

1978年5月11日,《光明日报》在头版重要位置刊发《实践是检验真理的唯一标准》,新华社当天通稿转发;12日,《人民日报》《解放军报》全文转载;13日,又有多家省报转载。一场关于真理标准问题的大讨论以不可阻挡之势在全国展开。

这个时间,离胡福明最初酝酿稿子已经过去了一年多。

这一年多的辗转难眠、矛盾担忧终于随着稿子的付印,融进了推动时代前行的洪流。"1977年3月的时候,我下定决心要写这篇文章。""为什么是3月才决定呢?我告诉你,这是自我斗争了一个多月的结果。"历史在胡福明的讲述里铺陈开来——当年2月,"两报一刊"(《人民日报》、《解放军报》、《红旗》杂志)同时发表社论《学好文件抓住纲》,提出"两个凡是"。

正在南京大学哲学系任教的胡福明敏锐地读出了问题:"我感觉不对,我们要高举毛主席理论旗帜,但不能这么教条。"刚刚经历了"文化大革命"的胡福明担心社会退回那个年代,他想写文章反驳"两个凡是",但又不太敢,"当时思想斗争很激烈"。这种"不敢",在胡福明身上其实很少见,他在南京大学是出了名的敢说敢写。1976年10月,南京大学召开揭批"四人帮"的大会，他第一个站起来发言；在那年创办的南大学报上，他一期接一期地发表文章，第一篇就是《评张春桥〈论反对资产阶级全面专政〉》，那时张春桥还没有被审判，社会上流传着"张春桥的文章不能批判"的说法，但胡福明才不管这些。

"我是学新闻出身的，知道'两报一刊'社论代表的是中央主要领导的声音。我要是公开反对'两个凡是'，被扣上了'反党反中央'的帽子，是不是要坐牢？要杀头？"带着这样的担忧，胡福明自己和自己一次次争辩。他既不敢和同事讨论，更不敢告诉家人。"我'文化大革命'期间当过一次'反革命'了，劳改了好几年，这次要是写文章，可能更严重。我怕连累别人，怕被打成'反革命'。"

挣扎了一个多月，"写"的一方总算是占了上风。"我是一个理论工作者，如果没发现'两个凡是'的唯心主义问题，那还情有可原；但是发现了却不说，那不是跟我坚持的马克思主义相悖了？"这也像一个真理越辩越明的过程，他逐渐坚定起来，最后决心"坐牢也要写"。

"如果直接反对'两个凡是'，没有哪家报刊会发表，那就起不了作用，所以要迂回一点。"最后，胡福明找到"实践是检验真理的标准"这个论点，"这是马克思提出来的，毛主席多次强调过"。

"我要是坐牢了，你们给我送牢饭"

胡福明定了文章标题，就叫《实践是检验真理的标准》，大纲是在医院走廊里写的。当时妻子生病住院，他每晚都在医院陪护，带来一摞书和资料，在走廊上搬一条长凳当书桌，借着昏暗的灯光一条条查理论依据。到妻子出院时，他已经查到了上百条理论论述，写出了2000多字的提纲。

"你看，这就是当时用到的资料。"胡家的客厅里，进门处是一张老书桌，上面摆满了各种理论书籍，他指着颜色发黄、纸张变脆的那一套《马克思恩格斯选集》告诉记者，那是当年用的最多的资料。翻开书，扉页上印着 1966 年出版。

写稿是在酷热的 7 月。筒子楼里一层住了七八户人家，加上放暑假了，孩子们在楼道里打闹，环境拥挤嘈杂。但胡福明越写越清醒，8000 多字的初稿十来天就写完了。8 月，他把稿子修改了一遍，"感觉自己在战斗，特别有干劲"。9 月，稿子寄给《光明日报》编辑部哲学组组长王强华。认识王强华是在年初的一次理论研讨会上，两人很多观点不谋而合，王强华当时就向胡福明约稿，说内容不限，时间不限。因此，《实践是检验真理的标准》写完后，胡福明第一个想到的就是寄给他。一同寄去的还有一篇批判江青的文章。

"我当时对这篇文章其实不是很有信心，打算了要坐牢的。"稿子投出去，4 个月没有回音。胡福明一直忐忑不安，不知道会发生什么，直到 1978 年 1 月 20 日，王强华回信寄来一份清样，排的是《实践是检验真理的标准》，信上说"关于江青的那篇文章就不发表了，这一篇请做如下修改"。大意是要修改得更温和，避免被人抓住小辫子。通过往来信件，胡福明又对稿子作了两三次修改，到了 4 月，仍然没有发表。王强华在信里的口风却转向了。"说要改得更有战斗力，这我就摸不着头脑了！怎么定这个调子？"胡福明于是回信告诉王强华，月底要去北京参加研讨会，到时再讨论。

到北京的当晚，王强华就来招待所把胡福明接到光明日报社，直接去了总编辑杨西光的办公室。等在办公室里的还有《光明日报》理论部主任马沛文和中央党校理论研究室的孙长江。杨西光拿出一份报纸清样，是原本要在 4 月上旬刊发的副刊文章《实践是检验真理的标准》，说："今天请各位过来，是讨论这篇文章如何修改，作者也来了，大家说一说吧。"

当时，各个领域的拨乱反正正逐步展开，但在涉及指导思想方面的根本问题时，几乎都同"两个凡是"的方针发生了尖锐冲突。就在这一年3月底，《人民日报》发表评论《标准只有一个》，提出真理的标准是社会实践，收到的读者来信大多数还是反对这一观点的。杨西光在看到《实践是检验真理的标准》一文时，认为这是一篇重要文章，决定改在头版发表。

那天晚上的讨论定下两点，一是文章要更有战斗性，二是在语言上要更稳妥。胡福明又开始修改稿子。光明日报社上午派人送来清样，晚上改完拿回去，第二天又送来新的清样和修改意见……这个反复修改的过程，让同住一间房的另外三位理论工作者也都知道了胡福明的这篇稿子。"他们看后都表示支持，但是也都知道这个稿子是有风险的。我当时跟他们说：'我要是坐牢了，你们给我送牢饭。'他们说'一定送'。"

但胡福明还是担心。他去人民日报社见朋友时带上了稿子。当时的《人民日报》理论部主任何匡看后当即表示："《光明日报》如果不发，我们发！"听到支持的声音，胡福明心里又安定了一些，语气轻松起来："他们是要发的。"

研讨会结束后，胡福明住到了光明日报社招待所，继续修改稿子。杨西光两次前去看望。第一次，杨西光表明自己的立场，坚定支持拨乱反正；第二次，杨西光告诉他，文章要请中央党校的同志帮助修改，由胡耀邦同志审定。

"五一"前夕，胡福明把自己改的最后一版《实践是检验真理的标准》交给《光明日报》，然后就回南京了，他已经归心似箭。

十几天后，他收到了光明日报社寄来的报纸，文章刊发在11日的报纸头版重要位置，在自己交去的版本上做了一些修改，标题加上了"唯一"二字。他不敢张扬，把报纸放好，继续工作。

但春雷已响彻大地。《实践是检验真理的唯一标准》犹如一枚重磅炸弹，引爆了真理标准问题大讨论。在讨论初期，很多人还没有从思想禁锢中走出来，对这篇明显反对"两个凡是"的文章大为恼火，其中不乏中央领导同志。有人对胡福明说："你已经卷进中央的斗争了。"但身在南京的胡福明没有感觉到："我当时没有听到什么消息，都是后来听说的。"他"后来听说的"消息包括《人民日报》转载此文后被说是"砍旗"，有中央领导同志批评胡耀邦和杨西光等。

"不过，小平同志在6月份就公开支持这篇文章了。"其实是5月30日，邓小平在准备全军政治工作会议上的讲话时，和一些同志谈道："现在发生了一个问题，连实践是检验真理的标准都成了问题，简直是莫名其妙！"6月2日，全军政治工作会议召开，邓小平在讲话中着重阐述了毛泽东关于实事求是的观点，并且号召大家："我们一定要肃清林彪和'四人帮'的流毒，拨乱反正，打破精神枷锁，使我们的思想来个大解放。"

改革开放的春风即将吹遍大江南北。

"我经历过动乱，知道一定要改弦易辙"

采访中，胡福明一再说："这篇文章不是我个人的成果，是集体智慧的结晶，是时代的产物。"时代是思想之母，唯有时代能诠释他的一生所为。

1935年，胡福明出生在江苏无锡的一个贫苦农家。因为战乱和家境贫寒，他小学几次中断学业。1949年，他加入中国新民主主义青年团（共青团的前身）；1955年，不满20岁的胡福明加入中国共产党；1956年他考入北京大学新闻系，不久进入中国人民大学哲学研究班学习；1962年毕业后，被分配到南京大学任教。

"先干了一年辅导工作，1963年开始给学生上课，讲毛泽东思想。"当时的南京大学有3000多名师生，1966年，学校决定在溧阳建新校区。胡福明和其他300多名师生一起，拉着10辆板车，带上全部家当，往200多千米外的溧阳出发。师生们走了三天，到了杂草丛生、荒芜一片的新校区，边建校边上课。没通电，胡福明就带着学生去20千米外的镇上拉电线杆，小板车一次最多拉回两根，得十来个人轮流拉车。"每去一趟，就浑身湿透。"那是1月，天还很冷。拉完电线杆，又继续拉砖头、木头，把校舍一点一点盖了起来。

在溧阳的山丘里，胡福明几乎没有感受到"文化大革命"前风雨满楼的气氛。当年6月2日，他在镇上听广播里说北京大学贴出了第一张大字报，批判北大党委。"听了就听了，也没当回事。"可回到学校一看，大字报也贴上了，批判校长匡亚明走修正主义路线。他仍然没有预计到即将刮起的风暴，晚上开会还发言支持匡亚明，说"匡校长执行的是毛主席的路线，搞半工半读就是要培养为工农兵服务的革命事业接班人"。没多久，他就被打成了站队匡亚明的"黑帮"，南京和溧阳的校园里都有"打倒胡福明反革命分子"的大字报。

"那时候我女儿不到3岁，被人骂'黑崽子'。家被抄了好几次，讲稿全被拿走了，书也没剩几本，晚上偷偷摸摸去操场捡回来几本。"有一次，胡福明脖子上被挂上黑板，拉到操场批斗。"黑板上面不是麻绳，是铁丝，黑板蛮重的呢！脖子上让铁丝勒出的红印消不掉，晚上就拿热毛巾敷一敷。"

胡福明自认为不是受迫害很严重的人，"我是贫下中农出身，被批得少"。他一直在思考，1976年"文化大革命"结束，他认为是改弦易辙的时候了。

"我经历过动乱，知道一定要改弦易辙。""作为知识分子，我可以拿什么战斗？只能拿手中这支笔！"从1976年开始，他就不停地撰写理论文章，向各大报刊投稿。在《实践是检验真理的唯一标准》发表之前，他已经有不少支持拨乱反正的理论文章在《人民日报》等报刊发表。

而后，他的人生也被这篇文章影响，组织部多次找他谈话，要调他到党委政府工作，但都被他拒绝了。直到 1982 年，调令下来，他才恋恋不舍地离开南京大学，走进党政机关，先后任江苏省委宣传部副部长、部长，省委常委，省委党校校长，江苏省政协副主席等职。

这些年，他亲历改革开放，见证了神州大地焕发生机的过程，"社会各个层面都充满活力，这是前所未有的"。这些变化，让他常常有一种幸福感。如今，已经退休多年的胡福明仍然每天读报。习近平总书记在纪念马克思 200 周年诞辰大会上的讲话全文，被他用二号字体打印出来，放在书桌上，那是他研读的最新一份讲话。"习总书记的讲话，提到马克思主义不是教条，而是行动指南，必须随着实践的变化而发展。你们年轻人，要好好学一学……"说这话时，胡福明像是站回了讲台，开始讲授马克思主义。

人生暮年，再回顾 40 多年前的那个节点，一切好像都暗含危险，一切又都顺理成章。胡福明在关键时刻写下了一篇关键文章，点燃了思想解放的导火索，给蓄势前行的时代加了一把力。这样的人生，才不负时代。

文／张丹丹

海尔创始人张瑞敏：

颠覆创新，凡墙皆是门

张瑞敏，男，汉族，中共党员，1949年1月5日出生于山东莱州，连续当选第十六届、十七届、十八届中央委员会候补委员。现任海尔集团党委书记、董事局主席、首席执行官。

张瑞敏创建了全球白电第一品牌海尔，因其对管理模式的不断创新而受到国内外管理界的关注和赞誉。世界一流战略大师加里·哈默评价张瑞敏为互联网时代CEO的代表。

2018年12月18日，党中央、国务院授予张瑞敏同志"改革先锋"称号，颁授改革先锋奖章，他获评注重企业管理创新的优秀企业家。2019年9月25日，荣获"最美奋斗者"个人称号。

> 在否定别人之前先否定自己。
>
> ——张瑞敏

从集体小厂到国内家电第一厂家，海尔主要是抓住了改革开放的机会；从中国名牌到世界名牌，张瑞敏决心大刀阔斧"再造海尔"。

张瑞敏，共和国的同龄人。海尔，改革开放中成长起来的民族企业。

张瑞敏和海尔的过去与未来，某种意义上也折射出中国当代企业家和民族企业的发展与命运。

在美国金融危机波及全球，中国企业出口受挫，民族品牌屡遭并购的背景下，久未在媒体露面的张瑞敏接受了本刊独家专访。他说："全球化战略的道路崎岖坎坷，但却是中国民族企业的唯一出路。"

永远"自以为非"

1984 年，海尔是亏空 147 万元的集体小厂。2007 年，海尔全球营业额达到 1180 亿元，连续 6 年居"中国最有价值品牌"榜榜首。这个奇迹的背后，隐含着怎样的成功秘诀？张瑞敏说，其实既简单又艰难——就是永远能够自我否定，越成功就越要"自以为非"，而不是"自以为是"。

20 世纪 90 年代初，国内家电市场异常红火，海尔跻身全国首届"十大驰名商标"，一张海尔冰箱票在厂门口被卖到 1000 多元。张瑞敏却冷静地提出："每一个成功者的背后都潜伏着失败的危机。要想长盛不衰，只有学'不死鸟'，自我革新，再赢一次。"于是，在光卖冰箱就能挣大钱的时候，海尔率先打破单一产品模式，进军洗衣机、空调、电视等家电市场；在成为中国家电第一品牌，很多人看来可以高枕无忧的时候，海尔又提出打造世界名牌的目标，率先启动全球化战略，把工厂办到了美国。

这么多年，张瑞敏养成了习惯，越是在海尔发展非常顺利的时候，越是别人都说海尔已经很好了的时候，他就越在思考，下一步的挑战在哪里？下一步的困难在什么地方？他相信，市场和体育赛场一样，所有的第一名都是被自己打败的。

在大家都感觉良好的时候，还要"自以为非"，挑毛病找困难，张瑞敏也时常感到很困惑。"你可能找不准下一步的方向，你会受到很多的质疑。

特别是理想中的正确结果还没有出现之前，你要承受很多压力，这个努力的过程很痛苦。"

要么成为世界名牌，要么死掉

2000 年 3 月，海尔美国电冰箱工厂在美国南卡罗来纳州开姆顿市正式投入生产。建厂后 3 年内，海尔在美国的年销售额增长了 8 倍，达到 2.5 亿美元。2007 年，海尔美国的销售额达到 6.5 亿美元。截至 2006 年底，海尔是美国市场上最大的小冰箱、公寓冰箱和酒柜厂商，分别占据美国 50%、20% 和 60% 的市场份额，也是美国第三大空调厂商，占据 20% 的市场份额。

2005 年底，海尔正式启动全球化品牌战略，引来不少质疑和非议。有人怀疑海尔是否具备了走向世界的实力，还不如在国内发展，或者到农村去；有人提出国际化应该通过并购等成本更低的方式实现。张瑞敏却坚定地说，打造世界名牌是海尔没有选择的选择。在全球化市场中，企业只有两类——食肉的和食草的，后者迟早要被前者吞掉。可口可乐的老板来中国考察市场，就对身边人提出："为什么不让门口卖茶叶蛋的老太太，也卖可口可乐？"跨国企业的触角已然伸向全球每个角落。从美国到欧洲到亚洲，从城市到郊区到农村，无论在哪里，海尔都会遇到惠尔普、西门子、菲利浦这样的跨国企业，竞争无从躲避。选择只有两个：要么成为世界名牌，要么死路一条。

在利润薄如刀刃的全球家电市场，面对几十年甚至上百年发展历史的国际级竞争对手，后来居上又谈何容易？张瑞敏曾在美国的商场里与客户沟通。"喜欢海尔的产品吗？""还不错。""认可吗？""认可。""会买吗？""不会。""为什么？""因为 GE、惠尔普这些牌子，从我奶奶辈就开始用了，为什么要相信海尔？"这就是海尔面对的困境。打造品牌没有捷径可走，必须千方百计赢得客户的心。在美国，海尔从接受新事物相对较快的学生冰箱市场切入，目前占有率已达50%，居第一位。

今天的海尔，全球销售网络遍布160多个国家，拥有61个贸易公司、8个设计研发中心、29个制造工厂和16个工业园。当国内很多企业因为出口放缓而备受压力甚至濒临倒闭时，海尔在美国的工厂，已经在为当地市场生产附加值较高的产品，弥补了出口减少的损失。

打造世界名牌的路还很长，但理想从来都很坚定。张瑞敏这样描述海尔的世界名牌战略："有一天，当你无论走到全世界哪个地方，人们都会说：海尔，我知道，这是一个著名的品牌。这就够了。"

脱胎换骨"再造海尔"

与世界一流的企业竞争，需要打造世界一流的企业。在张瑞敏看来，海尔过去的成功，不是因为企业本身很优秀，而是因为抓住了改革开放的机会。现在要走向全球市场了，就必须从企业自身入手，对流程、组织和人才管理进行大刀阔斧的改革，"再造"一个海尔。全面重塑，脱胎换骨！

谈及"再造"以来的进展，张瑞敏并不讳言困难重重。最大的难点在于改变人的观念。过去海尔高速发展，有很多成功案例，甚至被国外商学院当成教学案例。很多人都认为，海尔只要按照过去成功的办法做下去就行了，让人们放弃过去被证明是成功的做法，并非易事。张瑞敏亲自为集团的高层进行战略理念上的培训辅导，集团整体也进行自上而下的逐级辅导。

在吸收日本和欧美企业管理精髓的基础上，海尔推行"人单合一"的全新管理模式。单，狭义上是订单，广义上是目标。即企业为每个员工创造一个特定的环境，使其在这个空间里有创新的价值；每个人和自己的工作目标，都能一一对应结合；每个人变成一个小的经营体，既相对独立又目标明确。为数万人的企业建立这样精细的管理流程，工程之艰巨可想而知。

流程再造、组织再造、人的再造，张瑞敏把自己定位成"造钟师"。他要把海尔打造成一部精密的机器，依靠一套有效的机制，使企业能够有序有效地运转，在正确的时间做出正确的决策。他不希望再做"报时人"，靠少数人的感觉，带领企业抓住机遇。他很欣赏管理大师德鲁克的话："真正管理好的企业，总是单调乏味，没有任何激动人心的事情发生。"因为一切已经有条不紊。

从小池塘游向大海

作为共和国的同龄人，张瑞敏身上有种特殊的使命感和责任感。在中学接受的爱国教育和忠诚教育，对于一个少年来讲，一生影响都很大。在社会最基层的经历，曾使他很困惑，也给他很多思考。那段"从下往上看"的经历，时时告诫着今天的张瑞敏，不要去做那些从前自己被管理时，认为很荒唐可笑的事。

改革开放给张瑞敏和许多中国企业家创造了难得的发展机遇。他说："没有改革开放这个温度，再好的鸡蛋也孵不出小鸡儿来。"但今后，将是一个更大的挑战。"做得好，就把前40年改革开放的成果发扬光大；做不成，就会前功尽弃，重归于零。"对过去，张瑞敏心怀感激，但过去的都已经过去，未来任重道远。

美国《财富》杂志曾撰文报道《中国海尔的威力》，高度肯定海尔成绩的同时，评价其仍是"小池塘中的大鱼"。这句评价张瑞敏一直记在心里。

他深知，在经济全球化的大潮中，不可能再有安享小池塘美景的幸福时光，要么游向大海，要么被淹没、被吃掉。

张瑞敏和海尔，早就确立了海一样宏伟的目标，所以，能够敞开海一样宽阔的胸怀。这胸怀，包容了从小池塘游向大海所经历的痛苦和艰难；这胸怀，承载着有朝一日领略大海无限风光的光荣与梦想！

文 / 谢湘

歌唱家王昆：

用歌声陪伴人民走过 70 年

王昆，著名歌唱家，河北唐县人，生于 1925 年，曾任东方歌舞团艺术委员会主任、团长、党委书记。王昆曾在歌剧《白毛女》的首场演出中扮演喜儿，代表作有《秋收》《夫妻识字》《农友歌》等。曾带领东方歌舞团创造辉煌。2014 年 11 月 21 日去世，享年89 岁。2019 年 9 月 25 日，荣获"最美奋斗者"个人称号。

> 艺术家最重要的是能打动人心。
>
> ——王昆

最初知道王昆老师去世的消息，是在微信群里。我们这些王昆老师的学生有一个微信群，近年来她的身体一直不太好，犯过脑出血，做过心脏搭桥手术，这次的病情又比较严重，所以我们都在密切关注着老师的情况。大家都在祈祷能有奇迹出现，可最后还是收到了噩耗。直到现在我还不能接受这个事实。一直以来，她是那么坚强、那么乐观的一个人，对我来说，她就是一座山，是一棵大树，我从来没想过她会倒下。

"你就大大方方地站在舞台上"

1980 年，我 13 岁，进海政歌舞团才一年。有一次，在去表演的列车上，初次与王昆老师结缘。当时我们团里有一位曹丽阿姨对我说："王昆老师也在这辆车上，我带你去见见她吧。"我记得见到王昆老师后，我给她唱了《弯弯的小河》《小螺号》。她是搞民族音乐的，而我唱的是流行歌曲，起初我还担心她会不喜欢。可她对我说："唱得不错，很有感情。在你们那儿不能唱这种流行歌曲吧？想不想到我们这儿来？"

我高兴坏了。那时候中国的流行音乐才刚刚开始起步，我因为唱了一曲《小螺号》，受到争议："一个 13 岁的孩子，怎么可以唱这种歌？"《小螺号》被批成是"靡靡之音"，我也受到处分，在海政两年内不能唱歌。幸亏我还有二胡这个专业，因此得以继续留在舞台上。而王昆老师所在的东方歌舞团是当时全国首屈一指的艺术团体，是由周恩来总理在 20 世纪 60 年代初一手抓起来的，经常代表中国在全世界演出，那可是文艺界的一支先锋部队啊。

具体的调动过程却很艰难。王昆老师、李谷一老师还有画家李苦禅都曾帮我出了不少力。1983 年，我去了东方歌舞团，但还是风波不断。因为参加一些演出触犯了规定，受到媒体的指责，还被人告到了上级主管部门。我又将面临停演，甚至更严重的处分。

那时候幸亏王昆老师站出来为我说话："对于一个 16 岁的孩子，为什么这样攻击？不能扼杀人才。我不同意她停演。"这些事情我也是后来才听说的。她为我站到了前台，默默地把很多事情替我挡掉了。她对我说："你的唱法，你的作风，没有让任何人抓住把柄，你就不要怕。你就大大方方地站在舞台上，不要扭扭捏捏。"王昆老师就是我的一个保护伞。

"差一星半点儿都不行"

那时我经常吃住在王昆老师家。她家在外交部的一个楼里。她的先生周巍峙曾任文化部（现中华人民共和国文化和旅游部）副部长，是一位了不起的音乐家，《中国人民志愿军军歌》就是他写的。就在王昆老师病逝前两个多月，他刚刚去世。他们是文艺圈里的模范夫妻。在1964年上演的大型音乐舞蹈史诗《东方红》中，周伯伯担任指挥，王昆老师则是《农友歌》的演唱者，他们共同成就了一代人心目中的"东方红"记忆。

他们两口子都是一心扑在音乐事业上。有人找上门，只要跟音乐有关系，不管你是不是熟人，他们都会坐下来耐心地听你讲，然后尽可能地去帮助你。所以家里经常是宾客不断。

虽然夫妻俩都是大名鼎鼎的艺术家，但王昆老师家中的陈设却很朴素。她家离东方歌舞团有点儿远，听完课，她总留我吃饭、住宿。多年以后，我去看她，向她请教一些问题，结束后还是很自然地在她家吃饭，在她家留宿。昨天我还去了，在小圆桌旁坐下来，可是身边已没有了老师。对我来说，这个世界最重要的一部分已经离开了。

在专业上，王昆老师对我是非常严格的。我跟她学声乐，她对我说："你二胡也不能丢。"她认为练乐器就是练基本功，二胡的内涵，有助于我对歌曲的理解。她还经常督促我练声。可以说，多年来我音乐上的自信和底气都是她教导出来的。

她自己更是勤奋。快90岁了还在练声，一开嗓，声音仍然能够轻松地唱很高。多年来，她一直在研究唱法，研究怎么运用气息。为此，她练气功、练太极，这些都是为了更好地唱歌。另外，她的真假声转换非常巧妙。我原来以为这种唱法只适合运用在歌剧或民歌上，但王昆老师告诉我，在唱流行歌曲时也完全可以用。

后来我出国学音乐，才知道王昆老师在专业上如何了不起。她的教学方法跟一位美国老师差不多，甚至还要更棒。这位美国老师曾教过迈克尔·杰克逊、惠特尼·休斯顿和麦当娜等巨星。

对待每一个节目、每一个音，她都一丝不苟。很多年后我才发现，原来老师的这种精神，也多多少少地留给了我。我经常为了一个音在那儿纠结半天，录音师和乐手被反复折腾，都抱怨我怎么这么烦。有一次我的乐手说："差不多了吧？"我脱口而出："差一星半点儿都不行！"然后我意识到这正是当年王昆老师对我说的话。在她看来，艺术里面揉不进一粒沙子。

艺术最重要的是能够打动人心

1987 年，我去了广东。算起来，我在东方歌舞团一共也就待了 4 年，但那却是我最受关注、最被大家认可的时期。我印象中的东方歌舞团，就像一个温暖的大家庭。这很大程度上也归功于王昆老师。

在团里，做什么事情都是大家一起，我们经常坐在一起上大课，如果要排练一台节目，我们就被拉到郊外的某个地方去集训一两个月，之后的演出特别严谨。东方歌舞团应该是那个时代最严谨认真的文艺团体，所以也出了很多人，郑绪岚、远征、成方圆、朱明瑛、索宝莉、牟玄甫……但那时候不存在什么"大腕"，谁在台上当主唱，另外的人就当伴唱，团结互助，风气特别正。

所有的优良传统，正是王昆老师这位从大时代走过来的艺术家传承给我们的。12 岁时，她就跟着姑姑和堂姐参加了妇女抗日救国会，成为当时最年轻的妇救会干部。14 岁时，因为有一副好嗓子而被吸收进西北战地服务团。那时，她经常坐着毛驴去给人唱戏，在乡间土台子上用《松花江上》

《大刀进行曲》等歌曲，动员人民参加抗战，唱完后两个红鸡蛋就是她的报酬。1945 年，她从延安鲁迅艺术学院戏剧音乐系刚毕业，就担当主角，饰演民族新歌剧《白毛女》中的喜儿。

从延安到华北解放区，从抗日战争时期到解放战争时期，又到新中国成立，王昆老师的一生，都在追求朴实的音乐风格。她经常说，音乐一定要和老百姓贴近，唱出他们内心的东西。1964 年，演唱大型音乐舞蹈史诗《东方红》中的《农友歌》时，王昆老师在其中编入了湖南民歌的风味。毛泽东说她的表演"很有当年湖南妇女的革命气魄"，周恩来也曾在多种场合赞叹地说："王昆是 20 年前的'白毛女'，20 年后的'农友歌'呀！"

生活中的她崇尚朴素大方，一点儿都不做作。有一次，我送她一条毛领围巾，还被她说了一顿，她不喜欢毛茸茸的东西，也不喜欢戴项链，觉得这些东西很俗气。

王昆老师是从革命老区、从抗战烽火中走过来的人，但她没有停留在那个时代。这一点我觉得太了不起了。她不拘一格降人才，评价艺术的标准，从来不拘泥于形式，她认为艺术最重要的是能够打动人心。她总是站得比别人高，很早就知道不能保守，思想要开放。

她鼓励我们去创新和突破，希望我们多发扬民族文化。在王昆老师任团长之前，东方歌舞团一直以舞蹈表演为主，后来，她力推歌曲表演，把民族唱法和美声唱法、通俗唱法相结合，推动一种"百花齐放"的局面出现。我唱流行歌曲比较多，但她也教我唱了《风筝》等民歌，还把传统戏曲改编成歌曲在舞台上表演。比如让我唱我们家乡的豫剧选段《谁说女子不如男》；索宝莉、牟玄甫的《夫妻双双把家还》，也是王昆老师对传统黄梅戏选段进行了现代艺术改编的成果；还有朱明瑛的《回娘家》《紫竹调》等，反响都很好。

但有时，她也要顶着很大的压力，甚至有人把她称为引进流行音乐这种"靡靡之音"的"罪魁祸首"。在东方歌舞团策划的"让世界充满爱——百名歌星演唱会"上，王昆老师说服了持反对意见的人，为崔健和他的《一无所有》放行。也正是由于王昆老师的坚持，中国本土摇滚才能发出第一声呐喊。

她就是单纯地热爱音乐，没有私心。回想起来，那时我曾不止一次惹老师生气，可能在这些徒弟里，我是比较不省心的一个。那时候，她经常跟我说我还太小，不能涂指甲，不能抹口红，不能谈恋爱，多花些精力在专业上。可那时候我想法特多，个性又强，我行我素。多年以后，我去看她，她说留了一本东西给我。我拿过来一看，是我那时候的一本相册，她一直保留着。她说："我知道你会回来的，回来时我就告诉你最珍贵的是什么。"

2009年，我在家乡洛阳开演唱会，她80多岁的人了，腿又不好，坐着轮椅千里迢迢飞过来。我写过一首歌《比金更重》，在歌曲MV里，有个镜头，就是那次她坐着轮椅上台来拥抱我。"你付出的一切，比金子更重。"歌词也表达了我对她的敬意。

王昆老师成长于艰苦年代，从来没赚过什么演出费，但她一生都觉得骄傲，因为国家和人民给了她一种尊严。她不喜欢现在艺术和商业结合得那样紧密的现象。对她来说，音乐最重要的是给人一种无形的力量，是无法用物质和金钱来衡量的。她就是那样的人，对物质什么的不感兴趣，但一说到演出、唱歌，精神头就来了。所以我说，她是一个真正的艺术家，像一团火，由着自己的天性去燃烧，照亮周围的一片天，也照亮了我们许多人的内心。

程琳口述　赵晓兰整理

"农民企业家"鲁冠球：
胆量和勤奋是成功的基石

鲁冠球（1945年1月17日—2017年10月25日），男，汉族，中共党员，出生于浙江省萧山区。曾任浙江万向集团董事局主席兼党委书记，中国乡镇企业协会会长，浙江省企业联合会、企业家协会会长，党的十三大、十四大代表和九届全国人大代表。

2018年10月，被中央统战部、全国工商联推荐为改革开放40年百名杰出民营企业家。2018年12月18日，党中央、国务院授予鲁冠球同志"改革先锋"称号，颁授改革先锋奖章，他获评乡镇企业改革发展的先行者。2019年9月25日，荣获"最美奋斗者"个人称号。

> 我们只有踏踏实实地干，一切都是干出来的。
>
> ——鲁冠球

去世前，他对儿子说，我每天工作16小时，按常人8小时计，我已经活过120岁了，才有今天。

10月底的杭州，钱塘潮水不再汹涌，满城丹桂已然凋落，空气中有了瑟瑟寒意。清晨的寒气还未褪去，萧山区万向路的街头，已经乌压压挤满了人。他们有的是万向的职工，有的是附近的乡邻，有的专程远道而来，集聚在万向的小礼堂前。鲁冠球的追悼会就在这里举行。

2017 年 10 月 25 日，中国改革开放第一代民营企业家代表人物之一，万向集团创始人鲁冠球在杭州萧山的家中溘然长逝。霎时，网络上怀念他的文章铺天盖地。有人说，一个时代落幕了。鲁冠球对于这个时代意味着什么？他何以赢得致敬和致哀？记者来到这片他生活了 70 余年的土地，试图找寻一些答案。

"中国农民的一线希望"

萧山位于钱塘江南岸，与杭州主城一江之隔，其所处的长江三角洲南翼是中国县域经济最活跃的地区之一。鲁冠球生于斯，长于斯，尽管生意已经做到了大洋彼岸，他却从没有搬离这片土地。如今的萧山，已到处盖起高楼大厦，而他与妻子仍住在一幢 1983 年修建的农家小楼中。

与鲁冠球打过交道的人，无一不对他那浓浓的萧山乡音印象深刻。第一次接受打造"中国百富榜"的胡润访问时，鲁冠球带了两个翻译，一个先把他的萧山话译成普通话，另一个再把普通话译成英文。这个细节，是对鲁冠球自我定位的最佳诠释，"我是一位从乡野走出来的农民企业家"。

农民，曾经是鲁冠球渴望摆脱的身份，最终却成为他贴了一生的标签。

鲁冠球出生于宁围童家塘的乡村，不到 9 岁就开始干农活，真正尝过"面朝黄土背朝天"的滋味。"靠天吃饭不保险，我以后要当工人赚钱！"15 岁时，读初中的鲁冠球选择辍学，经亲戚推荐到县铁业社当打铁学徒。没想到，3 年后就因人员精简而被打发回家。"工人梦"破灭了，他回到农村，干起修自行车的营生。还想当工人，怎么办？那就自己创造机会！鲁冠球踏上了创业路。1969 年，25 岁的他带领 7 个农民，用全部家当 4000元创办了宁围公社农机厂。

杭州电视台原频道总监朱永祥曾因一部电视系列片《8 个农民 20 年》，和鲁冠球有过一段时间的采访与交往。他告诉记者，1998 年正值改革开放 20 周年，当时鲁冠球的知名度就像今天的马云。在国外，他已经被称为"中国农民的一线希望""一位国家级英雄"。这部纪录片的主角是浙江土地上最富首创精神的 8 位"农民英雄"，鲁冠球是其中一员。

可在拍摄过程中，几位年轻的被拍摄对象对片名里的"农民"二字颇有避讳，强调他们已经不是农民了，希望不要再以"农民"相称。反而是在征求鲁冠球的意见时，朱永祥没想到他竟欣然接受："'农民'有什么不好？我本来就是农民！而且我就要在这里把企业做大，走向世界！"

万向前身作为乡镇企业，职工基本上都是当地的农民。创业不久，鲁冠球就从每年的利润中拿出一部分给村里、乡里办点实事。如今的万向，已从乡镇企业成长为跨国集团，旗下 4 家上市公司中有两家主业是农业。"我的追求就是要把写在田野上的这篇'大文章'——'让农民成为在精神上、物质上都富足的巨人'写下去，写好它。为此，我愿毕一生的精力。"如今看来，鲁冠球做到了。

"看到废品收购站就两眼冒光"

鲁冠球的创业史，也是改革开放一代民营企业家筚路蓝缕的缩影。

同为萧山企业家的开元旅业董事长陈妙林，与鲁冠球相识 40 多年，他对记者回忆，当时他还在萧山物资局工作，鲁冠球刚创业不久，凡是能赚钱的生意都愿意做。那个年代，物资紧缺，购买轴承等机械零部件，得拿旧零件去折换，但仍供不应求。鲁冠球从中看到了商机，拉着板车走十几里路上门回收旧轴承，拿到厂里修好之后再送回物资局销售。"我当时印象很深，这个人脑子太灵光了！既帮我们解决了难题，他也能从中赚到钱。"陈妙林说。逢年过节，鲁冠球还会给他和同事带包自家地里产的花生，"就一包花生，也算不上是行贿，但我们就觉得这个人情商很高"。

那个年代，乡镇企业没法获得与国有企业同等的待遇。厂里要生产，购买不到原材料，鲁冠球便蹬着三轮车过江，到杭州城里的国有企业捡人家用剩的边角料。后来他回忆："我一看到废品收购站就两眼冒光，为了收一点人家看不上的边角废料，我可以耐心地在门口等上半天。"

1979年，报纸上一篇题为《国民经济要发展，交通运输是关键》的文章让鲁冠球"嗅"到了中国汽车市场的巨大商机。1980年，他决定集中精力做汽车的易耗零配件万向节，厂子也正式易名为萧山万向节厂。刚开始，产品没有销路，他就背着产品去参加行业交易会，却因是乡镇企业被拒之门外。他不甘心，索性偷偷在会场门口摆起了地摊，以低于国营厂20%的价格出售自己的万向节，这才打开了销路。

20世纪90年代，卡拉OK兴盛，成了许多商人应酬的场所。朱永祥问鲁冠球去过吗，他说："我没有这个爱好的。我就是研究对策，怎么上新的项目、技术、产品。我从10万一天的利润到100万一天的利润，现在我在研究怎么赚1000万一天的利润。从100万到1000万，我要做多少工作啊。哪里来？谁会送给你？"他就像老农琢磨自家田里的稻子产量一样，埋头厂里琢磨着他的利润。

"别人一周工作5天，你就365天都不休息，尽心、尽责、尽力去做，一定能成功。"鲁冠球这样总结他的成功"秘诀"。他每天早上5点10分起床，在院子里收拾收拾小菜园子；6点50分到公司开始工作，晚上6点45分下班回家吃饭；7点准时收看新闻联播、焦点访谈；8点继续处理工作，9点开始看书看报，直至零点睡觉。一年中，他只有大年初一这一天在家吃午饭。

"父亲说，我每天工作 16 小时，按常人每天工作 8 小时计，我已经活过 120 岁了，才有今天。"追悼会上，鲁冠球的儿子鲁伟鼎泣不成声。

"因为相信而看见"

2017 年 7 月 8 日，是万向集团创立 48 周年纪念日。已在病榻上的鲁冠球依旧通过视频致了辞。他勉励万向员工要走出"舒适区"，从零开始，再立新功，要勇立潮头，做创造历史的勇敢者。短短几句话，是他对员工的鞭策，也是他这一生的总结。

鲁冠球虽然初中没毕业，却终生保持着学习的习惯。一位万向的老员工回忆道："鲁冠球是个天赋很好、非常敏锐的人，一个天赋这么高的人，仍然坚持每天阅读、学习四五万字的信息，我在万向董事局那些年从没见他停过一天。"直至弥留之际被隔离在无菌病房，鲁冠球还坚持让家人在病房里安装一台电视，以便他收看党的十九大开幕会直播。

在鲁冠球去世后，最让人们惊叹的就是，创业半个多世纪，他从没有停下创新的步伐，一刻也不曾落后于时代潮流。

万向在浙江乡镇企业中最早实行股份制。早在 1984 年，鲁冠球就提出通过吸收员工入股解决资金问题，并拿出家里仅有的 5000 元积蓄带头入股。1988 年，他率先实践乡镇企业与政府"政企分开""花钱买不管"，界定了与政府的产权关系。1989 年，万向成为"全国十家股份制试点企业"中唯一的乡镇企业。这为万向日后的成长壮大扫清了体制障碍。1991 年，鲁冠球成了继邓小平之后，又一位登上美国《新闻周刊》封面的中国人。

陈妙林还和鲁冠球有过一段"搭班子"的经历。1986 年，萧山县政府打算筹建企业化运营的萧山宾馆，委派陈妙林担任总经理，邀请宾馆股东之一的鲁冠球出任董事长。"鲁冠球当时就说，萧山宾馆必须实行董事会领导下的总经理负责制，不能搞从前招待所那一套，政府要少来干预。"陈妙林说，当时中国几乎没人知道董事会领导下的总经理负责制是什么东西，鲁冠球始终踏在时代的脚步上，"说起来，我真要感谢他，是他的强硬坚持，较大程度上限制了政府干预，给萧山宾馆的经营和后来转制成为开元旅业打下了好基础"。

尽管万向是以汽车零配件制造为主，但在鲁冠球心中，一直有个造车梦。"我这一代成功不了，我儿子也要继续！"他从 20 多年前就开始谋划布局，2002 年成立万向电动汽车有限公司，2015 年收购美国电动乘用车公司菲斯科……"烧钱"数十亿仍痴心不改。2016 年底，万向集团"年产50000 辆增程式纯电动乘用车项目"获批，成为全国第六家拿到独立新能源汽车生产资质的企业，"造车梦"初见成效。

"多数人是因为看见而相信，只有少数人是因为相信而看见。"马云说，鲁冠球就是这样的少数人。在他的一生中，正是无数次的前瞻、改革、坚持才让万向屡创"第一"，从乡野走向世界。

民营企业界的"不倒翁"

在中国改革开放 40 年的浩荡长河中，无数民营企业家创造了一个又一个传奇。与鲁冠球同时代的企业家，不少已在大浪淘沙中黯然退场，他却屹立不倒，被称为"常青树""不倒翁"。"有许多企业家，在一个企业居于高位几年、十几年之后，可能会高度膨胀，对企业失察，企业就会出现问题，原因就是他不够冷静，超越了自己的能力。"鲁冠球曾总结说。

鲁冠球喜欢钻研，但相比于"成功学"，他更乐于钻研"失败学"。研究过许多失败案例后，他得出结论：做企业，最难抵抗的是高利润的诱惑。

于是，他给万向设置了三条投资禁忌：暴利行业不做，千家万户能做的不做，国家禁止的不做。"扩张中不忘谨慎，谨慎中不忘扩张"，李嘉诚的这一经商之道也是他奉行的准则。

40多年来，尽管企业越做越大，鲁冠球却一刻也不曾松懈，始终把工作放在第一位。陈妙林回忆，"搭班子"期间，他经常需要向鲁冠球汇报工作。一次他正在鲁冠球的办公室里，恰逢省政府一个官员陪着某省的省委书记来万向参观。没想到鲁冠球跟秘书说，工作还没谈完，暂时没时间接待客人。"他不大玩'虚'的，也曾得罪了不少人，但做企业就需要这样的精神。"陈妙林说。

鲁冠球去世前，马云去医院无菌病房看望他，他还不忘叮嘱马云：浙商的存在是一个奇迹，一定要同心团结、互相搀扶。他去世后，郭广昌撰文追忆："每次向鲁老请教，与他交流，他都会毫无保留地把自己的经验甚至教训拿出来说，到现在都让我获益良多。"几十年来，对于身处困境的企业家，鲁冠球从不吝啬伸出援手。

万事利集团董事局主席屠红燕告诉记者，母亲沈爱琴创业初期就曾多次得到鲁冠球的帮助。1991年，当时的笕桥绸厂（万事利集团前身）想要引进国外的喷水织机，需要向银行贷款5000万元，数额巨大，银行规定必须有超过5000万元的抵押资产来担保。当时，杭州没几家资产超过5000万元的企业，沈爱琴就试着给鲁冠球打了电话。"鲁主席二话没说，从北京回来，下了飞机就直奔笕桥绸厂，在担保书上签了字。"

20世纪80年代红极一时的"改革先锋"、海盐衬衫总厂厂长步鑫生被免职后，鲁冠球曾在萧山宾馆开最好的套房款待他，并资助了一笔钱让他东山再起。因投资"水变油"项目轰动一时的陈金义失败负债后，也曾收到鲁冠球主动伸出的援手。"他对同时代那些企业家有一种惺惺相惜之情，这一点真的很值得我们敬重。"陈妙林说。

就在鲁冠球去世前 1 个月，9 月 25 日，《中共中央、国务院关于营造企业家健康成长环境弘扬优秀企业家精神更好发挥企业家作用的意见》下发，次日，鲁冠球即发表了感想文章。文中他回顾了自己的创业历程："回想我们这代人的创业梦，从被当作'资本主义尾巴'东躲西藏，到在计划经济夹缝中'野蛮生长'，再到改革开放中'异军突起'，以及全球化中无知无畏闯天下，可以说是跌宕起伏。"

"弄潮儿向涛头立，手把红旗旗不湿"，这位勇立潮头乘风破浪四十八载的农民企业家，见证了中国从一穷二白到世界第二大经济体的变迁，用一生实践了企业家精神。他说，战士的终点是坟墓。现在，他终于可以休息了。

文 / 王艺锭

"伟人之子"毛岸英:

抗美援朝路上的"第一个志愿兵"

毛岸英(1922年10月24日—1950年11月25日),本名远仁,字岸英,初名永福,湖南湘潭人,是毛泽东与其第一任妻子杨开慧的长子。

毛岸英于朝鲜战争时任中国人民志愿军司令员彭德怀的机要秘书,1950年11月25日,他牺牲在朝鲜战场上的美军飞机轰炸中,安葬于朝鲜平安南道桧仓郡的中国人民志愿军烈士陵园。

2019年9月25日,毛岸英荣获"最美奋斗者"个人称号。

> 我本人是一部伟大机器的一个极普通平凡的小螺丝钉……
>
> ——毛岸英

得知毛岸英牺牲的消息后,悲伤的毛泽东悄悄收好儿子的衣物,一藏就是20多年。

2010年10月25日,是中国人民志愿军抗美援朝60周年纪念日。60年前的这一天,中国人民志愿军打响入朝后的第一枪,拉开了抗美援朝战争的序幕。为了保家卫国,许多志愿军战士付出了年轻的生命,其中就有毛泽东的儿子毛岸英。

1950 年 10 月，中共中央作出抗美援朝的决策后，毛岸英主动请缨赴朝参战，成为中国人民志愿军的"第一个志愿兵"。在朝鲜战场上，他虽然只经历了短暂的 34 天，但他所代表的志愿军战士，已成为永远的历史记忆。为了纪念志愿军战士，中央电视台 10 月 20 日推出 34 集电视连续剧《毛岸英》，全面展现毛泽东与他"第一个志愿兵"儿子的故事。

毛岸英为什么要赴朝参战？在他生命的最后时刻，到底发生了什么？他牺牲后为何要长眠朝鲜？记者在中国和朝鲜两地展开调查采访，与读者一起回顾那段岁月。

"朝鲜人民永远不会忘记"

毛岸英的墓地，位于朝鲜平安南道桧仓郡。1957 年，中国人民志愿军和当地群众在桧仓城中心区的山腰上，建成了这个朝鲜面积最大、保存最完整的中国人民志愿军烈士陵园。

烈士陵园占地面积共 9 万平方米，安葬着包括毛岸英在内的 134 名志愿军烈士。陵园门口，朴实无华的石质大门上用中朝两国文字书写着"中国人民志愿军烈士陵园"。大门里面，是一段长长的台阶，共 240 级，象征着 240 万中国人民志愿军战士。陵园内有一个小广场，中心矗立着一座手握钢枪的志愿军战士铜像，高 14 米，在蓝天青山的衬托下，透射出中国勇士不畏险阻、勇往直前的英雄气概。铜像身后，就是 134 名烈士的墓葬。蓝天之下，一座座白色的圆形坟冢排列得整整齐齐，每座坟冢旁边都有一株中国东北黑松陪伴。当年幼小的黑松，如今已是枝繁叶茂、垂满松果。

最前面那座墓，就是毛岸英的长眠之地。墓碑正面刻着"毛岸英烈士之墓"；背面刻着："毛岸英同志原籍湖南省湘潭县韶山冲，是中国人民领袖毛泽东同志的长子。一九五〇年十一月二十五日在抗美援朝战争中英勇牺牲。毛岸英同志的爱国主义和国际主义精神将永远教育和鼓舞着青年一代。毛岸英烈士永垂不朽！"墓碑的旁边还耸立着他的半身石雕像，庄严而肃穆。

毛岸英去世后的 60 多年间，中国许多领导人和毛岸英的家人都曾来这里祭奠。1958 年，周恩来总理拜谒过烈士陵园；2006 年，毛岸青的夫人邵华，毛岸英生前的妻子刘思齐（1962 年更名刘松林），毛泽东的女儿李敏和李讷、孙子毛新宇等 30 人组成的毛岸英烈士家属团，前来祭奠；2009 年，时任国务院总理的温家宝也来到这里，纪念英烈。每年，中国驻朝鲜大使馆都会组织纪念活动，朝方也会派人参加。

当记者向前来祭奠的朝鲜人提起中国人民志愿军时，一些老人仍然激动不已，回忆起当年与志愿军并肩战斗的日子；年轻人也能说出几个志愿军将士的名字；而陵园的讲解员总会在最后说一句："朝鲜人民永远不会忘记中国人民志愿军的丰功伟绩……"

半岛战事紧

1950 年 6 月 25 日，朝鲜半岛爆发战争。几天后，美国派兵进行武装干涉。7 月 7 日，美国操纵联合国安理会，通过了组成"联合国军"的决议。随后，美国任命其驻远东军总司令麦克阿瑟为"联合国军"总司令，开始侵略朝鲜。

9 月 29 日，美国当局指令麦克阿瑟率军越过"三八线"向北进攻，占领整个朝鲜。10 月 1 日，韩国军队沿半岛东海岸地区，越过"三八线"北进。同日，美军发出了要求朝鲜投降的通牒。当天夜里，朝鲜领导人金日成致信毛泽东："在敌人进攻'三八线'以北地区的情况下，期望中国人民解放军直接出动，援助我军作战！"同日，毛泽东还收到了苏联领导人斯大林建议中国派部队援助朝鲜的电报。

与此同时，美国舰队进驻台湾海峡，军队进入台湾岛；美军战机甚至越过中朝边境，轰炸中国国土。中国东北地区的安全受到严重威胁。

经过紧张、反复的讨论和磋商，10月5日，中央政治局扩大会议达成一致，作出了组成中国人民志愿军"抗美援朝、保家卫国"的重大战略决策，并决定由彭德怀担任志愿军司令员挂帅出征。随后，毛泽东以中国人民革命军事委员会主席的名义，发布了组成中国人民志愿军的命令。

"第一个志愿兵"

1950年10月7日晚，毛泽东在中南海菊香书屋为彭德怀饯行，毛岸英作陪。彭德怀看着毛岸英说："岸英已经长成大小伙子了，真快啊！"毛岸英说道："彭叔叔，抗美援朝，上前线打仗可有我一份？"彭德怀笑着答道："好，有勇气。你这位参加过'二战'、打败过希特勒的坦克兵中尉，人不大，现代化作战经验还是蛮丰富的么！"

毛泽东指着毛岸英对彭德怀说："我这儿子不想在工厂干了，他想跟你去打仗，早就交上了请战书，要我批准，我没有这个权力，你是司令员，你看要不要这个兵？"彭德怀马上对毛岸英说："不行。去朝鲜有危险，美国飞机到处轰炸。你还是在后方，搞建设也是抗美援朝。"毛岸英恳求道："彭叔叔，让我去吧。我在苏联当过兵，参加过对德国鬼子的作战……"

彭德怀看了看毛泽东。毛泽东说："我替岸英向你求个情，让他到战场上去锻炼锻炼。岸英会讲俄语、英语，你到朝鲜，免不了要跟苏联人、美国人打交道，让他担任翻译工作。"毛岸英高兴地说："彭叔叔，我要在您的指挥下，做一个好兵。"

就这样，彭德怀答应了毛岸英的请求。实际上，他带毛岸英上战场，不仅仅是因为毛泽东的"求情"，更是为了满足毛岸英报效祖国的愿望。

1922年10月24日，毛岸英出生于湖南长沙。由于母亲杨开慧被捕入狱，他8岁那年就跟随母亲"住进"了牢房。杨开慧牺牲后，中共地下组织把毛岸英和他的弟弟毛岸青送到了上海。后来，上海地下组织遭到破坏，两个小兄弟一度被迫流浪街头，历尽艰辛。

1936年夏，中共地下组织把毛岸英送到苏联。1937年，他进入苏联国际儿童院学习。1941年，苏联卫国战争爆发后，毛岸英先后在莫斯科列宁军政学院和伏龙芝军事学院学习，毕业后获得坦克兵中尉军衔。在此期间，他曾用俄文给斯大林写信，请求上前线杀敌，后来参加了苏军的大反攻。战争结束后，斯大林接见了毛岸英，并送给他一支手枪，作为对他参加苏联卫国战争的最高奖赏。

对于远在苏联的儿子毛岸英，毛泽东一直十分惦念。有人从苏联带回他的照片，毛泽东总会欣喜万分地仔细端详他的每一点变化。毛泽东还经常给毛岸英写信，并亲自挑选书籍，托人带到苏联，鼓励他好好学习。1946年1月，毛岸英回国，来到父亲的身边。为了让儿子了解农村和农民，认识中国的国情，毛泽东先是把他送到陕北农村，后来又让他参加中央土改工作团的工作。

1949年10月，毛岸英与刘思齐结婚。毛泽东送给他们的礼物，是他1945年去重庆谈判时穿的一件黑色大衣。他说："我没有什么贵重礼品送给你们，就这么一件大衣，白天让岸英穿，晚上盖在被子上，你们俩都有份。"此后，即使毛岸英已经成家，毛泽东也没有放松对他的要求。1950年，毛岸英被派到基层，在北京机器总厂担任党总支副书记。

以往的很多时候，毛岸英在做重要选择前都会征求父亲的意见，但这一次要上朝鲜战场，他是主动请缨。

在确定参战的当天晚上，晚饭过后，毛岸英先来到医院，看望刚做了阑尾手术的妻子。出国作战属于军事秘密，毛岸英不能透露。据刘思齐回忆："他突然来到医院，说要出差，去一个很远很远的地方，让我接不到他的信不要着急。""到什么地方、去多长时间，他一直没有告诉我。最后，他偶然地问我，朝鲜半岛你知道不知道？我说，知道，那里正在打仗。可能是当时年龄小，我根本没有把出差和朝鲜战争这两件事联系在一起。他走的时候已经是夜里 11 点多了。"

从医院出来后，毛岸英又去看望岳母张文秋。他告诉岳母，他"出差"的时间会很长，希望岳母能在他不在的这段时间，帮着照顾弟弟毛岸青。临别时，岳母送给他一支钢笔和一块手表。此时已经是第二天凌晨两点多钟。

10 月 8 日，毛岸英匆匆地随彭德怀和临时组成的指挥所人员赶赴东北。在飞机上，彭德怀看着毛岸英，为他积极要求上前线的决心所感动，脱口说道："毛岸英是我们志愿军的第一个志愿兵。"

司令部里的俄文翻译

10 月 19 日傍晚，急于与金日成会面的彭德怀，带着军事秘书杨凤安和两名警卫员，乘一辆吉普车随先头部队进入朝鲜。毛岸英则和志愿军司令部办公室的其他成员，在 10 月 23 日随十三兵团司令部一起入朝。

到达朝鲜战场后，毛岸英担任志愿军司令部办公室的翻译和秘书。除了少数领导和部分办公室人员，几乎没有人知道他的真实身份。虽然只是翻译，毛岸英也经常和参谋们一起研究敌我情况，发表意见。那时，去志愿军司令部开会的人，总能见到一个高个子年轻人列席会议，并不时发言。

杨凤安多年以后回忆说，进入朝鲜后，白天，毛岸英和大家都在司令部办公室工作；晚上，彭德怀在办公室的行军床上休息，他和毛岸英就在用稻草铺的地铺上睡觉。不到一周，他们的身上就长满了虱子。他们平时吃的是粗高粱米，没有青菜。彭德怀对毛岸英很关心，多次提出让毛岸英和他一起吃饭，但毛岸英都谢绝了。

1950年11月7日，志愿军入朝后的第一次战役刚刚结束，金日成和苏联驻朝鲜大使拉佐瓦耶夫，就来到中国人民志愿军司令部所在地——朝鲜朔州以东、北镇西北的大榆洞，与彭德怀司令员会晤。在那次会晤中，毛岸英首次正式担任翻译工作。他用流利的俄语向苏联大使翻译志愿军第一次战役的情况，以及即将发动的第二次战役的有关计划。彭德怀和苏联大使对毛岸英的翻译水平都很满意。会谈结束后，毛岸英连夜在办公室里就着烛光整理会谈记录，准备交给毛泽东。

可惜的是，会谈记录还没被寄出去，他就牺牲了。

11月24日，美军战机在大榆洞上空侦察了三次。出于安全考虑，中央命令志愿军司令部机关的全体人员于25日前疏散撤离。11月25日拂晓前，在志愿军副司令员洪学智的"强制"下，彭德怀才离开了办公室，进入山沟里的防空洞。

两个小时后，彭德怀让杨凤安去办公室，向值班参谋询问前线的情况。刚到办公室的门前，杨凤安就看到美军的两架轰炸机从上空飞过。而此时，毛岸英和参谋高瑞欣因前一晚加班太晚，正在办公室里围着火炉热早饭。

杨凤安了解完情况，准备回去向彭德怀汇报。一开房门，他就看见几架敌机突然飞来，于是急忙大声向毛岸英和高瑞欣喊道："不好，快跑！"但此时，敌机已经投下几十枚凝固汽油弹。刹那间，志愿军司令部办公室陷入一片火海……

杨凤安从司令部办公室急速跑到防空洞，向彭德怀报告说："办公室的人员，除了岸英和高瑞欣同志没跑出外，其他同志都已安全脱离，看来岸英和瑞欣同志牺牲了。"

彭德怀听后顿时站立不稳，脸色苍白，眼含热泪，久久一言不发。过了一会儿，他才喃喃地说："岸英和瑞欣同志牺牲了，牺牲了。"说着便走出山洞，来到出事现场。看着他们已被烧焦的遗体，彭德怀的心情十分沉重。从一只烧焦的表壳上，大家辨认出毛岸英的遗体。因为那只表就是他出国前岳母送给他的礼物。随后，十几个人把遗体用白布包起来，又做了一副棺材，临时把毛岸英安葬在他牺牲的地方——大榆洞的一个山坡上。

英雄逝去之后

毛岸英牺牲的那一天，彭德怀没吃午饭。他沉痛地说："这事要报告毛主席他老人家。"但是，报告的过程极其艰难——短短的电文，彭德怀居然写了一个多小时。当天，中央军委副主席周恩来接到了这封电报。他强忍着泪水，决定暂时不将毛岸英牺牲一事告诉毛泽东。直到1951年1月2日，志愿军第二次战役取得胜利、朝鲜战局基本得到扭转后，周恩来才将这封电报由中央机要办公室主任叶子龙送给了毛泽东。

据叶子龙回忆，毛泽东盯着那份简短的电报，看了足足三四分钟。当时，他的头埋得很深。随后，他抬起了头，脸色非常难看，目光缓慢地移向茶几上的烟盒，颤抖着手从烟盒里抽出一支烟。接下来，屋子里只能听见他吸烟的声音。他的眼睛湿了，但没有哭出声。他顶住巨大的悲痛，只"唉"了一声说："谁让他是毛泽东的儿子……"随后，他向叶子龙摆了摆手："战争嘛，总会有牺牲，这没有什么！"

后来，毛泽东的好友周士钊曾当面问他："为什么要送毛岸英上朝鲜前线？"毛泽东回答说："你说我不派他去，他就不会牺牲，这是可能的。但你想一想，我是主张派兵出国的，这是一场保家卫国的战争。我作为党中央的主席，作为一个领导人，自己有儿子，不派他去抗美援朝、保家卫国，又派谁的儿子去呢？"

毛岸英"出差"后，妻子刘思齐时刻都在思念他。1950 年 11 月，她收到了丈夫的一封信。毛岸英在信中嘱咐她好好学习，还说结婚后很少和她在一起，对此很内疚。后来，刘思齐再也没有收到丈夫的信。

据刘思齐回忆："后来很长时间收不到岸英的来信了，我想到他说过收不到信不要着急，所以心里一直很踏实。大概在 1952 年的时候，一个朋友突然给了我一张毛岸英戴着朝鲜人民军军帽的照片，我一下子呆住了，就像雷打的一样。毫无疑问，岸英到前方去了。我马上意识到，这么长时间没有来信，一定有什么事。从那时起，我心里直打鼓。看到主席，我又不好问，他也对我从来不谈这些事。又过了一年，主席开始对我进行'垫底'教育，告诉我干革命就会有牺牲，并一一数着家里为革命牺牲的烈士：杨开慧、毛泽民、毛泽覃、毛楚雄……"

毛泽东的话，让刘思齐心里生出了一种不好的预感。她后来回忆说："我记得那年夏天，在主席的办公室里，我问他：'爸爸，岸英好长时间没有来信，出差后就来过一封信，是怎么回事？'主席说：'他已经不在了，牺牲了……'""似晴天霹雳，我的大脑一片空白。"刘思齐痛不欲生，放声痛哭。毛泽东则木然地坐在沙发上，脸色苍白……

毛岸英牺牲后，他遗体的安葬问题一直没有解决。1954 年 12 月 24 日，解放军总干部部拟了一份电稿，提出将毛岸英的遗体运回北京安葬。但出于对大局的考虑，彭德怀没有同意这个建议。为此，他给周恩来写了一封信："我意即埋在朝北，以志司（编者注：志愿军司令部的简称）或志愿军司令员名义刊碑，说明其自愿参军和牺牲经过，不愧为毛泽东的儿子，与其同时牺牲的另一参谋高瑞欣合埋一处，似此对朝鲜人民教育意义较好，其他死难烈士亦无异议。"

12 月 25 日，周恩来在彭德怀的信上批示道："同意彭的意见。"毛泽东也同意彭德怀的意见。"岸英是一名普通战士，埋在朝鲜国土上，体现了我们与朝鲜军民同甘苦、共患难的革命精神……你们做得对，做得很好。"最终，毛岸英的遗体移葬于桧仓"中国人民志愿军烈士陵园"。

民族崛起的先行者

1976 年，毛泽东逝世后，人们在整理他的遗物时，在仓库的一个柜子里，意外地发现了他悄悄收藏的一件毛岸英的衣服。毛泽东把儿子永远地留在了朝鲜。而他唯一所做的，就是悄悄收好儿子的衣物，一藏就是 20 多年！这是一位父亲对儿子的深深思念！

而中国人民，至今也仍在怀念毛岸英和其他牺牲在朝鲜战场上的志愿军战士。在新中国面临西方列强大兵压境的危险时刻，这些英烈们义无反顾地选择了抗美援朝，在朝鲜半岛与侵略者进行战斗，既完成了与侵略者的战略决战，又打破了美国发动第三次世界大战的图谋，保卫了世界和平。可以说，这些英烈是中华民族重新崛起的先行者。而毛岸英，正是这些先行者中的杰出代表。

抗美援朝战争的胜利，让西方世界不敢再小看中国人民，为新中国赢得了相对安全和稳定的国际环境。打败世界一流强国，中国就此赢得了应有的国际地位，成为一个谁也不敢忽视、有分量的大国。

美国军事史专家赫尔姆斯曾说："从中国人在整个朝鲜战争期间所显示出来的强大攻势和防御能力中，美国及其盟国已经清楚地看出，共产党中国已成为一个可怕的对手，它再也不是第二次世界大战时那个软弱无能的国家了。"

文 / 周之然　姜廷玉　李大光

第三章

众志成城实现中国梦，
共同创造美好未来

习近平总书记指出："一个有希望的民族不能没有英雄，一个有前途的国家不能没有先锋。"先锋是改革开放杰出贡献表彰对象勇立时代潮头、敢为人先，奋力推进改革开放事业的标志特征，使用"改革先锋"名称主题鲜明、寓意深刻、易于传颂。

2018 年是我国改革开放 40 周年。党中央决定，围绕庆祝改革开放 40 周年，以党中央、国务院名义表彰一批为改革开放作出杰出贡献的个人。对受表彰个人授予"改革先锋"称号，颁授改革先锋奖章，对受表彰的外籍人士颁授中国改革友谊奖章。

"世卫组织掌舵人"陈冯富珍：

铁腕柔情"抗"过10年

陈冯富珍，1947年生于香港，祖籍广东顺德。第十三届全国政协常委，国务院深化医药卫生体制改革领导小组首席顾问，第一位担任世界卫生组织总干事的中国人。

2007年1月4日，陈冯富珍正式就任世界卫生组织总干事。2017年7月1日，陈冯富珍卸任世界卫生组织总干事。因应对H1N1禽流感、中东呼吸系统综合征、埃博拉出血热和巴西寨卡病毒等，受到国际社会肯定。

2018年12月18日，党中央、国务院授予陈冯富珍同志"改革先锋"称号，颁授改革先锋奖章，她获评"一带一路"卫生领域合作推动者。

> 必须集中关注最有需要的人。
>
> ——陈冯富珍

"一半是海水，一半是火焰"，有人如是形容世界卫生组织当家人陈冯富珍。精致的妆容，温文尔雅的气质，显露出其知性亲和的一面；发言精准利落，行事干练认真，特别是担任香港卫生署署长时，她以"全城杀鸡"的魄力举动应对禽流感疫情，尽显铁腕形象。记者曾有机会两次近距离向陈冯富珍提问，其流利的英语、扎实的专业知识令人记忆深刻。

随着埃塞俄比亚前外交部长特沃德罗斯当选新一任世界卫生组织总干事，陈冯富珍执掌世卫组织的 10 年画上句号。在"陈冯富珍时代"，世卫组织改革求变，全球公共卫生成效卓著。而通过她，中国强有力的卫生应急能力和丰富的基层卫生经验，正惠及世界。

"必须集中关注最有需要的人"

从香港卫生署署长到世卫组织总干事，陈冯富珍切身体会到，卫生事业最关百姓民生，她也尝遍了卫生事业带来的煎熬与快慰。

2006 年 5 月 22 日，时任世卫组织总干事的李钟郁在第 59 届世界卫生大会开幕前因中风去世。当时负责传染病事务的世卫组织助理总干事陈冯富珍成为世卫组织总干事候选人之一。据她回忆，时任国务院总理温家宝亲自向各国政要致函举荐她。时任副总理吴仪还曾向她"面授机宜"："不要总做'铁娘子'，也要展现温柔的一面。"最终，在 4 轮投票中，她开创了连续高票当选的历史。

在任职的 10 年里，陈冯富珍领导的世卫组织在全球卫生领域先后经历了 H1N1 禽流感、中东呼吸系统综合征、埃博拉出血热和巴西寨卡病毒等严峻考验。抗击埃博拉疫情时，她还经历过一段跌宕起伏的故事。2014 年，西非暴发埃博拉疫情，疫情发展之迅猛令所有人包括世卫组织官员诧异。她坦言世卫组织辨认病毒过程太慢，但很快修正错误，控制了疫情，并制造出全球首支埃博拉疫苗。

当时，67 岁的陈冯富珍亲自赶往几内亚首都科纳克里——埃博拉疫情主要疫区之一，最后成功协调几内亚、利比里亚和塞拉利昂三国联手抗疫，共同向国际社会发出援非抗疫的强烈呼吁。

回到日内瓦后，她紧急启动 1 亿美元资金实施埃博拉疫情强化响应方案，协调派遣 200 多名医护人员第一时间奔赴疫区。疫情加速肆虐蔓延时，人们纷纷撤离疫区，她却在弗里敦、蒙罗维亚等感染高风险城市留下奔走呼喊的身影。她借各种疫情专题会、记者会积极推动疫苗研发和临床试验，为全球防控埃博拉疫情蔓延作出重要努力。

除应对突发公共卫生事件外，在各国特别是发展中国家卫生系统建设方面，陈冯富珍领导的世卫组织也发挥了重要作用。她及时呼吁回归初级保健，推动各国加强对卫生人员的培训。她还亲自示范带动初级保健。过去很长一段时间里，她手上一直戴着一条黑色运动手环，"我每天都给自己设定目标，如果走的步数不达标，周末就要补上。我希望慢慢能达到 WHO 建议的标准——每天 1 万步——这是一个非常好的健身方式"。

陈冯富珍把改善妇女和非洲人口等弱势群体的卫生状况作为优先项。2009 年，她访问坦桑尼亚的一个疟疾病区，那里挤满幼小的患儿和焦虑的母亲。"我握住一个病重患儿的手，他的母亲正经受煎熬。而另一个孩子，由于得到及时有效的治疗，正逐步康复，他母亲脸上满是喜悦。"在病区经历的悲和喜，令她感触颇深。"我最重视的是人。改善非洲人民和妇女的健康，这是评价世卫组织表现的两项重要指标。我们顾及所有地方的所有人，但必须集中关注最有需要的人。"

她是这么说的，也是这么做的。2010 年预测数据显示，在陈冯富珍任内，全世界孕产妇死亡率在经历近 40 年停滞后开始大幅下降，降幅近 60%。2015 年，全球有约 10 亿人接受了免费治疗，免于罹患可致盲、致残的疾病。2015 年以来，世卫组织建议，所有确诊的艾滋病毒携带者应尽快开始抗逆转录病毒治疗，以防止发病和死亡。这让艾滋病相关死亡率自

2005 年的高峰以来降低了 45%，自 2010 年以来降低了 26%。

此外，烟草控制的成果也是让陈冯富珍最有成就感的方面之一。在她的积极推动下，烟草使用及其引发的慢性病，正被作为一项发展问题，在联合国新的全球可持续发展目标下进行商讨，这在人类历史上是第一次。

"小时候喜欢在祖母租的中药店流连"

陈冯富珍有时很感慨，离港多年，鲜有机会与亲人见面。当年香港暴发禽流感疫情时，曾声称"日日食鸡"的她，很怀念香港的美食，特别是最爱的云吞面。此外，她还有一个地道的"香港"称呼——"陈太"。平日里，世卫组织驻华代表处的工作人员都这样称呼她。

故土情深。担任世卫组织总干事的 10 年间，来自中国香港的陈冯富珍念念不忘中国的发展。她领导下的世卫组织与中国在深化医改、防控新发传染病、控烟等领域合作密切。她也目睹了中国近年来在医疗体制改革方面取得的成就。她认为，中国在公共卫生领域的能力大幅提高，在诸多层面被视为"发展的典范"。自"非典"疫情发生后，中国已具备强大的防范新型传染性疫情的能力，同时在这方面也积累了丰富经验。

陈冯富珍一直支持中国传统医学的发展。她坦言，自己一直都使用中药，认为这些药剂能缓解、治疗许多常见疾病，并减轻疼痛。她动情地说："小时候，我喜欢在祖母租的那间中药店流连，那里有我熟悉的药味，有高高的百子柜；医生会与我交谈，为我把脉，看舌头，开处方；柜台后面的叔叔抓药材，还送我陈皮梅和加应子。"或许是出于童年的那份情感和本身的兴趣，在香港卫生署工作期间，她一直致力于建立有效的社区初级医疗体系和推动中医发展。

陈冯富珍说，作为世卫组织创始国之一的中国，在国际卫生领域一直发挥着积极的作用。她说："最近的例子就是，中国对西非国家暴发的埃博拉疫情作出及时而杰出的反应。中国是第一个向这些国家派出医疗队的国家，派出人数约 1200 人。中国还提供医疗设备、食品和资金，以确保 3 个遭受埃博拉疫情袭击的非洲国家有能力控制疫情。"

她对于中国的"一带一路"倡议也赞许有加。2017 年 5 月 15 日，陈冯富珍出席"一带一路"国际合作高峰论坛，在接受媒体采访时说，"一带一路"倡议极富远见。中国与世卫组织签署"一带一路"卫生领域合作的执行计划能让世界变得更加公平，减少贫困和贫富差距，让参与国家都从中受益。

"我们已经约定下辈子再结为夫妇"

陈冯富珍清楚地记得，参加医学院的入学面试时，学院主任曾对她说："你可能更适合做一名家庭主妇而不是一名医生。"这充分显示出她身上散发的贤妻良母气质。读中学时，她最喜欢的科目是家政课。她做的牛油蛋糕香滑软嫩，达到专业水准。后来她还当过家政教师，天天琢磨的是煮饭洗衣的家务事。

对陈冯富珍而言，结缘医学是"美丽的意外"。1969 年，青梅竹马的男友陈志雄决定离港赴加拿大求学。她担心两人的爱情会因异地而终结，苦恼地向母亲倾诉。母亲告诉她要"追随自己的心"。于是，她和男友一起考入加拿大西安大略大学医学院，并在入学前举行婚礼。值得一提的是，陈冯并非复姓，她本来姓冯，在婚后将丈夫的姓氏加在自己姓氏前，改为现名，足见两人感情之深。

结婚多年，两人依然感情笃深，令人艳羡。陈冯富珍事业的发展，满载着陈志雄的爱和支持。

当上世卫组织总干事后，陈冯富珍曾对媒体说："我希望先生到日内瓦陪我，因为过去三年半，我一个人在日内瓦住，不懂开车，不懂法语，还要自己做饭，很孤单。如果还要继续干，我希望我的先生跟我在一起。"

于是，时任香港眼科医院行政总裁的陈志雄中断如日中天的事业，提前 10 年退休，转而支持陈冯富珍的事业。"我们感情很好，从 1973 年结婚至今，凡事都会一起商量。"谈到自己的妻子时，陈志雄脸上溢满笑容。

如今，卸下世卫组织总干事职责的陈冯富珍迎来了自己人生新的一页。她在一次采访中这样总结自己的婚姻："我们已经约定下辈子再结为夫妇。"她还说，"离任后将好好休息，希望有机会和家人共度更多美好时光"。在未来的时日里，对于陈冯富珍来说，和家人在香港的街头吃一碗最爱的云吞面，将不再是一种奢求了。

文 / 殷淼

法学巨擘王家福：
耗尽半生，推动中国法治前行

王家福（1931年2月—2019年7月13日），男，四川南充人。毕业于中国政法大学，曾任八届全国人大法律委员会委员、九届全国人大常委会委员、国务院学位委员会法学评审组成员，中国法学会副会长、中国民法经济法研究会会长、中国国际经济贸易仲裁委员会副主任、中国海事仲裁委员会顾问。

王家福，人称"中国法学界的一面旗帜"，50多年的治学生涯中，他驰骋于民法学、法理学、人权理论等领域，亲身参与并推动了新中国的法治事业。

2018年12月18日，党中央、国务院授予王家福同志"改革先锋"称号，颁授改革先锋奖章，他获评"推动依法治国的理论创新者"。

> 我感到当时我真的没有任何顾忌。我觉得给领导人讲课特别重要。我一心想把法学界平时最关心的也是对决策层最重要的问题真实地讲出来。
>
> ——王家福

2018 年 12 月 18 日，87 岁的王家福老师被党中央、国务院授予"改革先锋"称号，获颁改革先锋奖章，获评"推动依法治国的理论创新者"。获悉这一消息，我十分欣喜。这是党和国家对一位心系人民、追梦法治、勤力推动理论创新的学者的无上尊崇和极高荣誉。

十余年来，我与王老师从不识到相识、相知，虽未能荣列老师门下，却获益良多。时常想起他以深厚之家国情怀，心系党和国家的法治事业，推动中国法学繁荣与法治进步，学问事业福泽后学，令我辈高山仰止。

山水迢迢，心系国家和人民

我在西南政法大学念本科时，初习法律不久，读到《中国民法学·民法债权》一书，主编就是王家福，这是我第一次知道老师的名字。

后来得知王老师曾两度到中南海为中央政治局领导讲法制课，特别是 1996 年的依法治国讲座，直接推动了依法治国方略写入党的十五大报告和载入宪法，心中十分崇敬。当时的我绝没有想到，自己后来竟有机会与王老师见面，并近距离协助他工作。

从北京大学博士毕业后，我进入社科院法学所工作。在一次研讨会茶歇时，我看到一群人簇拥着一位老人在讨论，走近后才知道这就是法学大家王家福。只见他个头不高却气宇轩昂，宽容谦和又望之凛然。在平静地听完论述者的意见后，他条分缕析地表达了自己的看法，平和的叙述中浸润着法理。在回答听者问题时，他简明扼要，令听者或点头或沉思。

那时他已卸任行政职务，但兼任的学术职务不少，考虑到他已七十高龄，法学所就派我当其助手。刚接到这个任务时，我有些诚惶诚恐，毕竟要如此近距离地和大师级学术前辈打交道——想干好又怕干不好。记得第一次单独见面，王老师只是简单地问了问我是哪里人、在哪儿上的学，得知我在西南政法大学、中国人民大学和北京大学都学习过，他若有所思地"哦"了一声，说："我们还是校友！"一句简单的暖心话，瞬间让我放松不少。这样几次接触下来，我就再无紧张之感了。

我的工作是协助王老师整理学术资料、进行学术交流、誊录文稿。熟悉之后，去王老师家的次数也多了，每次和他谈人谈事，也说自己的困惑。王老师不健谈，但总是微笑地看着我，关键时候点拨一句、叮嘱一声，师母则慈祥和蔼、嘘寒问暖，待我如同家人一般。

法治理论之深奥，人权法治事业之艰难，参与者和实践者深知个中滋味。但听王老师讲法治，并无艰深之感。"民法典应写入知识产权以加强对创新的保障""市场经济是法治经济"等论述，都以通俗易懂的话语阐述深奥的法理；"物权法是以人为本的法，没有财产、没有物权，谈何尊严、谈何体面、谈何幸福？"看似家常话，却透露出老师作为法学家超凡的智慧和担当。

这份智慧与担当在王老师年轻时就已深深埋下种子，同他深厚的家国情怀密不可分。

1931年，王老师出生于四川南充一个偏僻、美丽的小乡村，家境并不富裕。新中国成立前，他在重庆求学，正值抗日战争和解放战争时期。他看到了日军飞机对重庆的狂轰滥炸，目睹了3000多人死于轰炸的惨案，亲身经历了国民党政府的专制独裁和贪污腐败，向往民主、自由、和平，期望国家的新生。因参加当时的"反饥饿、反内战"游行示威活动，他被开除了学籍，新中国成立以后才回到学校继续学业。

1950年，怀着对新中国的热爱和对未来的憧憬，王老师与同学一起北上，考入北京大学法律系。在北大学习期间，他听过钱端升先生讲新民主主义理论，听过张志让先生讲宪法课，参加过欢迎马寅初先生就任北大校长的隆重仪式……1951 年 8 月，他参加了中央土改团，赴广西柳城搞土改工作。回忆起这段经历时，王老师对我说："这大大加深了我对中国社会特别是农村的了解，提高了我做群众工作的能力。"

1952 年 7 月土改结束，适逢国家院系大调整，北大、清华、燕京、辅仁和浙大的法学院合并成立北京政法学院（现中国政法大学），王老师又与 20 多位同学一起奉调参与建校工作。1954 年上半年，他参加了留苏研究生考试并被录取，并于翌年进入苏联列宁格勒大学（现俄罗斯圣彼得堡大学）法律系，师从著名民法学家奥·沙·约菲教授，攻读法学副博士学位。半个世纪后，王老师对我回忆起当时的情景，仍满怀深情："国家如父母般为每一位留苏学生细心准备了行囊，还通过学校给每位留苏研究生提供每月 700 卢布的生活费，让我们可以毫无后顾之忧地全身心投入学业。"

经过刻苦攻读，王老师于 1959 年 6 月获得了学位，怀着报效祖国的强烈愿望踏上了归国之路。回国后，他被分配到法学研究所工作，想的最多的就是为国家多做一些事。经过几十年的勤耕不辍、潜心钻研，王老师厚积薄发，在民商法领域做了许多开创性研究。改革开放后，他和团队提出的许多观点可谓"石破天惊"，如提出土地使用权可以转让，提倡保护知识产权，建议制定公司法、科技合同法、反垄断法等，后来均被决策层和最高立法、司法机关采纳。

此外，王老师先后参与了《民法通则》《公司法》《物权法》《民法典》等多部民商事法律的起草，是民商事立法进程的参与者和见证者。著名民法学家江平老师曾极力称道王老师的民法思想和高超智慧，称他是民法学界的扛旗者，带领民法学界确立了民法的应有地位和基本思想、基本体系，"体现了民法的平等精神，开创了法学学术领域的正气"。

不改初心，勠力推动法治前行

王老师是依法治国方略确立与实施的推动者和见证者。对依法治国的研究，贯穿了他的整个学术生涯。提出建设社会主义法治国家，致力于推动国家治理法治化，是他治学的一个重要领域。

早在 1979 年 9 月，王老师与刘海年、李步云等专家参与起草《关于坚决保证刑法、刑事诉讼法切实实施的指示》时，就使用了"法治"的概念。王老师曾对我回忆，1996 年 2 月，他在中南海怀仁堂为中央政治局领导同志主讲依法治国课时，向中央领导阐释用"法治国家"要比用"法制国家"好，因为"法制"涉及的是静态的制度、规则、法律条文，而"法治"则涉及治理理念变革和治理思想转型。从"人治"到"法制"，再到"法治"，是社会历史进步的体现，是人类文明发展的标志。

"依法治国、建设社会主义法治国家"最终被党的十五大确立为治理国家的基本方略。两年后，"依法治国"被载入宪法，其中凝结了以王老师为代表的法学家群体推动中国法治进步的心血。

王老师曾对我说："做人要有一颗金子般的心。"他的意思是，做人要始终有感恩之心、报答之情、报效之志。无论境遇起落、事业顺逆，王老师都没有改变初心，坚定了要把社会主义建设纳入法治轨道的信心，坚定了推动国家治理朝着法治化发展的信念。正是基于一片赤诚，他才有了那些与时代同呼吸共命运的理论创新。

提出社会主义市场经济法律体系构想，是王老师治学的另一用力之处。1995 年 1 月，王老师提出"市场经济是法治经济"的论断，并对社会主义市场经济法律制度建设提出了诸多富有创建性的构想，为市场经济法律制度的建立完善奠定了理论基础。

今天看来，要使市场在资源配置中起决定性作用，兼顾"有效市场"

与"有为政府"，必须完善社会主义市场经济法律制度。但在 20 世纪 90 年代，理论界曾认为只要搞了市场经济，一切自然会好起来，但实践证明，只有建立在法治基础之上的市场经济才是好的市场经济。王老师在 20 多年前提出市场经济法律制度体系的构想，是具有深厚学术积累和勇气智慧的。

2009 年，王老师入选中国年度法治人物，那一年的主题是"法治的力量"。当时的颁奖词是这样写的："他（王家福）用 50 年时间做了两件事：提出关于社会主义市场经济法律体系的基本构想；提出建设社会主义法治国家这样一个国家治理的基本模式。"

在颁奖现场，主持人问王老师：法治的力量是什么？王老师带去了中国古代象征公平正义的獬豸（独角兽）雕塑，郑重地回答："实现社会的公平正义。"这正是他坚持立足中国实际，从文化层面思考法治建设，深入研究、执着追求，努力推进中国法治事业的写照。

党的十八大以来，以习近平同志为核心的党中央对全面依法治国高度重视、统筹推进。我去探望王老师时，曾向他报告这些新变化，他听后非常激动，眼睛湿润。看到自己念兹在兹的法治理想正在实现，这位深具家国情怀的老人无比兴奋。

在依法治国理论创新和市场经济法治构想之外，人权研究亦是王老师的重要研究领域。

改革开放初期，人权研究在我国一度被视为理论禁区。和王老师共同主编第一部《中国人权百科全书》的刘海年老师，曾回忆当时的情况，"人权被认为是资产阶级的口号"，"思想理论界不愿碰人权这个敏感的词"。但王老师以坚定的人民立场、深厚的学术素养和创新的理论勇气，一直努力推动人权的开拓性研究。1991 年，他主持召开第一次全国性人权研讨会；1992 年，牵头成立中国社科院人权研究中心；1998 年，主编第一部《中国人权百科全书》。他多次带团考察代表性国家的人权制度及其面临的问题，为推动人权理论研究、更好促进中国特色社会主义人权事业发展作出了重要贡献。

今天，我们坚持把人权的普遍性原则同中国实际相结合，已经探索出一条有中国特色的人权发展道路，王老师当年领导的团队筚路蓝缕的开拓性研究功不可没。

回望改革开放历程，王老师对中国法学繁荣和法治进步作出巨大贡献。他开辟的学术道路为后人奠定了基础，他提出的学术思想影响了一代代后辈学人。

润物细无声，桃李共葳蕤

王老师令人爱戴和敬仰之处不仅在于学问，更在于他的人格魅力。他宽容谦和、淡泊名利，有君子之风，被法学界同行形容为"温润如玉"。王老师曾对我说："国家、社会给我的太多了，我做的只是一个学者的本分。"

我曾协助王老师组织法学学科调研、拟定国家社科基金年度课题指南，参与者很多是他的晚辈。当时已届古稀之年的王老师，广泛吸纳建议，充分听取意见，既坚持原则立场又不失灵活变通，定分止争又让同人心平气和，他的严谨、宽容、儒雅让人如沐春风。

王老师桃李满天下，学生中既有大法官也有大律师，既有法学大师也有学界新锐。无论是否曾受业于王老师，都交口称赞他的道德文章及对后辈的提携与关怀。

引进、推荐优秀法学学者，关心他们的工作生活，对年轻才俊奖掖提携……王老师怀着惜才爱才之心，厚植对晚辈后学的殷切期望之情。他曾寄语年轻学者要潜心读书、刻苦研究，甘坐冷板凳；要独立思考、独立判断，做真正的学者；要关心改革开放实践、社会进步和老百姓的福祉。话短情长，微言大义。我当时耳濡目染，身在福中而不知，获益匪浅反不觉。

学莫便乎近其人。王老师亲自引导我走上依法治国研究之路，还抽空作序推荐我的著作，告诉我好文章要有好的架构，要反复推敲修改，手把手指导我删改文章。2007年，他鼓励并指导我撰文，围绕依法治国方略实施开展研究，建议组建依法治国领导小组，总结法治建设基本经验，对依法治国基本方略的实施进行总体部署与规划；2008年，在纪念改革开放30年之际，王老师再次指导我撰文，深入论证依法治国领导小组的建立和依法治国实施纲要的制定。所有这些，既是对依法治国研究的执着追求，也是对后学晚辈的栽培与期许。

那时，我经常到王老师家中求教。师母总是端出上好热茶，并不断续杯，我每次告辞时都恋恋不舍。2009年，我被组织选拔赴江西工作，王老师和师母在中日友好饭店专程为我设宴饯行，小坐叙谈。当时两位老人均年近八旬，拳拳怜爱之意令我至今感怀。

离开法学所后，我一直想念着二老，经常去看望。有了些成果，送去给王老师瞧瞧；有了点成绩，和他说说；有了些进步，和他唠唠。王老师和师母多是听我说，偶尔插上一两句话……岁月在不知不觉间给我们带来许多改变，但我每次去，王老师总是用他的方式表示"我在听着呢，你接着说"。现在的我总想着，如果时间可以停驻，王老师能一如从前，多好！

古人云："古之立大事者，不唯有超世之才，亦必有坚忍不拔之志。"当今世界面临百年未有之大变局，法治是国家治理体系和治理能力的重要依托，尊重和保障人权、促进人的全面发展是人类文明进步的普遍要求。实现"两个一百年"奋斗目标和中华民族的伟大复兴需要在更高水平上推进人权事业和法治进步，需要跑马拉松般的定力和韧劲，需要衣钵传承数代学人"接着讲"，需要火炬接力般一茬接着一茬干。王老师深厚的家国情怀、坚定的人民立场、不变的法治初心、深邃的学术思想和高超的政治智慧，都令人心驰神往，更让我们坚定地沿着他追求的法治梦想和道路破浪前行！

文 / 蒋熙辉

经济学家厉以宁：

希望每一个研究都能经世致用

厉以宁，著名经济学家。祖籍江苏仪征，1930年生于南京，1955年毕业于北京大学经济系，留校工作至今。历任北京大学经济管理系主任、工商管理学院院长、光华管理学院院长等职。

1988至2002年任第七、八、九届全国人大常委会委员，全国人大财经委员会、法律委员会副主任委员期间，主持起草了《证券法》和《证券投资基金法》。2003至2013年任第十、十一届全国政协常委、全国政协经济委员会副主任期间，推动了促进民营经济发展的新老"36条"出台。

2018年12月18日，党中央、国务院授予厉以宁同志"改革先锋"称号，他获评"经济体制改革的积极倡导者"。

> 农民的土地流转必须和社会保障连在一起。
>
> ——厉以宁

毫无疑问，他是中国最著名、最能影响决策的经济学家之一。虽然已是近90岁高龄，嗓音也有些沙哑，但他每次亮相、每次发言，都会引起人潮涌动、各界关注。他的观点严谨、独到、鲜明。从"厉股份"到"厉民营",在中国经济发展的不同阶段,从他学术观点中提炼出的名号,总能代表当时讨论的焦点——他就是厉以宁。

2013年10月10日,在被寄予厚望的十八届三中全会召开前,厉以宁受记者邀请,参加了"2013中国民营经济论坛"。在全场潮水般的掌声中,他缓步走上讲台,从手腕上摘下手表,放到桌上,然后直奔主题。讲到问题时,他表情严肃,提高声音。正是在这次演讲中,他再度语出惊人,公开批评国务院国有资产监督管理委员会(以下简称"国资委")"失职",认为"中国的转型,前提是思想解放"。

演讲结束后,厉以宁接受了记者的专访。一落座,他就请自己的学生帮忙,把忘在讲台上的手表取回来,放到身边的桌子上,并对记者解释道:"做什么事,时间都要控制好。演讲也是,得给后面的人留足时间。"

采访中,厉以宁就国资改革、民企转型、城镇化道路等一系列问题与记者展开交流。谈到对十八届三中全会的期待,他说:"改革是不能停顿的。我对新一届领导充满信任,相信在党的领导下,风气是会改变的。"

国资委不要直接管企业

9月中旬,厉以宁率团对德国、西班牙进行了为期7天的学术访问。他说,之所以会有此次欧洲之行,是因为国外近来唱衰中国,认为从2010年第一个季度开始,中国经济增长率连续13个季度放缓。2013年7月,国际货币基金组织甚至表示,如果中国不能提高内需在经济结构中的作用,到2020年,中国经济增长率可能会下降至4%左右,面临"硬着陆"风险。

记者: 您认为中国会"硬着陆"吗?如何看待西方针对中国的悲观论调?

厉以宁：中国经济吸取了世界各国应对危机的经验和教训，完全可以避免"硬着陆"，走上健康发展的道路。今后，经济指标虽然不可能像过去那样实现两位数增长，但应该能保持7%—8%的增长率。

记者：但中国目前的经济体制的确存在一些问题。如民营企业在与国有企业的竞争中仍不占优势，且面临融资难等问题。

厉以宁：邓小平同志南方谈话后，民营企业一直迅速发展，但它们依然是脆弱的。在1997—1998年的亚洲金融风暴、2008年的美国次贷危机、2010年以来的欧洲主权债务危机中，民营经济受到的冲击都是最重的。但20世纪90年代前期，民营企业的确有一段大发展时期。根据这两方面的情况来看，我们不能说20世纪90年代前期是"国退民进"，这不是中央的政策，只是一个时期经济格局的变化会对民营企业产生很大影响。

像你说的，民营企业融资难的问题一直没有得到有效解决，而国有企业，尤其是一些大型国有企业比较容易获得贷款。有的大企业没有太大的投资框架，就把从国家和银行得到的贷款交给专门成立的子公司进行放债。出现这样的情况，不能说是国家政策如此，只是在一些环节上出现了问题。从整个趋势来看，20世纪90年代前期到现在，民企和国企大体上是平行发展的。国企、民企的最终发展目标是实现双赢、共赢。

记者：要实现共赢，国有企业应该怎么做？

厉以宁：应该对国有资本体制进行改革。这个改革分高、低两个层次。高层次的国资体制改革，主要是提升国有资本的配置效率。国有资本既然担负着国家赋予的使命，就应该想办法提高资源配置的效率，增加国有资本最终的收益和价值，这才是国有资本管理部门的任务。因此，我建议，要对国资体制进行改革，国资委不要直接管理企业，而应该组建若干个行业性或综合性的国有资本投资基金公司，哪个行业需要大发展，或者产能不足，就加大资本投入；哪个行业产能过剩，就抽回资本。

低层次的国资体制改革，是国有企业改革，即变国有企业为真正的企业。既然现在大部分国有企业已经是股份制公司、上市公司，就应该让股东会、董事会、监事会等法人治理结构起作用，要国资委直接管理干什么？你（国资委）把企业变成不能自主经营的企业，这是失职！即使国家拥有的股份比较多，（企业）也不是你一家的呀，得跟大家商量，通过召开股东会、董事会来做决定。只有这样，国企和民企才能处在平等的位置上。国企是执政党的经济基础，民企也是，执政党是中华人民共和国的执政党，国企、民企也都是中华人民共和国的企业。无论国企、民企，其产品都属于中国制造，品牌也都是中国的品牌。只有当大家都根据法人治理结构来进行管理、公平竞争，民企才能感到安全、踏实，国企也才能感受到自己的独立性，才能自主决策、自主经营。这是今后改革的方向。

记者：民营企业是不是也需要改革？

厉以宁：对于民营企业来说，不叫"改革"，用"改革"二字容易引起误解，应该叫"体制转型"。民企体制转型的前提，是产权必须得到保护。

在产权得到保护、产权清晰的基础上，民企要重视发展方式的转型，也就是要和国企一样，进行自主创新、产业升级。一些人总觉得，中国有廉价的劳动力、土地可以用，但这个时代其实已经过去了。我在珠江三角洲考察时，有企业家问我："我们是劳动密集型企业，是中小企业，做玩具、日用品、服装，产品价格都很便宜，怎么搞自主创新？"我笑了："我也在福建和浙江考察过，人家（的一些民企）跟你一样，却能自主创新，比如产品工艺的设计改一改，原材料的选择改一改，营销方式改一改，所有这些都是创新的表现。"

还要重视营销方式的转型。市场是可以创造的，不仅需求可以创造供给，供给也能创造需求。电动刮胡刀刚问世时，人们不敢买，担心把肉刮下来。一些大公司就派人表演给消费者看，这样才慢慢推广开来。营销方式和自主创新是结合在一起的。企业要不断有新产品出来，才能吸引人，而有了新产品，就要有适合它的营销方式。

管理体制上也要转型。家族制、家长制管理体制已经过时，应该采取经理人制度。血缘关系不一定等同于接班的关系，儿子可以有股权，但如果他的才能不足，就不能成为公司将来的总带队。

记者： 对于国企和民企的合作前景，您怎么看？

厉以宁： 二者间相互竞争是必然的，合作也是必然的。我刚从德国回来，那里有很多小企业是专门为大工厂生产某个零件的，产品质量很高。这些小企业的老板，可能就是由熟练的技工成长起来的。工业化刚开始时，第一批机器是谁造的？都是英国当时的小老板，他们会建磨坊、会做钟表。而在中国，国有大型企业不和广大的民营小企业合作，什么都要自己生产，实际上效率是很低的。因此，国企、民企的合作有潜力可挖。

"新社区"是城镇化的伟大创造

厉以宁如今仍坚持每年至少外出调研两次。"近几年走过的省份大概有辽宁、河北、天津、内蒙古、山东、江苏、浙江、广东、重庆、陕西、湖北、贵州……"记者注意到，他是按照几大经济区域的地理顺序报出来的，足见一位经济学家的缜密思维。他告诉记者，最近的一次是在陕西调研城镇化的相关问题。

城镇化是新一届政府的施政着力点之一。虽然中国的城镇化率在2011年达到51.27%，城镇常住人口首次超过农村人口，但由此衍生的一些社会问题，如交通拥堵、环境恶化、资源紧张等，正困扰着人们。

记者： 大量农村人口涌入城区，城区住房供不应求，水、气等资源也越来越紧张。这些难题怎么解决？

厉以宁：要从新农村着手，发展"新社区"。中国的城镇化应由"老城区改造＋新城区开发＋新社区建设"三部分组成。老城区的企业要往外迁，拆掉贫民窟式的房子，把老城区改造成宜居的居住区、商业区、服务区。新城区主要是郊区的工业园区、高新技术开发区、物流园区，它是城市发展支柱产业的地方。在新城区，各种设施都能充分利用，污染能集中治理，企业也能聚集在一起多交流、多合作，实现规模经济效应。当然，"老城区＋新城区"的容量仍然有限，所以中国特色的城镇化是在社会主义新农村的基础上建立起"新社区"。很多地方已经出现了社会主义新农村，村民们住进了楼房。

记者："新农村"与"新社区"的区别是什么？村民住进楼房就是实现了"新社区"吗？

厉以宁："新农村"变"新社区"，要做五方面工作：第一，园林化；第二，走循环经济的道路，包括垃圾回收和使用、清洁生产、污染清理等；第三，公共服务要到位；第四，城乡社会保障一体化；第五，建立社区管委会，代替现在的村委会。目前，全国正推广"新社区"，也叫"就地城镇化"。这对中国乃至世界城镇化历史来说，是伟大的创造。

记者：您说过，每提高一个百分点的城镇化率，就意味着每年有1000多万人进城。这些人都要求就业，城里的经济能消化吗？就业是考察政府绩效的一个重要指标，政府该怎么办？

厉以宁：要大力发展能大量吸收劳动力的服务业。传统服务业如饭馆、旅馆、酒店、理发等，容量有限，不能完全吸收。金融、保险、法律、咨询等现代服务业将成为解决就业的主要渠道。

记者：城镇化过程中，马路要拓宽，房子要多盖，医院、学校要多建，这都需要钱。但另一方面，政府能出让的土地越来越少，土地财政快走到头了，地方债务也累积起来，怎么办？

厉以宁：所以我们要走一条新路，可以参照澳大利亚、新西兰的经验，建立城市建设公共投资基金。这个基金是由地方政府出一点钱，再由各个金融机构、保险机构建立起来。基金建立后，按市场规则运行，每年发一批城市建设债券，筹集到的资金用于公共设施项目建设。比如，本市需要建一个自来水厂，项目启动前，先发布公告，让市民们先了解这个项目，然后自行购买债券。由于这种债券的回报率比银行存款高，也比国家债券高，还是很受欢迎的。这样根据不同的项目不断地发债券，称得上是"人民城市人民建"。

记者：城镇化带来的户口难题，改革的呼声也很高。这个问题又该怎么解决？

厉以宁：解决办法叫"农民市民化"。但这是一个水到渠成的过程，不可操之过急。现在，上海一些工厂里的车间主任、班组长，很多都是农民工出身，在上海工作了20多年，户口还没解决，孩子上不了学。如果外省市向他们发出邀请，承诺解决户口，他们可能就会离开上海。但这批人一走，上海的制造业就只剩空架子了。这种形势迫使当地政府想出积分制，规定达到标准积分120分的上海市居住证持证人，在子女教育、社会保险、住房等方面所享待遇与上海户籍居民基本相同。

这种尝试并不是绝对的。在某些地区，如果"新社区"的公共服务到位了，人口聚集得越来越多，就可以将这个"新社区"的户口统统改过来（即农转非），但需要向管理机构交一笔钱，因为农民要享受社会保障的待遇。这笔钱，可能是地方政府或社区集体出，也可能是地方大企业出，因为农民把田租给了大企业，自己也就变成了工人，山东烟台就是这么做的。随之而来的问题是：企业如果正常盈利，工人的福利、工资自然不成问题，一旦企业运转困难、投资失败，甚至被人接管了，怎么办？就应该从现在起，每年从企业利润中提取一定比例作为保险基金，一旦工厂发不出工资，这笔钱就能发挥作用。

最成功的改革有三个

"从 1978 年开始，中国经历了双重转型：一个是发展转型，即从农业社会转向工业社会；二是体制转型，从计划经济体制转向市场经济体制。这两种转型是并存的、重叠的，转型中要解决的问题也是突出的、艰难的。"每每谈到转型中存在的突出问题，比如收入分配改革、经济质量增长、房地产调控等，厉以宁总有说不完的话。在他看来，"每个问题都是一个专题"。

记者：收入是每个人都关心的问题，我国收入分配制度也在不断改革，但收入差距依然存在。在您看来，收入分配制度改革的重点是什么？

厉以宁：中国当前亟须进行收入分配制度改革，且重点应放在初次分配（按劳动力、资本、土地和技术等生产要素进行的分配），而非二次分配（在初次分配基础上，通过税收、政策、法律等措施对各收入主体收入水平进行调节）上。

对于初次收入分配制度的改革，我有几点建议：首先，新农村改革的起点，是必须给农村土地以产权。经过 40 多年改革开放，城市产权问题已基本厘清，而在农村，土地属于集体所有，祖传的房子没有房产证，在宅基地上自己盖的住房，哪怕盖得再高、再好，也没产权证，产权处于虚有状态。农村土地产权的不明晰，实际上导致了农村、城市初次分配不平等的现状，从某种程度上来说，阻碍了收入分配改革。

其次，劳动者和雇主必须有对等的地位。现在的情况是，不管打工者来自农村还是城市，他们通常以个体形式出现，相比较而言，雇用他们的大企业就显得有些强势。由此带来的结果是，双方的谈判地位不对等，工资的多少也由强势的一方说了算，这也是初次分配的问题。西方国家是通过工会组织解决这个问题，但在中国，有谁看到过工会替农民工讨工资？所以，这个必须改。

最后，教育制度要改革。在中国现行体制下，城乡教育经费、资源分配等不均衡，这容易形成社会阶层的凝固化、职业的"世袭"，也就是说，农民工的儿子，甚至孙子都还是农民工。如果这种情况不改变，初次分配同样会有问题。因此，我们要加大农村教育经费的投入，城里的学校也不要排斥农民工的孩子。

当然，二次分配也很重要。这一点，主要靠城乡社会保障一体化进行调整。在西方国家，已经施行多年的福利政策强调，在初次分配有差距的时候，通过税收、补贴、福利待遇等方式，在二次分配阶段将差距缩小。但在中国，因为存在城乡两种户口，城市居民的很多福利农民工是享受不到的。也就是说，初次分配的差距，在二次分配中甚至再次扩大。要想弥补这一差距，重点应该放在加快城乡社会保障的一体化上，这是整个中国经济面临的升级问题，十分迫切。

记者：近期，我们总能听到来自国内外的一些质疑，认为中国 GDP 的高增长率是以牺牲环境为代价的。您怎么看这个问题？我们应该如何提高经济增长的质量？

厉以宁：这个问题的根源在于，中国陷入了投资冲动怪圈——地方政府为了改善财政收入、缓解就业问题，便增加投资、扩大信贷，如此一来，GDP 虽然提高了，通货膨胀却随之出现，物价也快速上涨；为了抑制通胀，中央不得已采取紧缩政策，以放慢经济增速，但这样做，又势必影响地方财政收入与就业……如此循环反复，让经济发展呈现出大起大落、大升大降的"不健康态势"。

实际上，比 GDP 总量更重要的是经济发展质量。如何才能提升经济发展质量？一是要优化结构。因为技术一直在发展，客观形势一直在变化，所以，结构的优化是没有止境的。比如，20多年前，全世界的环保概念是要求废水、废气、废渣不能有毒。今天的环保概念同样包含不能有毒，却更进了一步：二氧化碳会影响世界的气候，所以必须减排，产业结构必须朝低碳方向调整。

二是不断进行技术创新。一些企业不愿创新，认为"不自主创新，等死；自主创新，早死"。为什么会"早死"？因为融资成本太高，利息负担重。再加上融资不易，尤其是在经济形势不好时，想借钱的借不着，许多民营企业的资金链断了，维持不下去了。这不是"早死"吗？正因为如此，中国的实体经济，尤其是制造业，真正能实现自主创新的仍然很少，大部分还是依赖外国的技术，这也导致我国实体经济虽然在数量上有了大幅提升，质量上却仍和世界要求有着相当大的距离。

记者：您认为房地产业又该如何健康发展？

厉以宁：我不主张搞限购令，它其实是对老百姓购房需求的压制。等孩子们长大了、成家了，原来的房子住不下了，能不让他买吗？另外，每个公民都有购买房屋的权利。因此，也不能有地域歧视。我建议，将限购改成限售。在这一点上，我们可以学习新加坡的经验：买房之后转卖的，卖得越早，交的税越高，如一年内转卖，要按房价的16%缴税，第二年降低为12%。

此外，还应当像政府采购方式一样实行招标建房制。这就是说，地方政府先拨出一块土地准备用于建设平价出售或廉价出租的居民楼，确定每亩土地价格，同时公布技术标准和房屋质量。开发商都来投标。在同等技术标准和质量条件下，谁报价（每平方米房屋售价或租金多少）最低就中标。如果交工日期延误，质量不合格，或另收附加费等，皆重罚。这就能避免地价越炒越高，房价也越抬越高的情况发生。

记者：中国的改革还有很长的路要走，您认为评价改革是否成功的标准是什么？您认为改革开放这么多年，哪些改革是最成功的？

厉以宁：我的评价标准是，改革是否具有不可逆转性。至于最成功的改革，我认为有三个：一是农村家庭联产承包责任制改革；二是国有企业股份制改革及在此基础上形成的证券市场；三是民营经济的兴起。这三块大石头投进水里，溅起了层层波浪，从此，中国的经济再也不能平静下去。

湘西边城的文学少年

和厉以宁谈话，他儒雅、温润的气质常会让人忘了他的年龄。但厉以宁并非出身书香门第。他的父亲是粮店店员，母亲没念完小学，17 岁就嫁入厉家。1930 年 11 月 22 日，她在南京生下长子厉以宁，"以"是厉家的排行，"宁"是南京的简称。两年后，厉以宁弟弟出生，父亲开始经商，家境得以改善。

厉以宁 4 岁时举家迁往上海，住在租界内，6 岁入学读书。太平洋战争爆发后，日军侵入上海的租界，1943 年，他随家人迁往湖南沅陵，就读于湖南名校雅礼中学（当时它由长沙迁到了湘西沅陵）。年少的厉以宁远眺山水，醉心文学，"总是把沈从文的小说当成枕边的读物"，还以"山外山"的笔名写小说，为日后在诗词方面的造诣打下基础。

抗战胜利后，1946 年，厉以宁重返南京，进入金陵大学附中，对自然科学产生浓厚兴趣。高中毕业前，全班同学去参观一家化工厂。"如果全国每一座城市都拥有这样阵容齐备的化工企业，国家能集中全国的财力物力投入到工业建设上，那么，拥有五千年文明历史的华夏民族就不会沦落到落后挨打的境地了！"厉以宁决定走"工业救国"的道路。1948 年被保送到金陵大学时，他选择了化学工程系。

1949 年 4 月，南京解放，厉以宁决定参加国家建设。年底，他回到沅陵参加工作，在一家合作社当会计。此次重返沅陵，他已经把湖南视作自己的第二故乡，直到花甲之年，他还填词抒怀："山城一别几多秋，少年游，梦中留……"

1951 年，厉以宁决定参加高考，并委托雅礼中学的同学、在北京大学历史系读书的赵辉杰代他报名。赵辉杰觉得厉以宁做过会计，便替他做主，第一志愿报了北京大学经济系。7 月，厉以宁在长沙参加高考，8 月接到了北大经济系的录取通知书。他就这样阴差阳错地被命运推上了经济理论的研究道路。

当时，北大经济系和中国各行各业一样，一切以苏联为权威，讲授的是传统的社会主义政治经济学。"是罗志如教授开设的国民经济计划课程使我最早模模糊糊地感觉到，在苏联式的计划经济与西方传统的市场经济之间，还存在着第三条道路。"

大学 4 年，所有的寒暑假，厉以宁都没有回家，全部泡在图书馆里，沉醉于古今中外浩如烟海的经济学著作中。当时的经济系代理系主任陈振汉称赞他"成绩优异，名列前茅"。

坐了 20 年冷板凳

1955 年，厉以宁毕业留校。"我认为自己口才不好，愿意从事经济系资料室编译工作。"没想到，两年后，陈振汉、罗志如等人由于起草了《关于经济科学繁荣的意见书》，遭到严厉批判，他们的得意门生厉以宁也被认为是有问题的，一直被扔在资料室坐冷板凳，一坐就是 20 年。

正是这 20 年的冷板凳，让厉以宁受益匪浅。"面对资料室里大量的中外经济学原著和几十种国外经济学期刊，我一头扎了进去，接触各种经济学观点，还翻译了一些经济学原著和论文。"

更难得的是，逆境之中，几位教授继续对厉以宁言传身教。陈岱孙、赵迺抟教授教会他"闹中取静"的学习习惯；罗志如教授跟他谈世界经济、谈经济学新的发展方向；研究经济史的周炳琳、陈振汉教授不顾旁人非议，照旧和厉以宁来往，让他帮忙收集和整理资料，暗中栽培他。

1969 年，厉以宁被下放到江西南昌县鲤鱼洲农场劳动。那里曾是血吸虫病的疫区，据说连劳改犯都忍受不了那里的环境，不断逃跑。在一张发黄的旧照片上，可以看到当时的厉以宁瘦得颧骨凸起，肩上扛着一把锄头，腿上沾满泥水，裤腿一边高一边低。他不再是诗人，更不是经济学者，而是一个正被极度疲劳折磨着的人。

1971 年秋，厉以宁被转到北京大兴农场。此后 4 年里，他又不断在北京郊区"边劳动、边接受再教育"，直到 1976 年"四人帮"被粉碎后，才彻底在学校里安定下来。

20 年的动荡中，厉以宁记了大量读书笔记，写了许多无法发表的文章，一小本一小本藏到床铺下。改革开放后，正是凭借着 20 年积蓄的这些"家底"，他担起中国经济学界领路人的重任。曾有人笑言，厉以宁出名太容易了，把过去那些压在床底下的稿子拿出来发表就够了。一句玩笑，几多辛酸。

这 20 年的坎坷也让厉以宁的经济观点发生了剧烈变化。"多次下放，使我看到农村的贫困和城乡人民生活水平的低下，我发现自己在大学阶段所学的那套东西同现实的距离是那么大。中国要富强，人民要过上好日子，看来不能再依靠计划经济的模式了。"厉以宁下决心探寻一条社会主义经济的新道路。

希望每一个研究都能经世致用

2013 年 10 月 11 日，厉以宁在一次新书发布会上说："文章发表得再多，不联系中国实际，对中国的改革没有用处。"他希望自己的每一个研究都能"经世致用"。

1978 年，中央停止"上山下乡"，上千万返城知识青年的就业一下子成了大问题。1980 年 4 月，中共中央书记处研究室和国家劳动总局联合召开劳动就业座谈会。会上，厉以宁第一次提出股份制，认为"可以号召大家集资，兴办一些企业，企业也可以通过发行股票扩大经营解决就业问题"。3 个月后，他在中央的一次工作会议上再提股份制，一些学者赞同这个大胆的想法，国务院副总理万里也表示支持，但反对者仍占多数，更有甚者，说厉以宁"明修国企改革的栈道，暗度私有化的陈仓"。1986 年 9 月，厉以宁在《人民日报》上发表了《我国所有制改革的设想》一文，此后又多次为国有企业股份制改造大声疾呼，从此得了个"厉股份"的称号。质疑声一直伴随左右，但他不卑不亢："排除那些扣帽子式的所谓'争论'，正常的学术争论是学术繁荣的必由之路。"

1987 年 5 月，承包制作为股份制的替代方案被提出来。"首钢的周冠五是承包制的代表人物，在他的带领下，改革后的前 3 年，首钢净利润年均增长 45%。"但厉以宁认为，承包制具有本质性缺陷，它在把部分剩余控制权和剩余索取权交给承包者后，企业产权的界定反而更模糊了，发包者与承包者之间的利益冲突加剧，双方更容易发生侵权的行为。1995 年，首钢因过度扩张陷入困境，周冠五被免职。随后，首钢走上股份制道路。

厉以宁告诉记者："1992 年初邓小平南方谈话后，江泽民曾专门找我、中国社会科学院的王家福和国务院发展研究中心副主任陆百甫谈股份制。江泽民说：'我赞成股份制，但现在都是小企业在搞，要搞就搞大的'。"厉以宁、王家福、陆百甫都同意江泽民同志的看法。

1997年1月，第三次全国工业普查结果出炉，39个大行业中，有18个是全行业亏损，股份制改革势在必行。9月，股份制被正式写入党的十五大报告。厉以宁说，这是中央在正式文件中第一次对传统所有制理论作出重大修正。从此，石油、电力、电信、民航、银行等领域的国有企业纷纷转变成股份制企业。

主持起草证券法

1992年6月，在上级领导的推荐下，厉以宁担任《证券交易法》起草组组长，从股份制的倡导者转变成了相关法律草案的起草者。

1993年1月，《证券交易法（草案）》第三稿讨论会召开，将《证券交易法》改名为《证券法》。1994年3月，《证券法（草案）》进入第四稿讨论，因为小组成员分歧严重，讨论被迫搁浅长达3年。其间，证券市场发展混乱，坐庄、内幕消息、造假等现象频出。1997年，亚洲金融危机爆发，出台《证券法》的呼声再次高涨。

1998年10月，全国人大常委会再次审议《证券法（草案）》时，各方在法条的适用范围上又发生了分歧。全国人大法律委员会主张"股票、公司债的发行依照《公司法》的规定，《公司法》未规定的，适用于本法。政府债券、金融债券、投资基金券的发行，由法律法规另行规定"。起草组成员、北京大学教授曹凤岐看到此稿，顿时气上心头："（都适用别的法律）那《证券法》还调整什么？"作为全国人大财政经济委员会副主任委员、起草组组长的厉以宁表态："第二条如不修改，绝不通过这个稿子。"最终，会议接受了财经委的意见，将第二条改为"（都）适用本法"，"本法没有规定的，适用于其他法律"。1998年12月29日，在第九届全国人大常委会第六次会议上，《证券法》以 135 票赞成、1 票弃权、2 人未按表决器的结果高票获得通过。

一年后，中央成立《证券投资基金法》起草小组，仍由厉以宁任组长。2003 年 10 月，该法案在第十届全国人大常委会第五次会议上以高票获得通过。

"民营经济之春"

此后，厉以宁在民营经济研究上投入了更多精力。2003 年下半年开始，刚担任全国政协常委、经济委员会副主任的厉以宁牵头成立了一个 20 多人的调研组，在辽宁、广东、浙江等省频频召开座谈会，拜访当地企业家。一个多月后，调研组汇集了一份长达 17 页的调研报告，提出放宽非公有制经济市场准入、拓宽融资渠道、加大对非公有制经济的财税金融支持等建议。2004 年 2 月 13 日，这份报告连同厉以宁的一封信递交到国务院。时任国务院总理的温家宝当天批示："促进非公经济发展，应有一个通盘考虑，着手研究一些重大的政策性问题，形成一个政策性指导文件。"

2005 年 2 月 25 日，新华社发布国务院《关于鼓励支持和引导个体私营等非公有制经济发展的若干意见》，允许非公有资本进入电力、电信、铁路、民航、石油、金融等行业和领域。这是新中国成立以来首部以促进非公有制经济发展为主题的中央政府文件，因文件内容共有 36 条，被简称为"非公经济 36 条"，2005 年也被称为"中国民营经济之春"。

但在实施过程中，厉以宁发现，政策应有细则，但"非公经济 36 条"还是比较笼统。以至于有人讲，"36 条"准入的门是个"玻璃门"，能看见里面，但进不去；还存在进去了又不得不在非市场因素干扰下被迫退出的"弹簧门"。2010 年全国"两会"期间，厉以宁在温家宝出席的政协经济、农业联组会议上第一个发言，详细阐述了民营经济发展中的困难。温家宝随即回应："要放宽民营经济的准入，解决所谓'玻璃门'和'弹簧门'的问题，真正自愿投资。投资能够达到我们期待的结构转型方向的，我们都应该支持。"

2010 年 5 月 13 日，国务院发布《国务院关于鼓励和引导民间投资健康发展的若干意见》。其中，"允许"变成了"鼓励"，在市场准入的条件、范围、扶持政策等方面做了更明确、宽松的规定，中国民营经济迎来"第二春"。

2009 年 11 月 22 日，厉以宁 80 岁生日那天，第二届中国经济理论创新奖（2009）揭晓，国有企业股份制改革理论以 84 票赞成获奖。当厉以宁接过奖杯时，会场掌声雷动。股份制理论从提出到获奖用了近 30 年，这 30 年的经济腾飞是对厉以宁最好的致敬。

对学生论文中的标点错误都细心改正

"我从来不想当官，只想做一个学者。"30 余年教书生涯里，厉以宁培养了大批学生，其中不乏李克强、李源潮、张茅、陆昊等政界要人和许多商界精英。

厉以宁告诉记者，他现在还在给本科生上大课，听课的学生挤满教室。据一位大三学生回忆："厉老师讲课大多数时间不用讲稿，只在卡片上列出提纲。讲课时，他或站，或坐，或走动，脸上挂着轻松的笑容，一双眼睛闪闪发光。他会忽然注视着某个同学，请他发表自己的看法，或者讲完一段后问大家：'你们看有没有道理？'"

厉以宁批改学生的论文非常认真。1988—1991 年，李源潮攻读北大管理学硕士学位。2009 年，李源潮回忆说："我当厉老师学生的时候只是一个名不见经传的干部（共青团中央书记处书记），而厉老师已经是很有影响、受人尊重的著名教授。他审阅我的硕士论文时，从题目、结构、观点到打印格式，都给予细心指导，花费了大量心血，甚至用错的标点符号，他都发现并向我指出来。厉老师这种扶持后生、诲人不倦的精神，每每想起，我都十分感动。"

滕飞是北京大学光华管理学院党委副书记，2000—2010 年间师从厉以宁。滕飞向记者回忆道："有一次跟厉老师到贵州毕节去调研，厉老师婉拒了当地政府安排的参观活动，主动提出：'我们自己走走看看吧。'他走到哪儿，就直接跟那儿的农民聊天，获得第一手资料。"

滕飞说，厉以宁像普通人那样生活，也像学者那样观察生活。"厉老师没请保姆，自己做饭，还常去菜市场买菜，老百姓感受到的东西就是厉老师感受到的东西，所以他能真实了解目前经济运行得到底怎么样，非常有质感。"

2004 年，著名经济学家董辅礽重病在床，无法继续辅导博士生，便恳请厉以宁将这几位博士生收入门下。厉以宁欣然答应："我和董老师是多年好友，董老师的学生就是我的学生。"现任中国铝业国际贸易公司副总经理的程志强就是这几位博士生之一。他告诉记者，自己又在厉以宁的指导下读了博士后，直到现在，只要有时间，他就和厉以宁一起做研究。

"携手同行五十秋，双双白了少年头"

学术之外，厉以宁对家庭充满了柔情。他与夫人何玉春的缘分始于湖南沅陵。当时，厉家租住在沅陵何家的房子里，厉以宁与何玉春的哥哥何重义是雅礼中学的同学，但 7 岁的何玉春对厉以宁并没有多少印象。1957 年，何玉春已从华中工学院（现华中科技大学）电力系毕业，被分配到辽宁鞍山钢铁公司发电厂工作，她去探望随哥哥定居北京的母亲，和厉以宁重逢。两人一见钟情，开始了"异地恋"。

一天，何玉春接到厉以宁的信，信中只有16个字："春：满院梨花正恼人。寻谁去？听雨到清晨。"这首《十六字令》被同学们称为"世间最短的情书"。当时，厉以宁是"有问题的人"，工资比何玉春还低2元，但何玉春毅然选择了他。1958年春节，两人在北京结婚。婚后5天，厉以宁要去京郊劳动，何玉春得回鞍山工作，厉以宁满怀离愁："昨夜频频双举杯，今朝默默两分飞，新婚初解愁滋味，咽泪炉前备早炊。"

从此便是13年的两地分居，每年只有两周探亲时间。1958年底，女儿厉放出生；1963年，儿子厉伟出生。1969年，厉以宁下放江西，将一双小儿女留在北京，交给自己的母亲照料。

1970年12月，何玉春放弃一切调到江西。夫妻俩住在放农具的茅草房里，房间一角还有黄鼠狼做的窝，但能在一起，已经让厉以宁无比满足："往事难留一笑中，离愁十载去无踪。银锄共筑田边路，茅屋同遮雨后风。朝露冷，晚霞红，门前夜夜稻香浓。纵然汗渍斑斑在，胜似关山隔万重。"

改革开放后，国内外学术机构竞相邀请厉以宁讲学、考察，何玉春常伴其左右。厉以宁身兼多项社会职务，何玉春就当"秘书"：在收发室，学生们经常看到何师母替厉老师取信件，有时多得拿不动；在家里，她是厉以宁著作的第一读者，厉以宁说："她是电气专业的高级工程师，经济学不是她的本行，她在阅读书稿时，感到这儿或那儿还不够简明，不易被人们看懂，我就进行修改，直到她满意了为止。"

2008年，在结婚50年时，厉以宁写道："携手同行五十秋，双双白了少年头，凄风苦雨从容过，无悔今生不自愁。"北大的女教师无不感慨：何老师是世界上最幸福的女人，这不在于厉以宁有多大名气，而在于厉以宁为她写诗，从青春年少写到了满头白发，从新婚宴尔写到了儿孙满堂。

"现在还给夫人写诗吗？"采访中，记者问道。"两个人一起出去就写。她会摄影，她的照片我认为好的，出了集子的，每一幅我都配上诗，已经出版了两卷，第一卷名叫《心宽无处不桃源》，第二卷名叫《沉沙无意却成洲》，都是我诗里的句子。"

"夫人收到这些情诗很高兴吧？"

厉以宁赶紧分辩："这不是情诗，都这么大年纪了还写什么情诗。"一屋子人被他逗得哈哈大笑，他也乐呵呵的，快乐如顽童。

"治家也是一个大家"

厉以宁的学生程志强说："厉老师不仅在治学上是个大家，在治家上也是一个大家。"夫妻两地分居13年，厉以宁既当爹又当妈，着意培养孩子的进取心。他曾说："如果孩子有能力，我不必留钱给他们，因为他们有能力自己挣；如果孩子没有能力，留钱给他们又有什么用呢？"女儿厉放出国留学时与一名澳大利亚小伙子结婚，现在就职于香港一家金融机构。儿子厉伟获得北大经济学硕士学位后前往深圳创业，现任深港产学研创业投资有限公司董事长。厉以宁"有四个孙子、孙女和外孙，最大的一个已经上大学了，学的是海洋环保"。

采访的最后，记者问厉以宁：在经历了战争动乱，也经历了功成名就之后，有什么人生体会能留给年轻人？他说："我的一生分三个阶段：抗日战争时期，经历了逃难、轰炸；新中国成立后，经历了各种运动，特别是在'文化大革命'时劳动改造了很多年；1979年以后仍然有些波动，但没有太大影响了。一个人受些磨难是有意义的，能锻炼人。回首过去，无论什么境遇下，我都坚持自己的观点。可以不说话，但不要说假话。"

文／田亮　许陈静

"中国农村改革之父"杜润生：
要尊重农民，让农民真正解放

杜润生（1913 年 7 月 18 日—2015 年 10 月 9 日），中共党员，山西省太谷县阳邑村人。党内最资深的农村问题专家之一，农村改革重大决策参与者和亲历者，被誉为"中国农村改革之父"。

杜润生一直认为"中国最大的问题是农民问题，农民最大的问题是土地问题"。他多次向中央谏言，主张农村实行家庭承包责任制；从 1982—1986 年连续五年参与主持起草了著名的五个"中央一号文件"，对于家庭承包责任制在中国农村的推广和巩固发挥了重要作用。

2018 年 12 月 18 日，党中央、国务院授予杜润生同志"改革先锋"称号，他获评"农村改革的重要推动者"。

> 爱人民首先要爱农民。
>
> ——杜润生

2015 年 10 月 9 日，102 岁的"中国农村改革之父"杜润生走了。"兼收并蓄，有办法使歧见趋一致；德高望重，无山头却门生遍九州"，这是门生翁永曦送别恩师的挽联。

20 世纪 80 年代初曾任中央农村政策研究室（简称农研室）副主任的翁永曦，离开农研室已 30 多年，但当他和记者谈起农研室原主任杜润生时，眼眸立刻变得明亮。"杜老永远活在我们心中。"这句话说出了他的心声。

谈到杜润生在农村体制改革上的贡献，翁永曦说："他干了大得人心的事。"说到激动处，他不自觉地轻拍桌子："杜老教导我们要守住底线、敢讲真话。""很多政治人物生前死后毁誉参半，唯杜老罕见，连反对他观点的人都很尊敬他，这太不容易了！"

启动农村改革的"参谋长"

"他受过那么多的委屈，干成那么大的事情。"翁永曦用一位老领导对杜润生的两句评价，作为接受采访的开场白。

杜润生一生，与"农"有缘，因"农"坎坷。中华人民共和国成立之初，他领导中南新解放区的土改运动，曾获毛泽东肯定。他后来撰文提出"土改解除了农民与封建地主的依附、被依附关系"，但是，"土改完成后，向农民给出什么样的制度环境成为新的重大问题"。在农业合作化运动中，身为中央农村工作部秘书长的杜润生提出要坚持自愿原则，不要一哄而起，这自然受到毛泽东的严厉批评，被指责为"小足女人走路"，"站在富农、富裕中农立场上替他们说话"。杜润生因此离开了中央农村工作部，在历次政治运动中屡遭批判，一晃就是 20 多年。

1979 年，66 岁的杜润生迎来了人生中又一个春天。他被任命为国家农业委员会副主任，分管农村政策研究。"他是站在改革风口浪尖上的人，是启动农村经济体制改革乃至中国经济体制改革的参谋长。"说起那段激情燃烧的岁月，翁永曦仍难掩激动，"杜老获此口碑，首先是因为他干了一件大得人心的事。中国的农民问题，我们党倾注了极大的精力，但很长时间没有解决好。我记得万里同志曾经说过，我们党对农民是有承诺的。要让农民吃饱肚子，过上好日子。"杜润生将此当作自己的使命。

翁永曦说："杜老不是决策者，是个高级幕僚。20 世纪 70 年代末，他要研究和解答三个问题：一是包产到户有没有显著效果，二是这种形式有没有合理性和普遍性，三是这种形式是否与社会主义兼容。"

翁永曦多次用"用事实说话"来形容杜润生的风格。"很多官员是看领导眼色说话，杜老不是。他组织了一批干部和学者，包括一些体制外有过插队经历的年轻人下去调研。他用'土地绣花'来形容农民包产到户后的积极性。安徽凤阳县包干到户一两年后，农民从缺粮吃到出现'卖粮难'。包产到户的效果是肯定的。而且，农业是有生命物质的生产，没有中间产品，从播种插秧到田间管理再到秋收有连续性，更适合家庭承包，具有合理性和普遍性。"

"兼容问题很难办。杜老想出了'家庭联产承包责任制'这个中性的词，代替'包产到户'的说法，这个提法谁都很难反对——因为无论工业、教育、科技、商业，干什么都要讲责任嘛。"

1982 年，杜润生主持起草了中央"一号文件"，首次正式承认包产到户的"合法性"，用农民兴高采烈的说法，就是给包产到户上了社会主义的户口。此后他任中央农村政策研究室主任兼国务院农村发展研究中心主任，连续主持起草了五个"一号文件"。翁永曦说："责任制如星火燎原，不推自广。八亿农民不再依附于人民公社，获得了经济自由。这不仅改变了中国农村的面貌，改善了农民的生活，对中国政治文明的进步也起到了重要作用。杜老参与的改革，恢复了农民对党的拥护，夯实了党的执政基础，得民心，得党心。"

"9号院"的灵魂人物

恩师杜润生也是改变翁永曦命运的人。几十年后，翁永曦依然记得第一次见杜润生时的情景。

1979年10月，翁永曦刚被分配到《中国农民报》当记者。有一天，他奉命将社论清样送到国家农委，请时任农委副主任的杜润生审稿。翁永曦骑车来到农委，走进杜润生的办公室。正在看文件的杜润生抬起头来："小伙子，我没见过你啊。"

"我刚来报社工作。"

"哦？原来什么职业的？"

"农村插队。"

杜润生来了兴趣，撂下笔，直起身子："时间不短啊，说说，有啥体会？"

翁永曦没有思想准备，实话实说："农村太穷，农民太苦，我觉得国家农业政策应该建立在务农有利可图的基础上。"

"这算一条，有第二条没有？"

"有，我从小受到的教育就是'万花筒里看世界'，相信'大河有水小河满'。到了农村才发现，无论是自然界还是经济界都只能是'小河有水大河满'。"

杜润生没再说啥。一个星期后，调令来了——翁永曦被调到国家农委政策研究室工作。后来国家农委撤销，成立农研室，杜润生任主任，办公地点在西黄城根南街9号。从此，"9号院"就成了农研室的代称，而"9号院的灵魂是杜润生"。

翁永曦回忆，杜润生曾让他到大学应届毕业生中"招兵买马"。杜润生说："年轻人没有条条框框，我们部门需要年轻人。"他没规定招什么样人，而翁永曦招来的年轻人让他挺满意：独立思考，敢讲真话，注重实际。后来，"9号院"成为"三农"理论与政策研究的最高殿堂，也成为中央各部委里思想最活跃、探讨改革最积极的地方之一。王岐山、段应碧、陈锡文、杜鹰、林毅夫、张木生、周其仁、戴小京等都曾经在"9号院"工作，成为杜老的门生。习近平、刘源当年在地方工作时，受聘为农研室的特约研究员，每年"一号文件"起草前，也常被请到"9号院"参加讨论。

宽厚、民主、真放手

"杜老那是真放手，真信任我们这帮年轻人啊。"翁永曦告诉记者，"我刚到农委那会儿，就是个普通干部，有一天，杜老把我叫去说：'中央准备未来10年向农业投入1500亿，你考虑考虑，拿个方案吧。'我当时就懵了。那时，我一个月工资才46元，那年代1500亿能抵现在几万亿吧。我还只是个科员，上面有处长、局长，杜老就把这么重的担子压过来了。"

"在杜老手下工作，最沉重的是被杜老信任，我们就是玩命也要对得起这份信任。"翁永曦说，农村联产承包制实行后，新华社有份内参，反映内蒙古出现集体资产流失问题。"杜老说，小翁你去，听听周惠同志（时任自治区党委第一书记）的看法。居然让我一个白丁去见自治区'一把手'！我去了，周惠说了三点：情况属实；农民要承包，不能逆着民意；大变革有得必有失。我向杜老汇报时，概括为凡事皆有利弊，'两害相权取其轻'。杜老点头说，再看一看吧。"这件事被"轻放"，没造成大的影响。

杜润生唯实。翁永曦记得他常说，中国的事不在于想要干什么，而在于只能干什么。向杜润生汇报工作，翁永曦总结出"三段式"：问题、症结、办法。"哪怕不同意你的解决方案，杜老也会帮助分析，并提出改进的建议。他最不满意的是那种只知道说出问题，等着领导发话的人。"

翁永曦告诉记者，他"这一辈子只被杜老表扬过一次"。但是，"杜老宽厚，跟着他能学到很多东西"。他特别钦佩杜润生的工作作风。"他很注意听取反对意见。那时候农口有几位同志激烈地反对一些改革措施，他在开会讨论时就特意吩咐要把他们请来。听到不同意见，他不会轻易打断对方的发言，总是耐心听完才逐条分析其中的利弊。"

翁永曦后来被任命为农研室副主任，成为当时全国最年轻的副部级干部，后带职到安徽凤阳兼任县委书记。翁永曦告诉记者，在凤阳时，杜润生依旧关心着他。定期派人送去文件，经常召他回农研室开会。"杜老说，包产到户也有它的问题，要继续坚持深入调查研究，找到受农民欢迎的解决办法。"翁永曦后来离开官场、下海经商，杜润生仍和他保持着师生之谊。

"老爷子就是心宽"

杜润生在工作上一丝不苟，生活中却很"马虎"。翁永曦说："那时候，我上他家谈事，到中午了老头儿说'就在我这吃吧'，说完他进厨房了。我想，我得帮忙吧，就跟了进去，一看，老爷子正拎着一口小锅，在里面和面。然后，一手端着锅，一手拿根筷子，把面一截一截拨到灶上另一口开水锅里。煮熟了捞出来，蘸点酱油和醋，我们就这么吃。老爷子说，这叫拨鱼儿，山西的农家饭。过去在太行山打仗，后来'文化大革命'挨斗，他自己弄饭吃，就吃这个，简单。"

翁永曦跟杜润生去太原出差，晚上逛小吃街。当时条件简陋，挂盏汽灯、摆个桌子就是个摊位。"老头儿闻着家乡小吃的香味就走不动了，说'咱们吃一碗'。我劝他：'您看，他们刷碗都只用这一桶水，不干净。'老头儿乐了，'不怕，天黑，看不见'。"

离休后，杜润生很长一段时间依旧每天看文件，关注着各种前卫的理论。他爱游泳，爱打网球，也喜欢到各地走访、调研。20 世纪 90 年代初，杜润生去广州，看望下海创业的翁永曦。两人晚上散步到一个迪斯科舞厅门口。"他说进去看看。里面一个大舞池，听着舞曲他也跳了起来。"翁永曦说着，模仿杜润生的舞姿，先提一只脚，另一只脚蹦，然后换一只脚再蹦。"杜老说，别人跳狐步，他跳的是猴步。"杜润生还唱了首《潇洒走一回》，字正腔圆。听到老人唱"岁月不知多少人间的忧伤，何不潇洒走一回"，翁永曦感叹："老爷子就是心宽。"

每年的 7 月 18 日，都有上百人来给杜润生庆祝生日。有一次，王岐山自己开着车来了。"我是中午'逃'出来的，因为实在想见见杜老和你们，1 点钟必须得走。"95 岁后，杜润生的听力和记忆力都衰退了，常年住在医院，但内心依然关注着农民的利益。

杜润生去世后，翁永曦赶去家中吊唁。"我们都以能做杜老门生为荣。人生能有这样的良师益友，太幸运了。"他提到，杜润生九十大寿时，弟子们曾在起草"一号文件"的京西宾馆相聚。那一次，杜润生提到了自己一直惦念的两件事："用市场机制激励人，用民主政治团结人。"这两件事，也是杜润生对后辈们的期待。

文 / 凌云　张之豪

经济学家林毅夫：

要立足于实际国情解决中国经济问题

林毅夫，原名林正义，男，汉族，无党派人士，1952 年 10 月出生于台湾宜兰，经济学博士。北京大学教授，国务院参事。林毅夫的主要研究领域为发展经济学、农业经济学、制度经济学。

2018 年 12 月 18 日，党中央、国务院授予林毅夫同志"改革先锋"称号，颁授改革先锋奖章，他获评"经济体制改革理论的探索者"。2018 年 12 月 22 日，入选"中国改革开放海归 40 年 40 人"榜单。

> 我觉得我这辈子过得很顺利，并没有太大困难。有困难的话，其实就是锻炼自己意志的时候。
>
> ——林毅夫

1988 年是林毅夫的分水岭。

无论哪个领域的翘楚，在其一生中，大抵总要经历几次里程碑式的转折。就像经济学家林毅夫改过两次名字，每一次都在他的人生节点上。

第一次，他把本名林正义改为林正谊。那是 20 世纪 70 年代初，林毅夫还是一个"狂热的国家主义者"，为蒋介石政权失去联合国席位而怒不可遏，从人人艳羡的台湾大学退学，转到军校当兵。第二次，他把林正谊改为林毅夫。那是 20 世纪 80 年代初，他从金门游到大陆，几经辗转，成为北京大学经济系的硕士研究生。但在林毅夫自己看来，对他的思想和学术生涯影响最大的节点并非上面两个，而是更晚一些的 1988 年。

1988 年是林毅夫从美国获得博士学位归国的第二年，是他踌躇满志、决心将西方经济理论付诸中国实际的一年，也是他第一次真正深刻了解何为"国情"的一年。

在此之前，林毅夫将国家富强、民族复兴的希望寄托在"师夷长技"上。这是自鸦片战争 100 多年来，一代又一代中国知识分子不断探求的道路。出国时，林毅夫抱着"西天取经"的想法。他所就读的芝加哥大学被认为是现代经济学的最高殿堂，林毅夫特地带去一幅唐玄奘西天取经的拓片，悬挂在寝室里以自勉。1987 年回国时，林毅夫信心满满，认为已经学到世界最先进的理论，足以改造中国经济，没想到现实却给了他狠狠一击。

1988 年，中国出现了 18.5% 的通货膨胀率，按照芝加哥大学的理论，林毅夫认为应该提高银行利率，增加投资成本，让人们更愿意储蓄而不是投资和消费，社会总需求减少，通货膨胀率就会降下来。

然而，中国政府当时采取的是行政手段，用砍投资、砍项目的方式减少需求，这看起来是一种"不理性、愚笨"的方式，却引发了林毅夫的深刻思考："从 1978 到 1987 年，中国平均经济增长速度是 9.9%。能维持这样高的增长速度，决策者一定是很理性的，那为什么要用行政干预的方式，而不靠市场手段来治理通货膨胀？"

经过仔细了解，林毅夫才知道那是因为大型国有企业都在资本密集的行业里，如果把利率提高，大型国企就会面临严重的亏损，政府只能给予财政补贴，导致财政赤字增加，于是就要增发货币，结果还是通货膨胀。

林毅夫这才意识到，西方用提高利率来治理通胀的目的，就是让那些经营不善的企业在市场竞争中被淘汰掉，以此提高经济效益、恢复市场均衡。但中国的情况不一样，采取的措施当然也不一样。

1988 年对林毅夫来讲是一个分水岭，他从一个笃信"西天取经"的知识分子变成了一个根据国情来研究中国问题的人。他告诫自己必须把现有理论抛开，研究中国经济现象背后的限制条件是什么，决策者的目标是什么，然后考虑采取怎样的措施。

齐白石有句名言：学我者生，似我者死。百年来，世界上多少人、多少政府、多少民族都在"学"与"似"之间徘徊，从跟随到引领者寥寥，从引领到开创者几无先例。然而所谓大国之魄力，必然敢在满目从众者中坚定自己的信念与意志，借鉴而非照搬，直到走出一条属于自己的道路。

走过五千年而传承不断的中国在某种意义上是"独一无二"的。面对这种特殊性，作为芝加哥经济学派嫡传弟子的林毅夫，最终没有选择该学派的自由市场理论，尤其是在中国国企改革方面。

按西方理论，国有企业改革的核心在于打破国有制度，一些经济学者推崇私有化改革方案。林毅夫则认为，产权是否私有与企业自身能力并无必然关系，私有化不能解决根本问题，问题的关键在于市场是否透明有效。因此，他一直强调在市场的基础上发挥政府作用，在他看来，对于发展中国家而言，政府干预的重要性不言而喻。

2008 年，林毅夫出任世界银行首席经济学家兼资深副行长，当时世界上仍有大约 14 亿人饿着肚子入睡，撒哈拉以南非洲国家的贫困状况触目惊心。如何缩小它们与发达国家的差距，成为林毅夫在世行思考最多的问题，他在剑桥大学的马歇尔讲座发表演讲时说："我认为贫穷并不是发展中国家的命运。"

部分非洲国家的经济现状与中国 20 世纪 80 年代初期非常接近：社会

相对稳定，劳动力丰富、成本低，政府也相对有效率，发展经济的积极性很高。这些国家要摆脱贫困，可以借鉴中国发展的经验。

2011年8月，时任埃塞俄比亚总理梅莱斯接受林毅夫的建议，亲自来华举办招商活动。两个月后，广东一家企业在埃塞俄比亚设立代表处，两条生产线很快建立起来，机器、设备、主要原材料从中国进口，而600名工人都是当地的。2012年10月，工厂开始赢利，年底已经成为埃塞俄比亚最大的出口企业。以今日"一带一路"的眼光来看，林毅夫此举是一次基于国情而有的前瞻性举动。一个好的经济学家，是能预判发展趋势的。

在外界看来，对于中国和中国经济，林毅夫一直是坚定的乐观派，他自己却说："我不是乐观派，而是客观派，但大家都悲观，客观就变成乐观了。"在他眼中，中国在21世纪的崛起、中华民族的复兴不是被感情所左右的文字表述，而是一种客观存在的历史必然，这正是他40多年前游过海峡的动力。

文 / 尹洁

"WTO 大法官"张月姣：
在国际舞台实现自我价值

张月姣，中共党员，吉林省吉林市人，1944年10月25日出生，清华大学法学院兼职教授。1968年获法国汉纳大学学士学位。1981至1982年赴美国乔治顿法学院、哥伦比亚大学法学院学习，获法学硕士学位。1985年取得中国律师资格。

张月姣律师通晓中文、英文、法文，有长期国际贸易、金融和投资法律的经验，曾在中国技术经济情报所工作。曾任外经贸部条法司司长，世界贸易组织争端解决机制上诉机构主席。

荣获2007年"年度法治人物"称号。2018年8月24日，被最高人民法院聘任为国际商事专家委员会首批专家委员。2018年12月18日，党中央、国务院授予张月姣同志"改革先锋"称号，她获评"对外开放法制建设的积极实践者"。

> 我将更加努力，更加熟悉案例和条文规则，更加熟悉WTO成员对上诉机构的希望，今后更好地工作。
>
> ——张月姣

2007 年 12 月 6 日下午，北京华润大厦顶层的俱乐部里灯明酒暖。这里正在举行一场庆祝酒会，各路法律精英都在翘首期待一个人。她就是 11 月 27 日刚被世界贸易组织（WTO）任命为常设上诉机构成员的首位中国人，63 岁的张月姣。

"WTO 来了首位中国大法官"，短短几天，这样的新闻关键词就占据了各大媒体的头条。而此时，很少有人知道张月姣是何许人。

就像这一天，张月姣其实早已抵达庆祝会的现场，但由于惯常的低调，并没有太多人认出她。实际上在国际贸易法领域，张月姣曾创下众多的中国第一：第一个在世界银行担任法律顾问的中国人；第一个在亚洲开发银行工作并担任多个重要职位的中国人；第一个在西非开发银行担任董事的中国人……而这一次的"第一"，因为放在中国对外贸易飞速发展的大背景下，所以更加令人瞩目。

学习，忘记年龄

"当选'WTO 大法官'，我感到的是作为中国人的一种荣誉。"正如张月姣本人所说，在这种荣誉的背后，是中国不断提升的贸易地位在支撑。从来都是做国际贸易"运动员"的中国人，终于可以在 WTO 贸易争端的最高裁决机构中拿起神圣的法槌。

翻看张月姣的履历，我们发现，1944 年出生的张月姣，其人生轨迹与新中国的开放进程环环相扣，简直就是这半个世纪中国与世界交往的缩影。

1964 年，中苏关系恶化，新中国成立以来形成的向苏联、东欧派出留学生的"惯例"陷入僵局。为了寻求外交上的突破口，也为培养国际交流人才，国家选拔一批优秀的青年学生，前往法国等欧美国家留学。刚刚从北京师范大学附中毕业的张月姣就在其中。

当年春天，张月姣踏进了刚刚和中国建交不久的法国，就读于汉纳大学。年仅 20 岁的张月姣，深知肩上的重托，因为她自己算过一笔账——国家为她负担的一年学费和生活费，就相当于当时国内 30 个农民一年的产值。机会来得如此不易，她没有理由不努力。

从那时起，张月姣养成了每天早上 5 点钟起床学习的习惯，一直保持至今。无论头天夜里忙到多晚，次日清晨她都必定按时起床，风雨无阻。

从未学过法语，初到法国的张月姣，面临的第一个问题就是语言不通。为了攻克语言关，张月姣找来字典，不打折扣地背了起来。这是个吃力的"笨办法"，但就是这个"笨办法"让张月姣熟练地掌握了法语。

1968 年，张月姣在法国获得学士学位后回国，正赶上"文化大革命"，她被下放到四川一个汽轮机厂劳动。她的一位老同学回忆说，那时偶尔收到张月姣的来信，除了描述工厂的生活，张月姣还会提及自己正在学习的书目。因为张月姣相信，国家的动荡只是暂时的，有一天国门打开，她的所学必有用武之地。

10 年之后的 1978 年，改革开放拉开帷幕，张月姣重新被安排到刚成立不久的国家进出口委员会和外国投资委员会，从事法律相关工作。但她很快发现，自己在法国留学时学的那些知识已经不够用了。随着与世界各国贸易接触的不断深入，中国在国际经济贸易相关法律上的"缺口"陡然显现，国家急需相关人才。又一次，张月姣踏上留学之路。

1981 年，张月姣去美国的乔治敦法学院和哥伦比亚大学攻读法律硕士。当然，此时的张月姣在专业上成熟了很多，她在美国的学习并没有拘泥于校园。为了获得第一手的经验，张月姣开始在世界银行法律部担任法律顾问。白天她和同事们一起工作，晚上就去学校读研究生课程。别的研究生一次只修 4 门课，她却一口气拿下了 11 门。一位和她在世界银行共同工作的美国教授得知后，忍不住称她为"女铁人"。

国际贸易法的研习为她在国内的工作打下了深厚的基础。张月姣回国后参与了多部涉外法律的起草，比如《外贸法》《涉外经济合同法》《反倾销条例》等等。她深感国内相关人才的匮乏，同时在中国人民大学、对外经济贸易大学担任兼职教授。

"铁人"张月姣从不愿放慢脚步。1997 年，已是中国对外经济贸易合作部条约法律司司长的张月姣选择离开自己的行政岗位，重新踏上赴美求学路，去哥伦比亚大学完成自己的 MBA 高级研修班课程（Advanced MBA）和法学博士（JSD）学业。这一年她 53 岁。

张月姣早已不是年轻人，但她旺盛的精力却常常令人觉得不可思议。而她这样解释自己的秘密："我的座右铭就是——而今迈步从头越，永远都是重新开始、从零开始，不背负过去的包袱，不与人攀比既有的成绩。这样，你就会忘记自己的年龄，抛下所谓的顾虑，再上路。"

谦和，但不示弱

20 世纪 90 年代的中美知识产权谈判，曾是中国"入世"谈判中最引人关注的硝烟之战。在这个长达 10 年的谈判"持久战"中，张月姣作为谈判代表，一直是鏖战"沙场"的主将，尤其是在第三轮谈判中。这是一轮被《华尔街日报》称为"四个女人"的谈判，"四个女人"指的就是中方时任外经贸部部长的吴仪与张月姣，以及时任美方贸易谈判代表的巴尔舍夫斯基和莱尔。

从势力对比上看，吴仪无论气质、经验还是资历都远胜巴尔舍夫斯基，而张月姣心里也底气十足。在谈判桌上，在美国人的面前，她据理力争，从不示弱。

"在谈判过程中，不要有任何自卑感，但也不能傲慢。只要你有扎实的基础和丰富的经验，讲话有根有据，你就有力量。"更令张月姣自信的是，美方代表只会说英文，不懂中文，而她熟稔英文、法文和中文，法律条文也背得很熟。这使得美方代表从一开始便在气势上输了一筹。后来，一些来自美国律师界的议员彼此传说：中国有个 Madam 张很厉害，但也很公平。

实际上，工作中的张月姣十分谦和。一位律师回忆说，在涉外案件中经常遇见一些前所未有的问题，有些条文闻所未闻，于是他去外经贸部条法司请教司长张月姣。张月姣毫无架子，主动帮他查找搜集资料，热情地给建议、出主意。

平等，第一原则

在众多国际组织中任职，张月姣最看重的是平等。"法律跟一个国家的文化、政治制度和经济体制都是密切联系的，不能简单地移植。你不能说你的法律就优于我的法律，强加于别人。大家都是平等的，要入乡随俗，知己知彼。"在亚洲开发银行工作的 6 年里，她从亚行的助理法律总顾问一直做到欧洲局局长，对不同文化的尊重也为她赢得了亚洲各国的信赖。2005 年 1 月，年满 60 的张月姣从亚行圆满退休，回到北京。

原以为从此能安静休养，不料退休在家不到一周，张月姣便接到一个电话：中国加入了西非开发银行，需要一名中国董事，希望她代表中国再次"披挂上阵"。那颗被使命感所驱动的心，再次"不安分"起来。于是，张月姣成为西非开发银行中唯一的"黄皮肤"，而且人们都知道，这位来自中国的 Madam 张不需要翻译。

为了让其他国家感到中国参与西非开发的诚意，张月姣到西非开发银行之后，每次开会都会认真地看文件、提建议。非洲的交通系统在世界上可以说是最差的，于是，她就对其他的非洲董事说："我们中国有句俗语，叫'要想富，先修路'。非洲应该多发展公路体系，同时解决关卡过多、手续烦琐的问题。"

有一次，董事会在审议非洲小国马里的一个供水项目时，一些董事认为这个项目经济效益太差，贷款回收可能困难。但张月姣却忍不住说："在非洲，水比石油还重要。饮用水涉及非洲国家的经济安全，必须保证提供洁净的饮用水。如果担心水资源会被浪费，可以通过让水价与使用量挂钩的办法来解决。"

会后，一位董事走过来，情不自禁地对张月姣说："Madam 张，你就好像在我们非洲住过几年一样，实在太了解我们的情况了！"这位董事不知道的是，张月姣每次来非洲开董事会之前，都会到当地的市场去看一看，和当地人交谈，她目睹了那些买不起洁净水的非洲穷人，是如何喝下污秽的自来水的。

与此同时，张月姣也发现了一个问题：在西非开发银行几百亿美元的国际招标项目中，很少有中国企业的身影。于是，每次开完董事会后，张月姣都会把即将招标的项目统计下来，及时地告诉合适的中国企业，建议更多的中国企业参与国际市场竞争。

失败？再来一次

2007 年参加 WTO 常设上诉机构成员的角逐，对张月姣来说，已经是第二次了。

早在 2006 年，WTO 在全球寻找这一职位的合适人选时，中国政府推荐了两个候选人，其中之一就是张月姣。张月姣几十年来的专业就是研究国际贸易法，有着丰富的国际组织任职经验，"她是最合适的人选"。

2006 年 4 月，张月姣参加了 WTO 上诉机构甄选委员会举行的第一次考试。面对考官的提问，张月姣引经据典、侃侃而谈，在场所有的考官都对她的表现十分满意，有一位考官甚至开玩笑地问她：还有什么是你不知道的吗？然而，那一次当选的并非张月姣，而是南非的大卫·乌特霍特，张月姣与 WTO 擦肩而过。

可她是个执着的人。对于自信能做好的事，张月姣不会轻易放弃。她细看在任上诉机构成员的简历后发现，2007 年底将有人卸任，于是再次申请。

每天早上 5 点，张月姣起床，把 WTO 所有的案例条款、上诉机构的要求以及最近的专著，反复阅读。为了掌握 WTO 上诉机构的最新动态，张月姣每天都上网跟踪上诉机构正在处理的案件及其进展，"比当年准备博士论文还难"。

这样的"苦修"连续坚持了 19 个月。2007 年 11 月初，WTO 上诉机构甄选委员会的第二次考试如期举行。可就在即将登机飞往日内瓦之前，她却忽然病倒，脸色煞白。医院从头到脚给她仔细检查，却没查出什么毛病，医生叮嘱了一句：你是太累了，要多注意休息！

张月姣还是准时参加了考试。这一次，她顺利通过，"因为，我准备的比他们问的还要多得多"。世贸组织在其官方网站上表示，常设上诉机构的成员必须被确认为权威人士，通晓法律、国际贸易以及各国广泛认定的其他事务，"他们也被要求不得参与任何政府，成为世贸组织成员的广泛代表"。张月姣很珍惜这个机会，"这是我的第一次，也是中国人的第一次，我对未来的工作充满信心"。

当初与她一道出国的同学，如今都步入耳顺之年。张月姣也上有老父，下有孙子、外孙。作为女人，她很庆幸有家人的支持，让她有源源不断的动力。她也很清楚自己在家庭中的角色："女人要奋发成才，但不能在家里不会做菜。"只要在家，她就会下厨，工作之余爱爬山、会跳舞。从不放弃的追求，让张月姣拥有了更加丰富的人生，和着这个时代的脚步。

文 / 毛阔杰

建筑大师吴良镛：

"诗意地居住"为何这么难

吴良镛，江苏南京人，中共党员、民盟盟员，1922 年 5 月出生，清华大学教授，中国科学院和中国工程院两院院士，中国建筑学家、城乡规划学家和教育家，人居环境科学的创建者。

吴良镛长期从事建筑与城乡规划基础理论、工程实践和学科发展研究，针对我国城镇化进程中建设规模大、速度快、涉及面广等特点，创立了人居环境科学及其理论框架。

2018 年 12 月 18 日，党中央、国务院授予吴良镛同志"改革先锋"称号，颁授改革先锋奖章，他获评"人居环境科学的创建者"。

> 要有对事业的热情和忠诚。
>
> ——吴良镛

在清华大学建筑学院吴良镛教授办公室门口，挂着他多年前手书的四个字："匠人营国"。他把自己比作一个匠人，用建筑来建设自己的国家。"它出自《周礼·考工记》，梁思成先生自谦为'拙匠'，清华建筑系是'拙匠之门'。"2012年2月14日，这位"匠人"在人民大会堂获得了2011年度国家最高科学技术奖。中国科技界的最高荣誉，第一次授予了一位建筑学家。

2012年3月9日，看着吴良镛在助手的虚扶下拄着拐杖缓慢地走进办公室，记者实在无法把他和纪录片资料中那个连摄像机都追不上的老人联系在一起。不过那招牌式的憨厚笑容一点都没变，他边走边笑着说："我现在是半个残疾人了。"2008年夏天在工地的一次中风，差点让他再也站不起来。

他慢慢地走到桌前，坐下，拿出眼镜戴上，再慢慢地掏出助听器塞到耳朵里，同时自嘲："别人是武装到牙齿，我是武装到耳朵。"他说话语速很慢，音量也很低，让人不由地竖起耳朵。这一切都在提醒人们，这位还有两个月就90岁的老人的身体里，蕴藏着太多的故事与智慧。但他在采访开始后的第一句话却是："你的一些问题我可能答不上来，因为我自己对现实也有很多困惑。"

恩师以"百废待兴"劝他回国

"秦淮缓缓流呀，盘古到如今。江南锦绣，金陵风雅情呀。瞻园里，堂阔宇深深呀。白鹭洲水涟涟，世外桃源呀。"1922年5月7日，吴良镛出生在江苏南京一个普通职员家庭，家住中华门附近，幼年也曾领略过十里秦淮的繁华与风情。

但好景不长，吴良镛记事后，目睹的多是这座六朝古都的衰败过程。1937年12月南京沦陷前，他随家人逃难到四川。"当时，各地的流亡教师和流亡学生都到了四川，组建了国立二中（现江苏省常熟中学）。"校址最终定在了合川的濮岩寺，一座修建于唐朝的庙宇。

"1940年我高中毕业参加大学考试，最后一门考完后，中午我正睡觉，日本人开始轰炸了，我们赶紧躲到防空洞里。一时间，地动山摇，火光冲天，瓦砾碎片、灰土不断落下来。当我们从防空洞出来时，发现大街小巷狼藉一片，合川大半座城都被大火吞噬。"颠沛流离的命运和满目疮痍的国家，让吴良镛对一个稳定、舒适的居所有着特殊的向往。这大概也是他选择学建筑的一个原因。

吴良镛大学毕业后，加入了中国远征军，在云南的滇缅边境对日作战，1945年抗战胜利前，他回到重庆。

"当时，我对前途比较迷茫，只想着回到大学继续读书，直到遇到梁思成先生。"大学时，吴良镛因一篇文章而被梁思成看中。抗战胜利后，梁思成与时任清华大学校长的梅贻琦开始筹备清华建筑系，吴良镛也来帮忙。在此期间，他还认识了梁思成的夫人、女建筑学家林徽因，从此开始了与梁林的师徒情谊。"他们给我指明了人生道路，从那时开始了我一生的事业。"

清华建筑系建系之初，梁思成赴美讲学，吴良镛和林徽因成为系里仅有的两名教员。1948年夏天，梁思成推荐吴良镛到美国匡溪艺术学院建筑与城市设计系深造。在著名建筑师沙里宁的指导下，吴良镛开始探索中西交汇、古今结合的建筑新路。他的作品屡次获奖，在美国建筑界崭露头角。

新中国成立后，梁思成、林徽因夫妇给吴良镛寄去一封信，信中"百废待兴"四个字，让他重新想起儿时的苦难与梦想。1950年，吴良镛回到清华大学。1959年，他创办了清华大学建筑设计研究院；1984年退休后，他筹建了清华大学建筑与城市研究所；1995年，已73岁高龄的吴老，又一手创办了清华大学人居环境研究中心。

著名的美籍华裔建筑学家贝聿铭曾经说过："不管你到哪个国家，说起中国的建筑，大家都会说起吴良镛。"事实上，在这个信息发达的时代，吴老在国内却绝非被人们追捧的名人，但很多人都受惠于他的理念和思想——他参与过北京、北海、三亚、张家港、深圳、无锡、苏州等城市的规划设计，主持了山东曲阜孔子研究院和中央美术学院校园的设计，参加了长安街规划、国家图书馆的建筑设计，并组织编撰了中国第一本城乡规划教科书。

北京城改造就像剃头

在北京人艺的话剧《全家福》里，老北京的建筑工人王满堂在拆除东直门城楼的工地上发了一天呆。回来后家人问他干什么去了，他眼里噙着泪说："给东直门送行，一个建筑不在了，犹如一个相濡以沫的老朋友不在了，我想再看它一眼……"

从 1915 年开始，东直门就在一点点地被拆减，直到 1969 年东直门城楼被拆除。而这仅仅是古建筑命运的一个缩影。现实中比王满堂更激烈的，是吴良镛的老师梁思成。他的晚年就是在为保护北京古建筑的奔走呼号中度过的，他曾大声疾呼："拆一座城楼就是剜掉我一块肉！"

梁思成的理念被吴良镛保留了下来："过去一百年，在激烈的政治经济社会文化的变迁中，中国对传统文化的否定是史无前例的。北京的旧城不能让它再毁坏下去了，它可以说是世界城市史上无与伦比的杰作，是中国古代都城建设的最后结晶。"

早在 1978 年，吴良镛就开始对北京旧城整治进行研究。他认为，北京的旧城改造，不仅要满足现代生活的舒适要求，还要与原有的历史环境密切结合。他提出了"有机更新"理论和建造"类四合院"住房体系的构想。在这一构想下，吴良镛生命中最重要的作品之一——菊儿胡同 41 号院诞生了。

菊儿胡同位于北京市中心城区，41 号院原来是那种老电影上常见的环境最恶劣的大杂院：人满为患，40 多户人家共用一个水龙头，一下雨就发水灾。1987 年，吴良镛接手了菊儿胡同改造工程，把 41 号院建成了由几栋白墙黛瓦三层小楼构成的类四合院建筑，由于空间应用合理，三层楼容纳了普通楼房五层的人口。整个院子充满了苏州园林的诗情画意，甚至保留了原有的古树。1992 年，菊儿胡同改造获得亚洲建筑师协会金质奖，1993 年获得联合国"世界人居奖"。

然而，菊儿胡同的三期改造工程却因开发商称"亏本"而搁浅，吴良镛的改造理念再没得到推广。"有人说，菊儿胡同没有价值、没有典型性，别的地方盖不了。其实，我并不是要所有的房子都盖成菊儿胡同，只是希望不同的地区能根据自身条件，改造出它的特色。"

现实让吴良镛失望了，北京城改造的速度和方式，在他看来就像剃头，"北京已经像一个瘌痢头，出现了一片片'平庸的建筑'和'平庸的街区'。如此无视这个历史文化名城的文化价值，仅仅将其当作'地皮'来处理，无异于将传世字画当作'纸浆'，将商周青铜器当作'废铜'来使用"。

痛批千城一面

作为一名建筑师，吴良镛心里有着一份对人性的敏锐体察和重视，"与公共建筑相比，我更在意民居。因为民为邦本，普通人的居住问题是建筑最本质、最核心的内容"。

1990 年 7 月，钱学森致信吴良镛："我近年来一直在想一个问题：能不能把中国的山水诗词、中国古典园林和中国的山水画融合在一起，创立'山水城市'的概念？人离开自然又返回自然。"或许是从中得到了灵感，吴良镛始终把"诗意地居住"挂在嘴边。"我毕生追求的就是要让全社会有良好的与自然相和谐的人居环境，让人们诗意般、画意般地栖居在大地上。"

1993 年，吴良镛提出人居环境科学的概念，得到了全球建筑界的承认。"人居环境，就是人、建筑物乃至于自然环境，是相互协调的一个住所。人居环境，首先讲究秩序：从时间上讲，怎样前后相匹配；从地域来讲，每个地域有每个地域的特点；从环境来讲，要宜居、适合人类居住。"

1999 年，国际建协第二十届世界建筑师大会在北京召开，吴良镛起草了《北京宪章》，提出"建设一个美好的、可持续发展的人居环境，是人类共同的理想和目标"。

但现实的残酷让吴良镛的理论很难施展。他喜欢玩一个游戏，收集中国大城市高楼林立的照片，让人猜是哪个城市。即便是专业的建筑师，也没有几个能猜中。"千城一面"的现象，几乎成了中国城市的通病。他直言不讳地批评一些城市"重经济发展、轻人文精神；重精英文化、轻大众关怀；重建设规模、轻整体协调；重攀高比新、轻地方特色；重表面文章、轻制度完善""好的拆了，烂的更烂"。

建筑师要有赴汤蹈火的热情

吴老就住在清华大学校园里，一周有三四天会来办公室。每次过来，他都会拖个买菜的小拖车，上面放着公文包。这位见人就笑的矮胖小老头，却有着对现实问题的犀利洞察和赳赳诘问，他的内心满怀忧思。

记者：您曾多次公开发问："中国建筑规划市场热火朝天，为何中国建筑师一般只作为合作者，充当配角？"现在您找到答案了吗？

吴良镛：不能说完全找到了，但我能说说我的理解。首先是建筑师的定位问题，建筑师与社会的发展是分不开的，而每个时代对建筑师的要求又有所不同，但不管怎样改变，一定要牢记对人的关切，同时具有赴汤蹈火的热情和无限的忠诚。现在并不是每个建筑师都能这么定位自己。

另外中国社会还有一个缺点，就是长官意志对建筑规划的影响太严重。当然，不能说所有的长官都不懂建筑、没有真知灼见，但必须平等地交流和讨论。现在建筑师不敢也不能改变长官意志，我也有这样的亲身经历，设计一幢房子要耗费相当多的精力，其中一大部分不在设计本身，而在于处理各种矛盾。这个问题不解决，建筑师无法当上主角。

自古太守多诗人。希望作为城市规划决策者的领导人，都能具有诗人的情怀、旅行家的阅历、哲学家的思维、科学家的严格、史学家的渊博和革命家的情操。

记者：您经历过那个大师辈出的年代，而如今中国大师越来越少了。您觉得问题出在哪里？

吴良镛：这就是著名的"钱学森之问"，我也问过自己好多次了。这个问题很复杂，我就想谈一点，是社会评价标准的问题。做学问要有安贫乐道的精神，现在社会的评价标准只有一个，就是有没有钱。这样怎么能安心做学问？我年轻时生活条件比现在差多了，但我没有放弃学术追求，因为当时的评价标准不是这样，中国的传统道德和责任感才是我求学的动力。

记者：现在普通人在城市辛苦打拼，为的只是不大的容身之地，您倡导的"诗意地居住"对他们而言，似乎是个奢求。

吴良镛：我三年前住院，很多医生护士都问我："您是搞建筑的，我现在想买房，可房价太高了，我该不该出手？多少价位合适？"我真的没法回答他们，这个问题太难了。

梁先生提过"住者有其房"的观点，建筑师不管是设计豪宅还是民居，都应该有职业责任感，就是让中下层老百姓都有房住。学了60多年的建筑，看到很多人无法安居乐业，我心里十分难受。人人安居乐业，社会才能安定。出现这种情况，是社会的失职，社会要负起这个责任来。

文 / 孙夏力

女排教练郎平：

"铁榔头"也可以很温柔

郎平，1960年12月10日出生于天津市，前中国女子排球运动员，奥运冠军，现任中国女排总教练、中国排球学院院长、中国排球协会副主席。

2016年2月，郎平当选"感动中国2015年度人物"。3月，郎平获得"影响世界华人大奖"。8月，郎平以主教练的身份带领中国女排获得里约奥运会冠军。10月，郎平成为中国"火星大使"。12月，郎平当选2016中国十佳劳伦斯冠军奖最佳教练。12月15日，获得2016CCTV体坛风云人物年度最佳教练奖。2018年12月18日，党中央、国务院授予郎平"改革先锋"称号，颁授改革先锋奖章。2019年1月，任中国奥委会委员。2019年9月，率领中国女排获得女排世界杯冠军。

> 郎平是属于中国的。无论走到哪里，我时时刻刻记得，我是一名中国人。
>
> ——郎平

普京说过，给我 20 年，还你一个强大的俄罗斯。如果这句话是郎平来说，就是：给我 3 年，还你一支强大的中国女排。

2016 年 8 月 21 日，郎平出任中国女排主教练 3 年零 4 个月。巴西里约热内卢小马拉卡纳体育馆的看台被一片红黄色的中国球迷占领。中国女排对阵塞尔维亚，争夺奥运冠军。经过 1 小时 45 分钟激烈对抗，中国队终以 3∶1 取胜，历史上第三次获得奥运会金牌。

举国赞叹，全球喝彩。白岩松笑称："看来输第一局是中国取胜的好兆头，而后之所以连下三局，原因是防守，令人窒息的防守，面对对手又高又快的网上实力，中国移动长城再现江湖。"他还高呼："如果之前郎平该进世界排坛名人堂，这一战后，她该被封神。"中国体育代表团副团长、国家体育总局副局长蔡振华则总结："女排的精神就是勇于拼搏、勇于奉献。今天哪怕输了也是英雄，也是胜者。"

的确，这将是一段很难被复制的历史——面对强大的对手，先在小组赛惨败，然后依次挑落，夺回"本不属于她们"的金牌。狂喜中，郎平依旧冷静。她说："队员的技术不是最好，可以用女排的作风、用团队间的互补在比赛中画一个圆。"但最令人们难忘的，是她那句像金牌一样坚挺的话："明知不会赢，也要拼了命！"

"郎导有颗大心脏"

2016 年 8 月 17 日，中国女排对抗巴西队，大爆发由此开始。

在小马拉卡纳体育馆，上万名巴西球迷坐镇主场、嘘声一片。几番艰苦鏖战，最终主攻朱婷一记扣杀得分，中国队以 3∶2 力压气势正盛的东道主。而这之前，几乎没人相信中国队会赢。巴西队是前两届奥运会冠军，小组赛 5 战全胜，过去 8 年连赢中国队 18 场。而中国女排在里约一直状态低迷，郎平也做好了准备，在微信中写道，"这应该是我带她们的最后一次训练，站好最后一班岗"。

然而，正如熟悉郎平的人所说，"郎导有颗大心脏"。开赛时，中国队被强敌碾压，姑娘们不知所措，郎平安慰："没关系，能打多少打多少，输几场球其实是一种磨炼。"第二局6：11落后时，"我叫了暂停，让队员们一分一分地追。这种生死球，紧张有什么用啊！"放下思想包袱的中国队追到15：16，状态逐渐稳定下来。

"惊心动魄！"正在电视机前观看比赛的女排前国手薛明向记者如此形容自己的心情，"印象特别深的是姑娘们在打完每一个球后都很自信，看到这个表情的时候，我就觉得，这场球会赢。"

决胜局拿到赛点时，郎平叫了暂停。她镇定地说："朱婷全力准备啊！这球肯定给你了。"果然，一传到位后，中国队打了个后攻，奠定胜局。薛明分析："郎导喊暂停、换人一般都是在队伍连续丢分，或者处于劣势的情况下，一是让场上表现不好的下来缓一缓，再一个就是打乱场上连续丢分的节奏。"炸了锅的网友拍案叫绝："看郎导最后喊的那个暂停，这才是'水平'！"

第二天对战荷兰，被球迷称作复仇战，因为在小组赛中国队曾以2：3告负。赛前，郎平说："这场球咱们玩儿命也得拼下来。"与巴西一战时一样，中国队靠着不放弃的拼搏精神与荷兰队周旋。最终虽以3：1的总比分获胜，但每局分差只有2分，总共只赢了4分。郎平说："没见过这么胶着的场面！"为应付危局，她频换上场队员，灵活多变的布阵激发了中国队的潜力。薛明分析："中国女排总体打法是以快速多变为基础，郎导不停地换人，叫暂停，最基本的调子没变。"现场解说有这么一句："如此紧张的情况下，敢让12名队员都轮番上场，这胆略只有郎导有。"

当时19岁小将龚翔宇拿下半决赛的最后一分，被郎平一把搂在怀里，泣不成声。第二天战队再次集合，郎平打趣说："我知道你们也是会过日子，这训练馆一直订到8月20日，提前走人家也不退钱了，所以得练够本，对不？"一番话把大家都逗笑了。

郎平想让姑娘们以最好的心态面对冠军大战。要知道很多人都不看好中国队，毕竟在小组赛的交手中，中国队以0：3完败于塞尔维亚。开局后，塞尔维亚打得凶猛，中国队进入状态较慢，输掉第一局。但姑娘们顶住了压力，从第二局开始便气势全开，25：17、25：22、25：23，中国队最后一记扣球落下，得分！赢了！全场沸腾！看台上的中国球迷高呼："郎导！女神！郎导！女神！"

异常强大的女人

郎平是一个异常强大的女人。岁月激荡，人生起伏，所有的波澜都只让她变得更加壮阔。

在女排力克巴西队以后，社交媒体上的一篇文章迅速传开。文章将郎平称为"连续30年受万众顶礼膜拜"的人。1981年11月16日，郎平的扣杀为中国女排锁定了第三届世界杯冠军。天安门广场上，人群彻夜高呼："中国万岁，女排万岁！"女排收到贺信、贺电、纪念品3万件，1/10是给郎平的。《人民日报》发出头版评论，呼吁"学习女排，振兴中华"，中央电视台体育解说员宋世雄叫响了郎平的绰号"铁榔头"。女排成为时代精神象征，"女排精神"和"小平你好"一样，代表着那个充盈着朝气的时代，"铁榔头"为满怀期望的中国人擂响灵魂战歌。

作为运动员，郎平有着无可争辩的强大实力。她练过跳高，出色的弹跳力令她的扣杀极具威胁，学生时代就被称为"朝阳大炮"。出色的高位拦网和落地开花的扣杀绝技，让她赢得"世界第一主攻手"之称，扣球命中率近乎50%，单场比赛最多扣杀96次。1981年女排在世界杯夺冠，她获得"优秀运动员"奖。1982年女排获得第九届世锦赛冠军，她获"最佳运动员"奖。1984年作为中国女排副队长出战洛杉矶奥运会，实现"三连冠"。1985年以队长身份带队蝉联第四届世界杯冠军。1986年，因伤退役的郎平仍留在女排，帮助实现"五连冠"霸业。

作为教练，郎平的强大在于她能将队伍在不长的时间内带上巅峰。国际排联终身名誉主席魏纪中评价郎平"很会调教和培养运动员，而不单是使用运动员"。1995年，她放弃年薪20万美元的工作，第一次接手中国女排，处于低谷的女排被她牵引出一条上升曲线：当年夺世界杯第三名，次年摘亚特兰大奥运会银牌，1998年夺世锦赛亚军。1999年，郎平出任意大利摩德纳队主教练，不到一年拿下意大利联赛冠军，随后又获欧洲冠军联赛冠军。2002年，她执掌意大利诺瓦腊队，两年内获意大利超级杯赛和联赛冠军。2005年，她出任美国队主帅，3年内将其从世锦赛第九带上奥运会亚军的高位。2009年，郎平接掌广州恒大女排，很快在全国联赛升入A组，拿下两个亚军、一个冠军。2013年，郎平再度出任中国女排主教练。当时，女排在伦敦奥运会没进四强，世界排名第五。郎平接手后，女排2014年获世锦赛亚军，2015年夺亚锦赛和世界杯冠军，2016年创造"里约惊喜"。

"谁怕谁"的勇气和"别哭"的坚强

无论对体育精神的讨论如何深入，体育观念如何更新，竞技体育始终是强者的游戏，胜利也依旧是话语权里最有力量的那一部分。有了胜利，才有资格谈论精神。而郎平的一切强大，恰恰又源于其精神世界的强大。

人民日报资深体育记者李长云聊起郎平之路："她参与创造了女排'五

连冠'的辉煌战绩，随后出国打球、学习；1995 年在国家需要她的时候回国执教，带领中国队拿下两个世界亚军。2013 年再次勇敢地站出来，出任中国女排主教练。郎平多次透露过出山原因，一是老队友陈招娣因病去世给她带来很大触动，二是她的老教练希望她能在女排最困难的时候站出来，三是她多年来对女排的深厚情感。"

陈招娣去世后，郎平写过一篇文章，其中讲到了一个细节。当年的女排训练非常艰苦，七八个小时训练后还要加练防守，队员们不知教练袁伟民的想法，谁也不敢先来。"这时候通常都是招娣冲在最前面，看她面对袁导那眼神，就像是在说'来吧，谁怕谁啊！'"后来，在陈招娣的追悼会上，老女排队员在袁伟民带领下进场。袁伟民说了一句当年训练时的口头禅"别掉队，都跟上，别哭"，郎平顿时泪奔——"谁怕谁"的勇气和"别哭"的坚强，是她精神世界的两根支柱，连接两根支柱的是"担当"。

担当，是郎平心灵的敏感点，触动她一次次挺身而出。她曾经设想过自己的下一站是退休。一位记者说："她平时走路一瘸一拐，那是膝盖有伤。她坐着的时候，看那表情，身体也不太舒服。"郎平一辈子受伤不少。1978 年，18 岁的她首次代表中国队参加亚运会时，接球时踩到墩布上扭伤脚踝，从此"一看到墩布，心里就隔应（不舒服）"。1996 年在亚特兰大奥运会上她曾晕倒，嘴角冒白沫，医生往她身上泼冷水她都不知道。她做过十多次手术，每次体检拿到的血液化验单都有多项不合格，医生提醒她"随时可能被累垮"。5 年前，她就对记者说："做了球员，拿了很多冠军，做了教练，执教过很多球队，取得了一些成绩，我觉得自己差不多了。将来结束了对恒大队的执教，我想应该多点时间去陪陪家里人。"

然而，女排需要她。一位老队友对她说："中国排球真的不能再这么沉沦下去了，你赶快出来吧，你出来，我会想尽一切办法支持你。"有关部门一位领导和她深谈，希望她"一起做一点为中国排球铺路的事"。甚至她的姐姐也说:"太多人惦记你了。人这一辈子,总被人惦记也是一种幸福。"

她犹豫再三,最终承诺出山。犹豫是因为她的承诺分量很重。郎平的丈夫、社科院教授王育成说:"她有一个最大的特点,就是这事儿不干则已,干的话就要尽自己最大的努力,把它做到极致。"当年第一次执教国家队,郎平就对家人说:"球打不好,我不会交差。"之后的每一步,她其实都在实践这样的承诺。"我没有什么私心杂念。球队带得不好,我有责任带她们继续向前。球队带得好,是大家的功劳,我一个人做不了什么。我没有后悔过,只是尽力而已。"这是她的肺腑之言。

李长云告诉记者:"这些年,郎平付出了很多。在国外执教时,她很少能顾及家庭,第一次婚姻失败的原因就是聚少离多。她说,自己愧对女儿,由于常年在外执教而不能照顾女儿,对父母也照顾得很少。她还落下一身伤。她姐姐曾经告诉我,郎平'一身伤病,身体特别差,让她歇着,她就是不听,没办法。训练的时候,我们让她看着动动嘴就行,不听,一定要亲自上场,当陪练'。"训练课后她常常要花上半小时做理疗。

"我们今天就赢在坚强的意志品质上。"这是郎平赢了对荷兰的比赛后说的话。其实这话也是对她自己说的。

事无巨细的思考者

王育成曾细致地观察郎平在赛场上的表情:"她和其他的主教练都不一样,就坐在那儿,很镇静,你从她的面部看不出太多表情,有时候眼镜可能是掉下来,她就用手向上推一推,但是透过那眼镜,看得出她的眼珠在转来转去,她在思考问题,一定是脑子里在转很多弯弯……"

是的,郎平是一个思考者,而且是一个抠细节的思考者。她说过,一个教练要有很强的比赛阅读能力,还要对比赛有预判。这一切都要建立在掌握信息、了解细节的基础上。在训练时，她把训练内容分成扣球、拦网、发球、接发球等许多环节，除了拍下每次训练的视频，还用一个小本子随时记录心得。她曾在3天内连飞3个城市，为的是观察队员的比赛状态。为防止队员意外受伤，她甚至提前去检查每个训练场馆的地胶是否有隐患。

李长云说，郎平这一次出山，给女排带来了很大的变化。"她把国外一些比较好的训练理念带到了中国，尤其是将伤痛理疗、训练康复的技术团队带过来了。"来自美国的康复教练会调整队员的训练量，甚至在队员回到俱乐部后还会收到配有视频的康复训练计划，细化到一周做几次，每周做什么。

郎平思考得最多的是如何用人。当年，袁伟民将没有任何世界大赛经验的郎平放在主攻手的位置上，一战成功。这种大胆用新人的思路，也融入了郎平的执教基因。在组建国家队时，她采取人海战术，集训时招大量的新人考察。郎平说："对年轻队员要大胆放开去用她们，让她们学着自己去承担。用新人能赢球是最好的，但你一定要付出学费。如果总想每一场球都要赢，新人永远没有机会。"李长云评价："她用人很大胆，不太注重小比赛的成绩。以前中国女排大赛小赛都很看重成绩，郎平放弃了这个，很多比赛她都派新人锻炼，把成绩抛到一边。一些国际性比赛一会儿让这批队员去，一会儿让那批队员去，采取这种方式训练新人。"

在球场上，郎平也会沉下脸。她会说："我们没有想象中那么强大。""我没人换你了，只能看你自己了。"但她不训斥队员，即使她在特别生气的时候，也还是鼓励她们，让她们放松，"因为人一紧张，肌肉动作的反应就不一样"。在她的调教下，新人脱颖而出，也"解放"了一些落下伤病的主力队员。"张常宁、袁心玥、朱婷等很多新人都是她一手训练出来的，使中国女排的'板凳'厚度增加了许多。以前中国女排基本上是一套阵容，大赛小赛打到底，全都是主力阵容。现在的选择就多了。"

母爱浇筑"新铁榔头"

郎平是个懂得生活情趣的女人。她喜欢北京烤鸭和红烧肉，厨艺也不含糊，红烧排骨、宫保鸡丁什么的都不在话下。一家人吃饭都很香，"饭量都比较大，拿碗耍不开，得用盘子"。她和女儿白浪很亲，而且心有灵犀。"只要女儿说她特想我，我就知道她肯定有事儿找我，基本就是缺生活费了。"

和队员相处时，郎平也用上了对待女儿的这份细致。她说，论年纪她们就像自己的女儿一般，"所以我还承担着母亲的责任"。"我执教比赛和训练的时候是很严肃的，教练绝对不能打哈哈，因为球员会有样学样，你一打哈哈，球员会更甚。不过在球场之外，我还是希望球员和教练更像一家人。"队员们在场下聊网购、游戏和电视剧，郎平尽量去理解。"我有时候问问题，她们就会特别热情地教我。"她记得每个队员的生日，了解她们每个人的伤情。曾春蕾说："谁有头疼脑热，最急的就是郎导。"

主攻手朱婷来自河南农村，1.95米的身高却只有70公斤。郎平说，朱婷的激素水平比一般人低，很怕受伤，因此常从美国给她买营养品，帮她增重、增肌。朱婷说："郎导经常给我大袋蛋白粉，让我拿回河南打联赛的时候喝，还给了我两条紧身裤，说我腿太长在国内不好买。我这人吃东西不长肉，蛋白粉真有用，补充营养加上训练，现在终于长到78公斤了。"

仅仅3年，朱婷就被郎平调教成自己"最放心"的队员，甚至被媒体称为"新铁榔头"。郎平说："现在的女排，只有朱婷最稳，能顶下全场。"在里约对阵巴西，朱婷最后一个重扣锁定胜利，兴奋的郎平似乎看到了当年的自己。半决赛战胜荷兰，郎平满含泪水搂过朱婷，狠狠一吻。"她是中国队进攻核心。"郎平说。

白岩松以"荡气回肠"盛赞郎平所带领的女排。他甚至半开玩笑地说，中国的国球不应该只是乒乓球，而应该是"一个家庭"。"乒乓球是'国球之父'，女排是'国球之母'。一个负责在技战术上不断创新，另外一个则负责精神和爱的传播。"

她的力量来自专注

"有郎平的地方，就有奇迹。"白岩松这句话，被不少人提起。

1981 年，中国女排主教练袁伟民在女排首夺世界冠军后说："这次比赛，不仅是技术方面的较量，更重要的是思想、品德和风格的较量。"35年后，国家体育总局副局长蔡振华看完女排半决赛后说："我认为这次最重要的还是郎平的用人。每个队员的特点都发挥出来了。"对拼搏的强调没有变，但对如何拼搏，今天的女排显然更重视科学和专业的做法，而不仅仅是关注精神力量。郎平为这种变化作出了重大的贡献。

面对压力，郎平强调的是专注。2015 年世界杯，面对赛前主力接连伤病打击的情况，郎平形容自己"死猪不怕开水烫，烫得我都有点麻木了。每天就是想办法，怎么弄对手，怎么扬长避短"。每一次重大比赛，看队员夺冠心情迫切，她都会做工作，希望她们用平常心对待，"比赛时其实不要想其他的，需要的就是专注"。

金牌当然重要，但背负着对金牌的沉重执念就无法飞翔。"敢赢，不怕输"，郎平以此鼓励球队——她掌握了赢的艺术。她告诉年轻的队员们："一个球一个球打，什么样的结果都可以接受，只要我们能把自己的水平发挥出来。"她帮这些孩子抛弃患得患失，把她们还原为纯粹的打球者，在这样的心态下去赢。

郎平的专注，源自她的专业。不可否认，她的经历塑造了她今天的气质。"因排球而生，为荣誉而战。"这是她被评为 2015 年中央电视台"感动中国"人物时的颁奖词。因为专注于排球，她没有走上仕途，而是主动从冠军光环下走出，到美国艰苦打拼，经历婚变、伤病、失利等各种波折，始终不改初心，成为老女排中唯一一位还在球场坚守的人。也因为专注，她在欧美职业排球界的各种历练，甚至包括辅导低水平的业余学生的经历，都让她更深刻地理解专业的训练方法，更深入地掌握造就人才的艺术。人性化的管理，科学的体能训练与恢复，对球员心理的有效调控，更大规模、更强力度地选拔和使用新人，都是她职业素养和专业精神的体现。

郎平的专注力量，能够在今天焕发光彩，也因为今天的中国是一个渴求专注、渴望专业的中国。女排有过黄金时代，也走过低谷，但起起落落间，没有忘记过自己的光荣与梦想。这是一支"有冠军基因的球队"。这种基因，在郎平的专注中绽放出"老女排式的光彩"。而排管中心也表现得非常专业，给了郎平充分的支持，包括改革的足够空间。

三十余年，球场风云变幻，郎平始终屹立，因为她代表的精神力量与时代合拍。当中国人踏上充满荆棘的改革开放之路时，她凌厉的重扣给人力量和信心。今天，当中国人呼唤工匠精神、渴求理性而细致的完美时，她用科学方法调教一个个球队，特别是把中国女排带向巅峰的轨迹，展示了这种理性的力量。

东京奥运会，郎平还会继续挂帅吗？她说："不管我在还是不在，中国女排的精神需要一代一代传下去。"

文 / 刘旭辉　凌云　毛予菲

导演谢晋：

用电影艺术助推思想解放

谢晋（1923 年 11 月 21 日—2008 年 10 月 18 日），男，汉族，中共党员，出生于浙江省上虞县，中国内地导演、编剧。

1997 年，谢晋获得第二届釜山国际电影节荣誉奖。1998 年，获得香港（海外）文学艺术家协会颁发的中华文学及艺术家金龙奖"当代电影大师"称号，并获得上海市文学艺术杰出贡献奖。2005 年，获得第二十五届中国电影金鸡奖终身成就奖。2007 年，获得第十届上海国际电影节华语电影杰出艺术成就奖。2018 年 12 月 18 日，党中央、国务院授予谢晋"改革先锋"称号，颁授改革先锋奖章，他获评"助推思想解放、拨乱反正的电影艺术家"。

> 在创作中，我就是凭感情，每一次都把自己烧进去。
>
> ——谢晋

在那个中国电影最深入人心的年代，他是最成功的导演，拥有长达半个世纪的辉煌；他是新中国泰斗级电影导演，是迄今中国获奖最多的电影导演；人们爱用这样的话来介绍他：要举出 20 世纪后 50 年中影响最大的中国文化人，那么，即使把范围缩到最小，名单里也一定少不了他。

他，就是中国著名导演谢晋。2008 年 10 月 18 日凌晨，谢晋在浙江上虞老家参加母校百年校庆时突然去世，享年 85 岁。

他的电影：关注现实，风波不断

1923 年，谢晋出生在浙江上虞的一个书香门第。祖父是当地名士，父亲是有名望的会计师，谢晋在家中是长房长孙。

1941 年，谢晋不顾家庭反对，赴重庆考入一所戏剧专科学校，从此踏上辉煌而坎坷的艺术道路。他曾师从曹禺、洪深、焦菊隐等名家，从跑龙套、做场记干起，直到 1948 年，担任电影《哑妻》助理导演，才正式开始了导演生涯。

从 1948 年到 2003 年，谢晋共执导了 36 部影片：《女篮 5 号》《芙蓉镇》《红色娘子军》《高山下的花环》《鸦片战争》《天云山传奇》……

谢晋执导的电影大多反映了时代变迁。正因如此，他的很多影片，都被狠狠地折腾过。谢晋常自嘲地说，自己拍摄的作品"多半是一场风波"。

1957 年，谢晋执导《女篮 5 号》时遭遇困境：有关领导认为这部电影有问题。首先是没有反映出党的领导，其次有"锦标主义"趋向。因为那时主张"友谊第一，比赛第二"，而《女篮 5 号》强调的是非拿第一不可。后来，两位重要人物把这部片子"抢救"回来：一位是周恩来，一位是贺龙。

1960 年，谢晋拍摄《红色娘子军》时，有人要求他把剧中的爱情内容都剪掉。为留下片中祝希娟对王心刚"爱的眼神"，谢晋只得加"革命口号"，变爱情为战斗友情。

他在影坛：堪称伯乐，眼光很准

"谢晋对中国电影的贡献，不仅是作品，更在于贡献了几代优秀的电影演员。"上海电影集团总裁任仲伦说。挑演员，谢晋的眼光稳、准、狠。秦怡、祝希娟、陈冲、刘晓庆、姜文、斯琴高娃、濮存昕……这些银幕上熠熠闪光的明星，他们的成就都与谢晋有着或多或少的联系。

拍《青春》时，陈冲还是个不懂演戏为何物的小姑娘。谢晋大胆启用她演哑女，并获成功。《最后的贵族》是濮存昕的第一部电影。经过谢晋的调教，濮存昕一片成名，也才有后面的《清凉寺的钟声》《来来往往》……

筹拍《红色娘子军》时，谢晋到处找"琼花"。一天，他来到上海戏剧学院，见操场上人头攒动，原来是一个女孩与比她高一头的男生打架，那野劲抓住了谢导敏感的神经，如此泼辣、倔强，那双"火辣辣的眼睛"不正是琼花所特有的吗？那女孩就是祝希娟。于是，一锤定音。

一旦被谢导选中，就意味着"折磨"的开始。丛珊为演好《牧马人》中的秀芝，在石灰窑当了一星期打砖工，瘦了10斤。演梁三喜的吕晓禾，为了演好角色，甚至到云南边防前线经历了战火的洗礼。

他的喜好：爱酒如命，苦中作乐

谢晋是出了名的"不可一日无酒"。谈剧本须以酒会友，写分镜头要以酒代茶，拍戏现场更是边导边饮。因为酒，甚至还闹出过一些笑话。

一次，谢晋赴国外拍戏，机场工作人员见他的皮箱特别沉，顿生疑问。谢晋只得乖乖开箱，人们一看，里面装的全是茅台、汾酒、五粮液，全场哄堂大笑。

拿最低生活费的时候，谢晋也要喝酒。一日他经过徐家汇一家饭馆，馋得不行，便品了几杯劣质酒。这事被造反派知道，立即把他揪上台批斗，谢晋心里却乐：过一回酒瘾能顶 10 次批斗会。

他的性格：铁骨铮铮，敢于直言

谢晋的性格也像烈酒，说话声如洪钟，做事雷厉风行，是文艺界出了名的"炮筒子"。

"在 20 世纪 80 年代后期，谢晋的主要贡献在于对我国文化建设的大声疾呼。他忧心忡忡地要求对文化环境进行调整。"影评人毛时安如是说。谢晋为人正直，因为他的声望地位，这些发言起到了重要作用。

谢晋常批评的，始终是困扰电影艺术发展的现实问题。"现在中国没什么好电影，为什么好的片子出不来？文化，中国电影需要讲文化。""现在一些导演，这也讲，那也讲，就是不讲社会责任感，几个臭钱就被收买了。还能拍什么电影？"

他的生活：舐犊情深，辛酸满腹

家家有本难念的经。谢晋其实一直不太愿意谈及自己的心酸。谢晋与妻子徐大雯携手同行 62 年，育有三子一女。两个小儿子天生智障。二儿子阿三 38 岁时过世，小儿子阿四生活难以自理。谢晋生前最不放心的，就是这个小儿子。

谢晋生前，曾公开谈到自己的智障孩子："有哮喘病的老三已经走了。我很忙，之前一直是他妈妈和保姆照顾他，但他走之前还安慰我'别难过'。我现在很后悔，对他关心太少了！即便是弱智，他们也有感情。我每次回家，老四都会帮我解鞋带，他知道我爱他。他不说，但他用行动表示他也爱我。可是，我实在是个严厉而不称职的父亲。"

但在旁人眼中，谢晋绝对是个慈父。

谢晋常常为小儿子洗脸、刮胡子，还专门向别人学理发，在家给儿子剃头。阿四曾走失过，急坏了的谢晋想了个"绝招"，在儿子身上留纸条，上写"我是谢晋的儿子，家住××，电话××"。后来，儿子走失了，都有人送回来。为了给儿子补充营养，谢晋还学会了磨豆浆，一有空他就教儿子，老子加黄豆，儿子推石磨，头靠头，手把手。

谢晋曾安慰自己："照中国传统说法，他们是'讨债鬼'，我前世欠了他们的'债'，今世要来还。"

给谢晋最大安慰的是长子、曾执导过《女儿红》等片的谢衍导演。谢晋常嘱咐他："无论如何，你都不能抛下苦命的弟弟，一定为他养老送终。"

谢衍温和内敛，且烟酒不沾，跟谢晋一点都不像。谢衍年幼时便挑起了家庭重担，一边操心被关在"牛棚"里的父母，一边保护还不懂事的弟妹。

正因如此，当得知自己患上了不治之症后，谢衍对父母守口如瓶。得病后，他还在排演话剧《金大班的最后一夜》，帮助父亲完成了一桩大心愿。在生命最后的日子里，他默默安排好家里的一切，然后自己去了医院。徐大雯一直忘不了谢衍最后临去医院前的情景："他怕我们担心，一直不作声，只是跟我说：'妈，这趟我住院的时间可能要长一点。'"

这一去再也没能回家。2008年8月23日，谢衍因肝癌病逝，享年59岁。

突如其来的打击，让谢晋一下瘦了，脸颊都是黑的。谢晋的一位朋友回忆："大儿子出殡前，谢晋没一晚上能睡着。我劝他：'你不能不睡。'谢晋悲伤地说：'我什么都明白，但就是睡不着。'"性格豪爽的谢晋，常笑称自己活到100岁没问题，可长子过世后，谢晋骤然离世。

2008 年 10 月 17 日，谢晋去参加母校建校 100 周年的活动，没有让任何人陪伴。第二天凌晨，老人去世。早上，宾馆服务员发现谢晋静静侧卧在床上，停止了呼吸。

文 / 曹玲娟